W0214976

Hey,

ich freue mich mega, dass Du Dich für meine Geschichte interessierst! Vorab habe ich noch einen kleinen Tipp für Dich: Auf meiner Facebook-Seite „Marcel Roith – 9 Länder in 9 Monaten" teile ich Bilder zu allen Kapiteln – schaue da gerne mal vorbei! Bei Fragen oder Feedback kannst Du mir dort auch jederzeit gerne persönlich schreiben :)

Jetzt wünsche ich Dir erstmal ganz viel Spaß beim Lesen!

Beste Grüße aus Leipzig,

Marcel

Vorwort

Ich glaube, auf der ersten Seite sollte eigentlich eine Danksagung oder so etwas stehen. Das wäre ja aber ziemlich langweilig, stimmt's?
Stattdessen möchte ich dir hier kurz etwas über mich erzählen. Und über dich.
Aber zuerst zu mir: Ich bin 22, spiele gerne Fußball und studiere BWL. Ich bin ein ganz normaler Typ aus einer langweiligen Kleinstadt. Manchmal frage ich mich, was wohl passiert wäre, wenn ich den vorgegebenen Weg einfach weitergegangen wäre. Nun, auf jeden Fall hätte dieses Buch dann ein anderer schreiben müssen. Und da du es nun schon einmal in den Händen hältst – eine Vorstellung, die mich übrigens megastolz macht! –, möchte ich die Gelegenheit nutzen, um dir direkt schon mal etwas mit auf den Weg zu geben.
Und nun zu dir: Ich bin mir ziemlich sicher, dass du nicht weniger clever, weniger stark oder weniger schön bist als ich. Wahrscheinlich bist du sogar um einiges selbstbewusster und cooler, als ich es vor zwei Jahren war.
Mit diesem Buch möchte ich dir Mut machen, unsere Welt zu entdecken und dich Abenteuern zu stellen. Und genau darum geht es. Denn wenn ich das kann, dann kannst du das definitiv auch. Vielleicht hast du aber auch schon viel mehr erlebt als ich. Oder vielleicht reizt dich diese Vorstellung überhaupt nicht und du möchtest dich nur etwas unterhalten lassen. Beides ist natürlich total in Ordnung. :)

Auf jeden Fall wünsche ich dir viel Spaß beim Lesen und beste Unterhaltung!

Marcel, 30.12.2018

Inhaltsverzeichnis

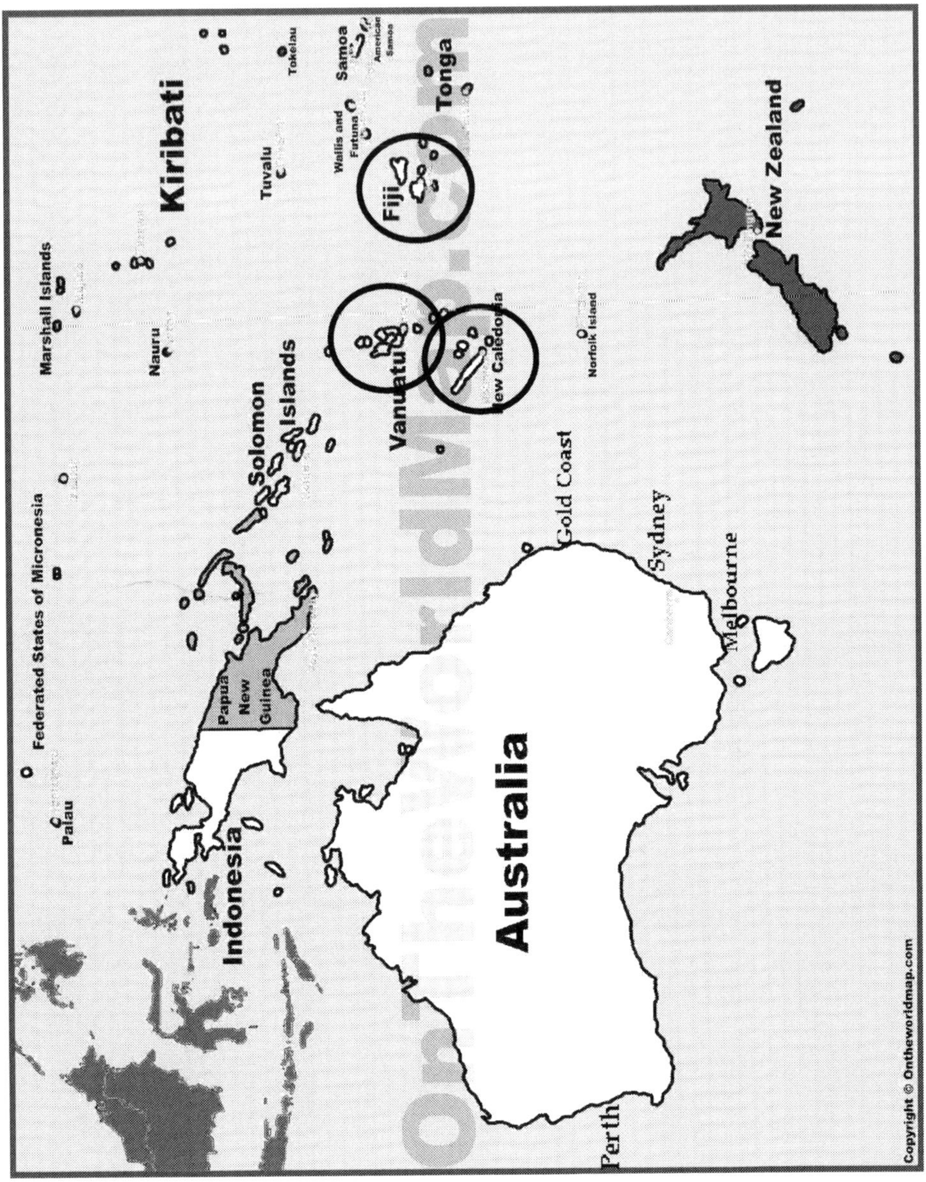
Kiribati
Marshall Islands
Nauru
Tuvalu
Tokelau
Samoa
American Samoa
Wallis and Futuna
Tonga
Fiji
Vanuatu
New Caledonia
Norfolk Island
Solomon Islands
Federated States of Micronesia
Palau
Papua New Guinea
Indonesia
Australia
Gold Coast
Sydney
Melbourne
Perth
New Zealand
Copyright © Ontheworldmap.com

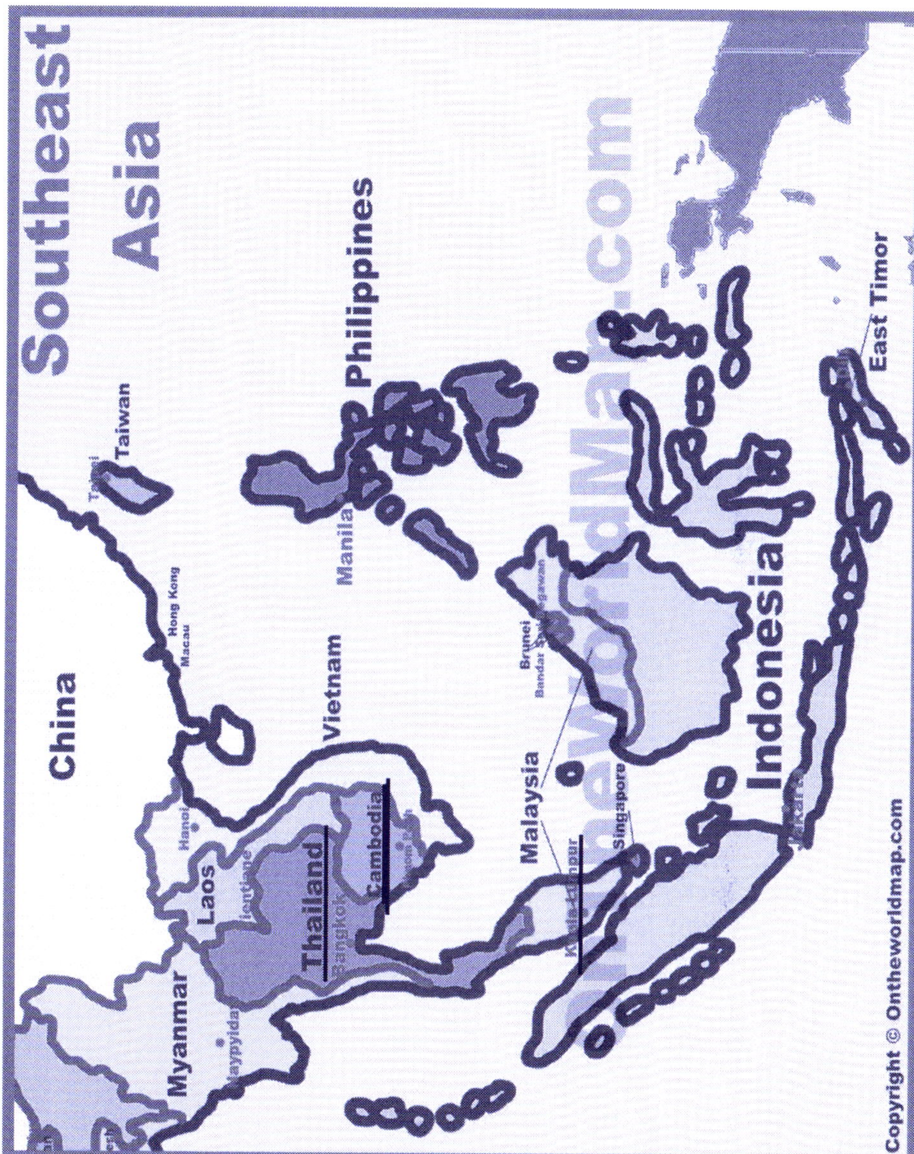
Southeast Asia
China
Taiwan
Hong Kong
Macau
Vietnam
Hanoi
Laos
Myanmar
Thailand
Bangkok
Cambodia
Philippines
Manila
Malaysia
Singapore
Brunei
Indonesia
East Timor
Copyright © Ontheworldmap.com

Vorgeschichte

Werdau, Germany

Wie man einfach alles zurücklassen kann

In kleinen Gruppen wurden wir nacheinander auf die Bühne gerufen. Ich gehörte direkt zu den Ersten, wurde besonders lobend erwähnt und mit einem freundlichen Applaus bedacht. Fantastisch. Die Zeugnisvergabe wurde vom stellvertretenden Schulleiter durchgeführt – ein grimmiger, etwas untersetzter Typ mittleren Alters mit kurzer Gelfrisur und steingrauem Anzug. Den meisten Schülern war der Kerl nur wegen seiner unfreundlichen Kommentare im Schulhaus und einiger Vertretungssportstunden bekannt, in denen er gerne einmal Yogaübungen durchführen ließ.

Als der Zeitpunkt gekommen war, an dem meine Gruppe die Bühne verlassen sollte, beugte ich mich zu ihm nach vorn und flüsterte: „Ich würde dann gern noch etwas sagen." Er musterte mich, hob fragend eine Augenbraue und runzelte die Stirn. Einen Moment schien er zu zögern. Dann drehte er sich doch etwas widerwillig zum am Pult befestigten Mikrofon: „Herr Roith würde gern noch etwas sagen."

Meine Mitschüler hatten die Bühne bereits verlassen, der grimmige Stellvertreter trat einige Schritte zur Seite, und so fand ich mich nun plötzlich allein am Rednerpult stehend. Gleißende Scheinwerfer und die Blicke aus etwa 400 Augenpaaren bohrten sich in mein Gesicht. In diesem Moment fragte ich mich, was ich hier eigentlich tat.

Ich hatte mich vorher eher als introvertierten Typen betrachtet. Jetzt setzte ich mich einer Situation aus, in der 400 mir größtenteils unbekannte Menschen eine würdige Abiturrede erwarteten. Hier wusste natürlich niemand, dass ich völlig unvorbereitet war und mir diese lustige Idee etwa 30 Minuten zuvor während der kurzen Autofahrt zum Festsaal gekommen war. Ich hatte nach einer sanften Möglichkeit gesucht, meinen Eltern mitzuteilen, dass sie mich bald ein Jahr lang nicht zu Gesicht kriegen würden, und gleichzeitig einen starken Drang verspürt, meinen Entschluss der ganzen Welt mitzuteilen. Das war nun dabei herausgekommen.

Im Publikum konnte ich einige teils verwirrte, teils gespannte Blicke einfangen. Die meisten schienen jedoch bereits etwas eingeschläfert und von der Aussicht auf eine weitere, trocken abgelesene Streberrede wenig begeistert zu sein.
Mit dieser Vorstellung räumte ich sogleich auf. „Zunächst einmal möchte ich sagen, dass das hier nicht geplant war und ich mich gerade frage, was ich hier eigentlich tue." Einige lachten. Offenbar war es mir gelungen, den Großteil des Publikums aus seinem wachkomatösen Zustand herauszuholen.
Ich wusste nicht recht, wie ich anfangen sollte, und so begann ich, mich noch einmal bei den Lehrern für eine tolle Zusammenarbeit zu bedanken. So machte man das eben, oder? Blah, Blah. Ich erzählte von einer Schule, in der ich mich in den zurückliegenden Jahren wie „zu Hause" gefühlt hatte. „Nun ja, sofern das in einer Schule überhaupt möglich ist", fügte ich leicht grinsend hinzu. Ich gebe zu, besonders originell war das nicht gerade. Und doch, einige Menschen lachten. Auch wenn ich hier keineswegs eine humoristische Sternstunde erlebte, gab mir das Gelächter Sicherheit. So beendete ich den ersten, nichtssagenden Teil meiner Rede mit den Worten: „Das war aber nicht der eigentliche Grund, weswegen ich hier auf die Bühne gekommen bin. Ich möchte etwas verkünden." Und ich setzte direkt noch einen drauf: „Das wird viele hier ziemlich überraschen und noch nicht einmal meine Eltern wissen etwas davon." Nun war auch der letzte im Halbschlaf vor sich hinträumende Großvater im Publikum aufgewacht. Ein gespanntes Murmeln kam auf.
Ich schwieg für einige Augenblicke und das Geflüster nahm zu. Man könnte mir dies im Nachhinein als eine gekonnt gewählte Kunstpause auslegen, dabei hatte ich ganz einfach nur keine Ahnung, wie ich weitermachen sollte. Ich suchte verzweifelt nach Worten. Endlich erinnerte ich mich an eine der zahlreichen, in der Eröffnungsrede von unserer Schulleiterin verwendeten Metaphern.
„Ich glaube, Frau Schmidt hat vorhin im Zusammenhang mit unserer Lebensplanung und dem abgeschlossenen Abitur von einem Zug berichtet, der uns nun zum nächsten Bahnhof bringen würde. Dieses Bild gefällt mir gut, denn auch mein Leben war bisher immer perfekt durchgeplant. Bevor ich mich entschloss, einen Bahnhof zu verlassen, wusste ich bereits genau, welchen Zug ich nehmen musste und zu welcher Station ich als Nächstes wollte. So war natürlich auch schon lange klar, wie es nach dem Abi für mich weitergehen würde. Ich wollte nach Leipzig gehen und Wirtschaft studieren. An der Hochschule bin ich bereits eingeschrieben und auch die Wohnungssuche läuft schon. Vor 3 Wochen habe ich allerdings einen Freund kennengelernt, der mich an einen

Traum erinnert hat. Einen Traum, den ich oft genug verdrängt habe. Dieser Freund wohnt hier ganz in der Nähe und ich habe ihm soeben noch einen Besuch abgestattet. Wir haben uns lange unterhalten, und was meine Zukunftsplanung angeht, ist meine Entscheidung inzwischen eine andere. Ich plane, die gerade Bahnlinie des Lebens zu verlassen und mich etwas abseits der Strecke in der weiten Welt umzuschauen." Pause. „Ich werde für ein Jahr nach Australien gehen."

Es war Sommer 2016. Ich, Marcel, 20 Jahre alt, hatte eine tolle Freundin, gerade das Abitur abgeschlossen und die Zusage für mein Wunschstudium in der Tasche. Und nun erklärte ich vor 400 Menschen, dass ich jetzt doch lieber mit einem Typen, den ich erst kürzlich auf einer Party kennengelernt hatte, für ein Jahr nach Australien gehen wollte. Was zur Hölle war also los?

Spulen wir zunächst einmal zurück ins Jahr 2014.

Meine Freundin und ich hatten uns im Herbst über Instagram kennengelernt, ein paar Wochen geschrieben und uns im Oktober zum ersten Mal getroffen. Die blonde Schönheit wohnte etwa eine Autostunde von meinem Wohnort entfernt. Als ich sie dort anlässlich unseres dritten Treffens zum ersten Mal besuchte, beschlossen wir nach längerer Knutscherei, dass wir ein Paar seien. Wir verstanden uns super, stritten nie, hatten beide gerade das Abi geschafft und wollten in Leipzig studieren. Natürlich würden wir dort zusammen wohnen. So liefen die Dinge nun mal, oder? Eine Beziehung wie aus dem Bilderbuch, stimmt's? Wieso sollte ich so etwas aufgeben, nur um mich mit irgend so einem Typen am anderen Ende der Welt in völlige Ungewissheit zu stürzen?

Hm. Schule. Studium. Arbeit. Freundin. Zusammen wohnen. Das konnte doch nicht alles sein. Wozu? Vor allem die Frage nach dem Sinn beschäftigte mich schon lange. Mich plagte eine Unzufriedenheit, die ich nur zu gern unterdrückt hätte. Es war eine innere Unruhe, die sich bereits seit über einem halben Jahr zunehmend in mir breitmachte. Ich verstand dieses Gefühl nicht. Umso mehr bemerkte ich aber, wie mir meine emotionale Bindung zunehmend verloren ging und mir unsere eigentlich so glückliche Beziehung entglitt. Monatelang versuchte ich dagegen anzukämpfen und musste schließlich einsehen, dass ich auf lange Sicht keine Chance hatte. Was ich spürte, war ein Drang nach Freiheit, ein Drang nach Abenteuer und Herausforderungen. Vor allem aber war es ein Drang nach Weiterentwicklung und neuen Grenzen. Da war es für mich einfach zu früh für eine solche Beziehung.

Es gab zwei Fragen, denen ich mich zuerst noch stellen musste: Wie sah das Leben aus, das ich führen wollte? Vor allem aber: Wer war die Person, die ich wirklich sein wollte?
Und auch wenn ich die Antwort wohl intuitiv spürte, so verfügte ich zunächst doch nicht über die Stärke, die tatsächlich notwendigen Schritte in Angriff zu nehmen.

Kennt ihr das? Man spürt eigentlich sehr genau, welches der richtige Weg ist und schlägt diesen aber dann trotzdem nicht ein. Weil es eben auch ein verdammt steiniger Weg ist. Man zögert. Und überlegt. Und entscheidet sich schließlich doch, dem bisherigen Pfad weiter zu folgen. Dieser fühlt sich zunächst auch ganz gut an, ist vertraut und läuft wie erwartet. Aber er läuft auch einfach flach dahin. Und irgendwann beginnt man sich zu fragen: Was wäre wohl gewesen, wenn ich den anderen Weg eingeschlagen hätte? Den steinigen und steilen. Wo wäre ich hingekommen? Und genau vor diesem Gefühl hatte ich jetzt Angst.

Ende Mai 2016 wurde mir dann so langsam klar, dass ich die Entscheidung nicht ewig hinauszögern konnte. Ich musste mit meiner Freundin sprechen.
Da sie eine gute Fahrtstunde entfernt wohnte, verabredeten wir uns auf einem Autobahnrastplatz zu einem klärenden Gespräch. Romantisch, nicht wahr? Freunde, an diesem Tag wollte ich es wirklich durchziehen! Mehr als einen Fuß hatte ich schon auf den steilen, steinigen Weg gesetzt. Aber so einfach war es nicht. Denn die meisten Menschen, die mich auf meinem bisherigen Pfad begleitet hatten, würden nicht wollen, dass ich abbog.
Wie es zu diesem Zeitpunkt um meine Willensstärke bestellt war, zeigte sich, als Mama mich kurz vor meiner Abfahrt noch einmal zur Seite zog. „Junge, nur weil ihr jetzt einmal in einer etwas schwierigeren Phase seid, kannst du doch nicht direkt alles wegwerfen!“ Hm. Vielleicht war da etwas dran. Vielleicht. Ich knickte jedenfalls ein und entschied mich für den leichteren Weg. Schließlich bedeutete mir mein Mädchen auch nach wie vor sehr viel, und den Gedanken, sie zum Weinen zu bringen, konnte ich nicht ertragen.
Etwa eine Stunde später saßen wir schon wieder küssend auf der Rückbank ihres Wagens. Meine Erkenntnis: Auch der leichte Weg will nicht, dass wir ihn verlassen. Mit allem, was er zu bieten hat, versucht er immer wieder, uns einzuwickeln.

48 Stunden, nachdem ich unsere Beziehung eigentlich hatte beenden wollen, begleitete ich meine Freundin nun also doch auf die Abiturparty in ihrer Heimatstadt. Irgendjemand hatte es wohl genau so gewollt, denn an diesem Abend lernte ich Philip kennen.
Er stand gerade hinter der Bar, als ich bestellte: „Hey, ich hätte gern zwei Drinks. Einen guten und einen für Mädels." Der Kerl grinste mich vielsagend an. „Alles klar, mein Lieber." Wenig später traf ich ihn erneut auf der Tanzfläche und bedankte mich für die Getränke. Wir kamen ins Gespräch. Der Kollege war mir direkt sympathisch. Wir hatten einen verblüffend ähnlichen Humor und Musikgeschmack.
Diese Situation war wirklich faszinierend, denn noch nie hatte ich einen Menschen getroffen, mit dem ich augenblicklich so perfekt auf einer Wellenlänge war. Nachdem wir uns den ganzen Abend gegenseitig über unsere mehr oder weniger schlechten Witze amüsiert hatten, fanden wir um 4 Uhr morgens schließlich heraus, dass wir beide in Zwickau wohnten. Das war in dem Sinne besonders, da wir die einzigen Gäste waren, die nicht zum Abiturjahrgang gehörten, und hier eigentlich niemanden kannten. Na, das war ein Ding!

Während Philip und ich unseren ganz besonderen Humor in den nächsten Tagen sporadisch über WhatsApp weiter zelebrierten, wurde die Situation mit der Freundin nun wieder schwieriger. Die rosa Wolken, die sich nach unserer plötzlichen Versöhnung breitgemacht hatten, verzogen sich allmählich wieder und offenbarten, dass zwischen uns und speziell in mir nach wie vor einiges im Argen lag. Meine Unzufriedenheit kehrte zurück, und erneut musste ich mir eingestehen, dass ich die Gefühle, die ich für mein Mädchen empfand, einfach nicht mehr als Liebe bezeichnen konnte. Das spürte sie natürlich. Und so brach sie ausgerechnet an meinem 20. Geburtstag Anfang Juni scheinbar ohne Grund in Tränen aus.
Hilflos flüchtete ich am selben Abend zu meinem besten Kumpel Elias. Zufällig (?) kehrte an genau diesem Abend Elias' Stiefbruder von seinem Auslandsjahr zurück. So kam es, dass wir bei einer Wasserpfeife gemütlich zusammensaßen, während der Kollege in immer abenteuerlicheren Anekdoten von seinen Erlebnissen in Neuseeland, Kambodscha, Thailand und auf den Philippinen berichtete. Irgendwann schaute ich zu Elias hinüber und sagte: „Mann, lass uns das auch machen! Jetzt ist doch der perfekte Zeitpunkt." Und ich meinte es ernst.

Der Gedanke an ein Auslandsjahr hatte mich schon seit der zehnten Klasse fasziniert. Aufrichtig bewunderte ich Jahr für Jahr diejenigen, die sich zu einem solchen Abenteuer aufmachten. Während ich die Idee schon immer toll fand, hatte ich mir nie wirklich vorstellen können, einmal selbst einen solchen Entschluss zu fassen. Dazu fehlte mir schlichtweg der Mut. Zumindest allein. Gemeinsam mit Elias sah es da schon ganz anders aus. In typischer Manier antwortete mein Kumpel, der seit Jahren in einer glücklichen Beziehung steckte: „Haha, du spinnst wohl! Nur weil es jetzt mit deiner Freundin nicht läuft, willst du abhauen. Nee, nee, nicht mit mir!"
Bevor ich die Sache zu Ende denken konnte, war die Idee vom Ausland damit schon wieder vom Tisch – sicher verpackt in einer der Schubladen, in die wir all jene großen Träume stecken, die jeder von uns in sich trägt, an die wir uns aber nie wirklich herantrauen.
Ja, das wäre schon der Wahnsinn. Aber nein, ich doch nicht. Das können andere machen.

Einige Tage später kam erneut Philip ins Spiel. Nachdem wir es bisher geschafft hatten, in unseren fast täglichen WhatsApp-Unterhaltungen komplett auf gehaltvolle Inhalte zu verzichten, begannen wir nun nach zwei Wochen erstmals ein seriöseres Gespräch. „Sag mal, was machst du jetzt eigentlich nach dem Abi?", fragte ich.
Seine Antwort: „Ich gehe für ein Jahr nach Australien. Willst du mit? ☺"
„Ja klar, bin dabei", erwiderte ich. Das war natürlich nur ein Scherz.
Es dauerte einige Sekunden. Dann begann ich nachzudenken. Moment mal, war es nicht genau das, was ich wollte? Etwa eine Minute lang überschlug es sich in meinem Kopf. Dann tippte ich erneut eine Nachricht. „Bro, jetzt ohne Spaß. Ich bin dabei. Ernsthaft!"
Philip schien etwas verdutzt und wusste offensichtlich nicht, wie er mit dieser Aussage umgehen sollte – kein Wunder, denn für ihn war ich schließlich auch nur ein Typ, den er gut angetrunken auf einer Party kennengelernt und seitdem nicht mehr wiedergesehen hatte.
„Wow, okay! Das wäre ja supergeil. Aber lass uns doch einfach erst mal darüber reden. Komm am besten demnächst bei mir vorbei und ich erkläre dir, was ich so vorhabe."

Als ich Philip zum ersten Mal wiedersah, waren drei Wochen seit der Abiparty vergangen. Inzwischen war es Mitte Juni – der 17., um genau zu sein. Es war ein Freitag und gleichzeitig der Tag, an dem ich in einer feierlichen Übergabe mein Abiturzeugnis erhalten sollte. Die Veranstaltung begann um 18 Uhr und Philip wohnte ganz in der Nähe des Festsaales. So kam es, dass ich bereits am Nachmittag mit fein gebügeltem Anzug unter dem Arm in Philips Wohnung aufschlug.

Schon bald überkam mich wieder das Gefühl, das mich schon während unserer ersten Begegnung so begeistert hatte. Wir waren einfach auf einer Wellenlänge. Das hatte ich zuvor noch bei keinem anderen Menschen so schnell gefühlt. Das Gefühl verstärkte sich noch, als ich erfuhr, dass auch er in seiner Beziehung vor etwa einem Jahr eine sehr ähnliche Phase durchlebt hatte. Zu allem Überfluss wollte dieser Kerl genau das Gleiche studieren wie ich.

Dann begann Philip, von seinen Motiven und Plänen zu erzählen. Relativ schnell bekam ich das Gefühl, dass dieser Typ doch im Grunde keine Ahnung hatte, wovon er da überhaupt sprach. Und genau das faszinierte mich. Alles klang so wahnsinnig aufregend und unbekannt – ein großes Abenteuer.

Wir redeten lange und ich wurde immer aufgeregter und euphorischer. Der Gedanke an das Auslandsjahr hatte mich endgültig elektrisiert. In diesem Moment traf ich eine Entscheidung. Zum dritten Mal sagte ich: „Philip, ich bin dabei!" Diesmal war ich mir sicher.

Philip war die Brücke. Er vereinte all das in seiner Person, wonach ich gesucht hatte. Manchmal brauchen wir Menschen trotz allen Bauchgefühls und unserer Intuition eine Brücke, die uns den Sprung auf einen anderen Pfad erleichtert. Diese Brücken wird es immer wieder geben. Wir müssen sie nur überqueren.

Etwa eine Stunde später stand ich im Scheinwerferlicht vor 400 Leuten und hatte das Gefühl, der ganzen Welt von meinem Entschluss erzählen zu müssen.

„Ich werde für ein Jahr nach Australien gehen."

Dem hatte ich nichts hinzuzufügen und ich blickte ins Publikum. Erst jetzt fiel mir auf, wie schnell mein Herz in meiner Brust hämmerte. Ich hatte mich in einer Art Trance befunden, aus der ich nun schlagartig aufwachte.

Ich glaube, dass es genau diese Momente sind, in denen wir uns entscheiden, unserem Weg zu folgen. Momente, die Energien in uns freisetzen, die wir uns nicht einmal vorstellen können.

Eine Stunde später war die Energiewelle, auf der ich seit meinem Gespräch mit Philip am Nachmittag gesurft war, wieder abgeklungen. Ich stand allein auf dem Parkplatz neben meinem Auto und versuchte, meine Gedanken und Gefühle zu ordnen. Draußen war es dunkel geworden und mir war bewusst, dass ich diese Sache nun allein zu Ende bringen musste.
Genau in diesen Minuten begann der Abiball meiner Freundin in einem Schloss in der Nähe ihres Heimatortes. Ich hatte ihr versprochen, nach meiner Zeugnisvergabe so schnell wie möglich zu ihr zu kommen. Und nun? Quo vadis?
Mir war klar, wie sehr ich sie verletzen würde. Dieser Gedanke hatte mich in den vergangenen Wochen davon abgehalten, mit ihr über meine immer wieder aufkommenden Trennungsgedanken zu sprechen. In gewisser Weise war ich ein Feigling gewesen. Damit musste es nun vorbei sein.
Doch so leicht war das nicht. Ich konnte nicht einfach einen Schalter umlegen. Bis zum nächsten Tag brachte ich es nicht fertig, die Sache anzusprechen. Ich fühlte mich wie gelähmt. In meinem Kopf ratterte es zwar, ich brachte jedoch kein Wort heraus. Es war schon fast Mittagszeit, als meine Freundin endlich bemerkte, dass mit mir etwas nicht stimmte. Wir lagen nebeneinander im Bett, als sie mich anschaute und fragte: „Ist irgendwas?" Eine Frage, die man eigentlich immer automatisch mit „Nö, alles gut" oder so ähnlich beantwortete. In meiner Lethargie war auch ich tatsächlich kurz davor, ebendiese Worte zu benutzen. Doch dann antwortete ich: „Ja."
Ja. Ja! Ja, ja, ja. Ein einfaches Wort, das so viel bewirken konnte. Nun war es unvermeidlich. Ja, natürlich war es verdammt schwer. Und ja, natürlich tat es weh. Und natürlich endete das Gespräch in Tränen. Doch schon Minuten, nachdem ich weinend im Türrahmen gestanden hatte, spürte ich, dass ich das Richtige getan hatte. Ich war meiner Intuition gefolgt. Und es fühlte sich gut an. Dabei hatte ich noch nicht mal ansatzweise eine Vorstellung davon, wie das Leben abgehen konnte, wenn man endlich auf seinem Weg angekommen war.

Wie man ein Auslandsjahr plant

Das Komplizierteste am Auslandsjahr war es, sich überhaupt erst mal dafür zu entscheiden. Hatte man die Möglichkeit einmal als solche erkannt und Platz im so mühsam konzipierten Zukunftsplan geschaffen, regelte sich der Rest eigentlich fast von allein. Wer es einmal geschafft hatte, sich von den selbst auferlegten Grenzen des Alltags zu befreien, der würde in der Regel schon bald erleben, wie auf einmal ganz viele tolle Dinge passierten.

Die Planung wollten wir schon mal komplett selbst in die Hand nehmen. Nun ja, was für eine Planung eigentlich? Streng genommen gab es keinen Plan. Wir hatten einen Ankunftsort – Melbourne. Das hatte Philip sich so überlegt. Ich war einverstanden und fügte einige Wochen vor dem Abflug hinzu, dass es vielleicht eine gute Idee wäre, zumindest für die ersten Tage ein Hotel zu buchen. Wir würden am 18. September in Richtung Melbourne fliegen. Einen Hotelnamen und eine Adresse, mehr hatten wir dort nicht in der Hand. Wenn in den Wochen vor der Abreise jemand fragte, was denn eigentlich unser Plan sei – eine sehr beliebte Frage –, dann erwiderte ich immer: „Erst mal ankommen. Und danach schauen, was so geht." Die Leute blickten mich dann meist etwas ungläubig an. Aber Freunde, was sollte man denn auch planen? Meist war es umso besser, je weniger man sich vorher zurechtlegte. Dinge ergaben sich einfach.

Zwei wirklich essenzielle Hinweise möchte ich aber noch mit auf den Weg geben.

Zuerst zum Budget. Über eine gewisse Liquidität sollte man als Rucksackreisender durchaus verfügen. In meiner gut gepolsterten Westentasche befanden sich bei Antritt des Hinflugs etwa 6500 Euro. Das war ein wirklich komfortables Startkapital. Dieses Budget hatte ich mir durch Nachtschichten im DHL-Paketzentrum während der Abizeit teils selbst erarbeitet, teils auch aus Zulagen von Großeltern, Mama und Papa zusammengespart – besten Dank an dieser Stelle!

Aber keine Sorge. Wenn man bereit war, sich schon nach wenigen Tagen vor Ort nach Arbeit umzusehen, konnte man das Abenteuer guten Gewissens auch bereits mit 1500 Euro antreten.

Und was sollte man dann eigentlich mitnehmen? Freunde, ich hatte ja keine Ahnung! Und so hämmerte ich am Check-in im Frankfurter Flughafen letztlich einen prall gefüllten Backpack mit fast 20 Kilogramm auf die Gepäckwaage. Problem war hier nicht nur, dass man den ganzen Krempel ja permanent mit sich herumschleppen musste. Zudem sammelten sich, sobald man unterwegs war, auf mysteriöse Weise neue Dinge an. Und das mit fast schon unheimlicher Geschwindigkeit. Nun war der Backpack aber irgendwann einfach voll. Und so

sollte ich schon in Melbourne wenig später vor einem gehörigen Platzproblem stehen.
Ziel sollte es also sein, sein Gepäck auf ein absolutes Minimum zu beschränken. Zugegeben, für mich war es anfangs eine fast unmögliche Aufgabe, meinen kompletten Lebensinhalt plötzlich auf einen Rucksack zu begrenzen. So würde ich auch erst nach einigen Monaten lernen, auf welche Dinge es denn wirklich ankam und worauf ich verzichten konnte. Die Backpacker-Ausrüstung sollte aus einer Grundausstattung an Kleidung, einem bequemen Paar Schuhe, Waschtasche, Reisepass, Kreditkarte, Handy, Ladekabel und eventuell einem Buch und Kopfhörern bestehen. Mehr brauchte Man(n) nicht. Wirklich.
Nichts konnte einem bei diesem Ziel allerdings gefährlicher werden als die eigene Mutter, die einem gerne zwei Stunden vor der Abreise noch einen großen Korb voller Dinge, die man „unbedingt mitnehmen" musste, in die Hand drückte. So hatte ich es meiner Mama beispielsweise zu verdanken, dass ich wochenlang eine Wäscheleine mitsamt Klammern und eine Packung mit 50 Einmalhandtüchern mit mir herumschleppte.

Teil 1 – 09 - 12 / 2016

Melbourne, Australia

Wie man auf einmal am anderen Ende der Welt ist

Es war 21 Uhr Ortszeit auf dem Tullamarine Airport in Melbourne. Wir waren nun schon seit 24 Stunden auf den Beinen und trotzdem zu aufgeregt, um unsere Müdigkeit zu spüren.

Das erste kleine Abenteuer erwartete uns bereits am Flughafen. Wir standen gerade am Gepäckband, als Philip mich nach einer der wie immer völlig unverständlichen Flughafendurchsagen plötzlich erschrocken ansah. „Hey, die haben doch gerade meinen Namen durchgesagt!“ – „Echt, denkst du?“ – „Na klar Mann, ich höre doch, wenn jemand meinen Namen sagt!“

Und tatsächlich. Als Philip sich am Informationsschalter als „Mr. Goldmann“ vorstellte, wurden wir umgehend von einem aufgeregten Servicemitarbeiter zum Büro der australischen Qantas Airline weitergeleitet. Philip nannte seinen Namen. Die Dame am Schalter hob vielsagend die Augenbrauen. „Mr. Goldmann, wir haben Ihren Rucksack in Dubai vergessen.“ Na, das ging ja gut los. Mister Goldmann reagierte entsprechend wenig begeistert. Als die kräftige Frau ihm jedoch zur Entschädigung einen hochwertigen Qantas-Notfallbeutel überreichte, war jede Sorge vergessen. Darin befand sich neben einem stilechten grauen Schlafanzug mit dick aufgedrucktem Qantas-Logo nämlich noch ein praktischer Qantas-Stoffbeutel, den man oben zuschnüren konnte. Sogar eine Qantas-Zahnbürste war dabei. Ich bedauerte fast, dass mein Rucksack nicht ebenfalls verloren gegangen war. Außerdem wurde uns versichert, dass Philips Gepäck am nächsten Tag an unser Hotel geliefert werden würde.

Wir hatten keine Kosten und Mühen gescheut und uns zur Eingewöhnung für die ersten 4 Nächte ein Doppelzimmer im Hotel gemietet.

Als wir gegen 23 Uhr endlich in unserer Suite eintrafen, schauten wir uns begeistert um. Standesgemäß verfügten die beiden Backpacker über zwei bequeme Betten, einen Flachbildfernseher und ein schickes Bad.

Allerdings machte sich nun ein anderes Problem bemerkbar. Nach zwei Tagen auf Achse verbreitete sich schnell ein recht kerniger Geruch in unserem neuen Heim. Außerdem stellten wir etwas verwirrt fest, dass wir trotz schlafloser Nacht überhaupt nicht müde waren. Bei neun Stunden Zeitverschiebung machte sich nun erstmals der Jetlag bemerkbar, an dem wir in den nächsten Tagen noch viel Freude haben würden. So beschlossen wir gegen Mitternacht kurzerhand, das Hotel noch einmal zu verlassen und einen ersten Blick auf unsere neue Heimat zu werfen.

Wie war nun also mein erster Eindruck am anderen Ende der Welt?
Freunde, es war verdammt kalt! Selbstverständlich hatte ich mich im Voraus eher weniger mit der zu erwartenden Wetterlage vor Ort beschäftigt. In Australien war es doch sowieso immer warm, oder? Nun ja, nicht ganz. Hier wurde es soeben erst Frühling, und gerade in Melbourne, das an der Südküste des Kontinents lag, konnte es durchaus knackig kalt werden. Als wir uns zum ersten Mal in die nächtliche Metropole wagten, wehte ein eiskalter Wind auf den Straßen des Business Districts. Damit hatte ich nicht gerechnet. So kauften wir uns nur schnell ein paar Sandwiches und marschierten dann zitternd zum Hotel zurück. Im TV konnte uns eine australische Fischereisendung gegen 3 Uhr morgens schließlich in den Schlaf verhelfen.

Day 1
Es war schon 12 Uhr und wir kamen einfach nicht aus dem Bett. Ich fühlte mich, als wäre es mitten in der Nacht.
Schließlich trieb uns der Hunger aus dem Zimmer. Zum ersten Mal sahen wir Melbourne bei Tageslicht. Es war unfassbar beeindruckend und aufregend. Alles war so viel größer als zu Hause. Es gab Hochhäuser und coole Geschäfte an jeder Ecke. Und jeder sprach Englisch! Ich fühlte mich erstmals wirklich fremd, wie in einer anderen Welt.
Unser Hotel befand sich mitten im Zentrum der Stadt. Umso ungläubiger reagierten wir, als wir zwei Straßen weiter auf einen großen Aldi-Markt stießen. Ja, es gab tatsächlich Aldi in Australien. Nachdem kurz Heimatgefühle aufgekommen waren, erinnerten uns die fremden Produkte und vor allem deren Preise schließlich daran, dass wir uns am anderen Ende der Welt befanden. Wenn wir uns schon das Hotel gönnten, beschlossen wir, zumindest beim Essen direkt mit dem „Backpacker-Lifestyle" anzufangen. Unser erster Einkauf beinhaltete somit standesgemäß eine Packung Haferflocken, Milch, Bananen, einen Kanister Wasser und 10 Packungen Instantnudeln in Geschmacksrichtungen von Shrimp bis Chicken-Curry. Oh ja, diese asiatischen Suppennudeln – sie sollten in den nächsten Tagen unsere Hauptnahrungsquelle darstellen.

Im Stadtzentrum waren so viele Menschen, dass man sich kaum frei bewegen konnte. An jeder Ecke lockten uns schicke Cafés und Bars. McDonald's hieß hier ganz offiziell Macca's. Das war ziemlich lässig. Außerdem gab es unzählige coole Klamottengeschäfte, in denen wir erstmals unser Englisch in einigen vorsichtigen Gesprächen mit den hippen Verkäufern testen konnten.
Wir überquerten den Fed Square und kamen schließlich am Ufer des Yarra River an. Zu beiden Seiten des Flusses komplettierten Hochhäuser die spektakuläre Szenerie. Hier gab es einen großen Park, von dem man einen tollen Blick über die Stadt hatte. Aufgeregt schossen wir unsere ersten, coolen Fotos, die wir später stolz in die Heimat schicken wollten. Auf einer Grasfläche inmitten der Skyline ließen wir uns fallen und überlegten, wie es denn jetzt eigentlich weitergehen würde.
Konkrete Vorschläge kamen dabei nicht herum. Dafür überraschte mich Philip mit einer anderen Idee. „Hey, lass mal ein Skateboard kaufen! Was meinst du?" Zuvor waren wir an einigen coolen Skateshops vorbeigekommen und hatten die lässigen Klamotten bestaunt. „Na ja, es ist doch echt ziemlich nice, hier in der Stadt kannst du überall easy damit rumfahren, und außerdem wäre es doch cool, wenn wir dann auch so Skaterdudes wären." – „Hm, ja Mann, auf jeden. Da hast du echt recht!" Ich wollte gerne etwas Neues lernen und fand die Vorstellung, mit einem Skateboard unterm Arm in der Stadt herumzulaufen, ziemlich cool. So kam es, dass ich am zweiten Tag in Australien mehr als 200 Dollar für ein rollendes Brett ausgab. Immerhin wurde das Teil eigens für mich zusammengestellt. Nachdem wir uns aufgeregt eine ruhige Stelle zum Üben gesucht hatten, bemerkte ich zu allem Übel, dass das Ganze wesentlich schwieriger war, als es aussah. Dennoch hatte mich eine neue Leidenschaft gepackt.
Da unser treuer Kumpel Lag – Vorname Jet – uns natürlich auch an diesem Abend wieder hellwach hielt, fuhren wir zu später Stunde weiter ziellos durch die nächtlichen Straßen. Hier merkte ich zum ersten Mal, wie perfekt sich das Skateboard für derartige Erkundungstouren eignete, die später zu meinem liebsten Hobby werden sollten.
Schließlich stießen wir auf einen großen Platz vor dem Universitätsgebäude. Es war ein tolles Szenario. Mitten in der Nacht befanden wir uns auf einer freien Fläche mitten in Melbourne. Ringsum konnten wir die in der Dunkelheit leuchtenden Hochhäuser bewundern. Das war großartig! Ich war am Leben.

Wie man die erste kleine Krise meistert

„Erst mal ankommen und schauen, was so geht." Na schön. Angekommen waren wir inzwischen. Was ging nun also? Na ja, in Sachen Planung hatte sich bisher nicht viel getan. Eigentlich waren wir auch immer noch dabei, irgendwie zurechtzukommen und einen Zugang zur neuen Welt zu finden.

Ein erster Schritt war es da schon mal, die sichere Isolation des Hotels nach vier Nächten zu verlassen. So schaute ich mich auf Airbnb nach einer neuen Unterkunft um. Besonders begeisterte uns schließlich die Anzeige von Kerry. Die nette Dame stellte sich als junge Grundschullehrerin vor, die zusammen mit ihrem schicken Appartement im etwas nördlicher gelegenen Brunswick auf uns einen recht anregenden Eindruck machte. Freunde, hier stimmte einfach das Gesamtpaket. Tatsächlich waren wir so hingerissen, dass wir auch den Preis von etwa 30 Euro pro Person als überaus fair ansahen und Kerry für eine ganze Woche buchten.

Tatsächlich war das Appartementhaus noch schicker als auf den Bildern, was gleichermaßen übrigens auch auf unsere Gastgeberin zutraf. Grinsend warfen wir uns auf unser neues Bett. Kerry, so stellte sich heraus, arbeitete nicht mehr als Lehrerin, sondern war inzwischen als Schauspielerin aktiv. Dieser Job brachte es wohl mit sich, dass die Gute nahezu nie zu Hause war und wir das Appartement somit quasi für uns hatten. Es lief!

Nach der Aufregung der ersten Tage und der Euphorie über unsere neue Unterkunft verfiel ich dann aber in eine erste schwierigere Phase. Ja, auch das gab es am anderen Ende der Welt.

In den Wochen vor unserer Abreise hatte ich von verschiedensten Menschen immer wieder Kommentare wie: „Wow, das wird sicher geil und dich unglaublich weiterbringen!" oder „Mann, das wird das beste Jahr deines Lebens! Genieße es!" zu hören bekommen. Irgendwann glaubte ich dann selbst daran und meine Erwartungshaltung war dementsprechend. Jeder Tag musste spektakulär werden und mich mit neuen, spannenden Menschen in Kontakt bringen.

In der Realität sah es dann doch – völlig überraschend – etwas anders aus. Wir hatten es uns in unserem schicken Appartement gemütlich gemacht und gammelten mehr oder weniger vor uns hin. Ich wurde zunehmend unzufrieden. Auch weil wir bisher keinerlei Kontakte geknüpft hatten, war ich enttäuscht und meinte, wir würden das alles irgendwie falsch angehen. Philip dagegen schien unsere Situation nicht weiter zu stören. Er genoss die Tage im Bett oder auf dem Sofa und schaute YouTube-Videos. So beschloss ich nach einer Woche erstmals, etwas auf eigene Faust zu unternehmen, schnappte mir mein Skateboard und erkundete die Nachbarschaft. Dies war der Beginn einer wundervollen Romanze. <3

Freitagabend beschlossen wir dann, zum ersten Mal feiern zu gehen. Wir mussten endlich mit ein paar Leuten in Kontakt kommen. Maßgeblich beeinflusst werden sollte dieser Abend von Goon. Nun war Goon allerdings nicht etwa unser neuer Aussie-Kumpel, sondern vielmehr die unter Backpackern gebräuchliche Bezeichnung für einen legendären Wein, der in einem 4-Liter-Beutel mit praktischem Druckventil verkauft wurde. Alkoholische Getränke waren in Australien enorm teuer und für Backpacker quasi unbezahlbar. Ein Sixpack Bier kostete etwa 13 Euro und eine Flasche Schnaps sogar 40 bis 50 Euro. 4 Liter Goon konnte man im BottleShop des Vertrauens dagegen schon für 10 Euro erstehen. Der Zusammenhang sollte erkennbar sein.

Nach gehörigem Goongenuss wagten wir uns nun also erstmals ins australische Nachtleben. Schon wenig später kamen wir auf der Straße mit zwei Jungs in unserem Alter ins Gespräch. „Hey, wie geht's? Kennt ihr einen guten Club hier in der Nähe?", fragte ich mit breitem deutschem Akzent. „Mann, wo kommt ihr denn her? Seid ihr aus Polen oder so?", erwiderte einer der Jungs im Skaterlook grinsend. „Ich bin Corey und das ist Jackson. Wir wollten auch gerade los, kennen da einen guten Club. Kommt doch mit." – „Ich weiß, wo es gut abgeht", fügte Jackson vielsagend hinzu. Inzwischen hatte es zu regnen begonnen. Und so kam es, dass wir wenig später mit zwei fremden Typen im Taxi saßen. Natürlich hatten wir keine Ahnung, wer diese Jungs waren, wohin die Reise ging und ob wir jemals wieder nach Hause kommen würden – perfekte Voraussetzungen also für einen guten Abend!

Im Club ging es tatsächlich „gut ab". Der Laden war voll und auch die Musik sorgte für Stimmung. Als mich wenig später auf der Tanzfläche auch noch ein Mädchen ansprach, war ich dementsprechend begeistert. Nun hatte ich allerdings nach wie vor mit dem Englisch zu kämpfen und verstand inmitten der hämmernden Bässe kein Wort der hübschen Lady. Schließlich folgte ich ihr zur Bar und schlussfolgerte, dass sie wohl etwas mit mir trinken wollte. Nun hatte ich allerdings schon 10 Euro Eintritt und weitere 5 Euro für ein Bier bezahlt und beschloss in aller Sachlichkeit, dass dies ein guter Zeitpunkt war, um mit dem Sparen zu beginnen. Also erklärte ich der bezaubernden Dame schulterzuckend, dass ich ein „Backpacker from Germany" sei und leider kein Geld hätte, um ihr einen Drink zu kaufen. Ein paar Minuten später fand ich mich allein auf der Tanzfläche wieder.

Ich wollte unbedingt weiter mit Leuten in Kontakt kommen und war auf der Suche nach einer Fußballmannschaft. So heuerte ich über ein Onlineforum schließlich bei einem Hobbyteam an, besorgte mir für einen schlappen Hunderter die passende Ausrüstung und wurde direkt zum ersten Training eingeladen. Als Trainingsort hatte Nino, der Organisator, mit dem ich mich per SMS verständigte, „Oakleigh High School" angegeben. Nach kurzer Prüfung stellte ich fest, dass sich besagte Schule am anderen Ende der Stadt befand. Schon allein der Gedanke an die Anreise mit zwei Bussen und einem längeren Fußmarsch von insgesamt anderthalb Stunden brachte mich an den Rand eines Nervenzusammenbruchs. Diese Busfahrt sollte mein erstes großes Abenteuer werden. Ich hatte noch kein Internet auf meinem Smartphone und speicherte alle Fahrpläne und Wegbeschreibungen vorab per Screenshot. Auch wenn ich es letztlich irgendwie zur High School schaffte, kam mir diese Busfahrten-Odyssee durch ganz Melbourne doch wie eine fast unlösbare Aufgabe vor.

Wie man schon nach zwei Wochen wieder im Flugzeug sitzt

Während ich mich langsam aus der Isolation hervorarbeitete, war das Wetter in Melbourne nach wie vor einfach belastend. Es war schon fast unverschämt kalt, und wirklich jeden Nachmittag zog Regen über die Stadt.

Die Lösung aller Probleme lieferte schließlich Brian Black. Ein legendärer Typ. Wir hatten ein australisches Konto eröffnen wollen und waren dabei von Kerry an ihren Exfreund vermittelt worden, der bei der Commonwealth Bank arbeitete. Dieser massive Kerl war etwa 2 Meter personifiziertes Charisma und trug einen kräftigen Bart. Die Kontoeröffnung geriet zur Nebensache, während Brian mit seinen besten Frauengeschichten prahlte und schließlich einen märchenhaft klingenden Ort namens „Gold Coast" erwähnte. Brian berichtete von Palmen, Sonne, Strand und Mädels in Bikinis ... Wir buchten den Flug noch am selben Abend.

Als unsere Zeit bei Kerry zu Ende ging, hatten wir noch 4 Nächte zu überbrücken, bis es endlich an die Gold Coast ging.

Wir hatten inzwischen eingesehen, dass wir unsere Ausgaben etwas herunterfahren mussten, und uns diesmal für eine günstigere Bleibe entschieden. So

landeten wir schließlich im legendären Country House in der nördlichen Vorstadt Melbournes. Die Anzeige hatte auf den Titel „gemütliches Ferienzimmer mit Country-Flair" gelautet und wir sollten nur etwa die Hälfte dessen bezahlen, was unsere bisherige Unterkunft pro Nacht gekostet hatte.
Empfangen wurden wir von einer dicklichen Frau mit wüstem Haar und einer fleckigen Kochschürze. Sie erklärte uns, dass sie nur kurz Zeit habe, um uns herumzuführen, und anschließend mit ihrem Mann einige Tage wegfahre. Erneut hatten wir also fast das ganze Haus einer fremden Familie für uns. Wie wahrscheinlich war es wohl, dass einem so etwas in Deutschland widerfuhr?
Jedoch hatte die Hütte nicht viel von dem schicken Appartement, das wir gerade hinter uns gelassen hatten. Es war schmutzig, verströmte einen eigenartigen Geruch und überall rannten Katzen herum. Eher suboptimal war in diesem Zusammenhang, dass Philip an einer Katzenhaarallergie litt und teilweise kaum noch vernünftig Luft holen konnte. Tatsächlich erlebte insbesondere mein Kumpel hier in Footscray eine ziemlich schwierige Zeit und spielte zwischendurch sogar mit dem Gedanken, sich ein Hotelzimmer zu mieten.
Wir schliefen in einem Bungalow im Garten. Dieser war zwar gemütlich eingerichtet, aber leider sehr schlecht isoliert, sodass wir die Nächte nur dank eines Heizkörpers überleben konnten. Außerdem befand sich die neue Unterkunft so weit im Norden, dass es sich kaum lohnte, mit Bus und Bahn ins Stadtzentrum zu fahren. Allerdings verfügte unser nobles Domizil über einen Fernseher mit umfangreicher DVD-Sammlung und es gab einen öffentlichen Tennisplatz am Ende der Straße.
Am Ende wurde der Flug an die Gold Coast zur ultimativen Erlösung.

Gold Coast, Australia

„Palmen, Sonne, Strand und Mädels in Bikinis."
Bis auf Brians magische Worte wussten wir nicht viel über diesen sagenhaften Ort. Zumindest der Wikipedia-Artikel besagt dazu Folgendes:
„Gold Coast hat sich im Laufe von 50 Jahren aus einer losen Ansammlung kleinerer Orte zu Australiens sechstgrößter Stadt mit knapp 600.000 Einwohnern entwickelt. Das subtropische Klima, die attraktiven Sandstrände, die oft von Surfern genutzt werden, haben Millionen von australischen und internationalen Touristen angelockt.

In manchen Teilen – vor allem um Surfers Paradise – ist der schmale Küstenstreifen deshalb voller Nachtklubs, Hotels, Apartments und Touristenläden, was der Gold Coast lange ein billiges Image verliehen hat. Das Bild der Stadt selbst ist geprägt von zahllosen künstlichen Kanälen und Inseln."

Wie man in einer Millionenvilla in Surfers Paradise unterkommt

Die Gold Coast war also eigentlich eine Stadt, sogar eine ziemlich große. Wir wussten nicht recht, was wir erwarten sollten. Wenigstens von Surfers Paradise hatte ich aber bereits gehört. Surfers Paradise schien das Zentrum der Gold Coast zu sein. Außerdem klang allein der Name schon verdammt cool, was vielleicht sogar noch wichtiger war.

Die Anforderungen an unsere neue Unterkunft waren also klar. Wir wollten maximal 20 Aussie-Dollar pro Person und Nacht ausgeben und dazu noch möglichst in Surfers Paradise wohnen. Ein schwieriges Unterfangen, wie sich herausstellen sollte. Airbnb war zu unserem besten Freund geworden, und so hatte ich auf der Plattform einige Tage vor unserer Abreise nach einem neuen Heim gesucht. Als einzige, unseren recht ambitionierten Kriterien entsprechende Möglichkeit erwies sich die Anzeige eines Mannes, der sich auf seinem unscharfen Profilfoto lässig mit Sonnenbrille präsentierte. Sein Name war Greg. Der Kerl wohnte auf Macintosh Island, einer künstlichen Halbinsel im Norden von Surfers Paradise, die in derselben palmenähnlichen Form wie die berühmte künstliche Insel The Palm in Dubai angeordnet war. Außerdem bot Greg zahlreiche Bilder, in der er seine recht ansehnliche Villa mit einem Pool und privatem Strandabschnitt präsentierte. In seiner überaus ausführlichen Beschreibung sprach er auch von einer wohlhabenden Nachbarschaft. Der australische Tennisstar Bernard Tomic sei quasi ein Nachbar und auch Jackie Chan wohne nur eine Straße weiter, führte Greg an. Ja, Freunde, der verdammte Jackie Chan!

Allerdings handelte es sich bei der angebotenen Schlafmöglichkeit nur um ein Zelt in Gregs Garten. Wir waren skeptisch, jedoch gab es quasi keine anderen Optionen. Die Bilder zeigten ein Zelt, das auf einer kleinen Grasfläche neben einem Swimmingpool stand und einen guten Blick auf den hinter dem Haus befindlichen, künstlich angelegten Kanal mit Privatstrand bot. Als wir dann noch von Matratzen, Bettzeug und Stromversorgung lasen, mit denen das Zelt

ausgestattet sein sollte, beschlossen wir, der Sache eine Chance zu geben, und buchten testweise 4 Nächte bei Greg. In gewohnter Manier war das mal wieder ein absoluter Schuss ins Blaue. Wir waren gespannt!
Schon die Busfahrt vom Flughafen, der sich am südlichen Ende der Gold Coast befand, begann vielversprechend. Durch die Fenster erblickten wir Palmen, Strände und Grünflächen. Und vor allem war es endlich warm und sonnig. So hatten wir uns Australien vorgestellt.
Schließlich erreichten wir unsere Haltestelle Main Beach, die ich vorher im Internet herausgesucht hatte. Überhaupt kannte ich die Gegend bisher nur von Google Maps und musste mich, nachdem wir ausgestiegen waren, zunächst orientieren. Ich schaute mich um und stellte fest, dass wir auf einer Art Brücke standen. An deren Brüstung befand sich ein kurzer Abhang, auf dem Palmen und einige Büsche wuchsen. Darunter erstreckte sich ein schmaler weißer Sandstreifen, der von den seichten Wellen eines an seiner engsten Stelle etwa 20 Meter breiten Kanals gezeichnet war. Auf der anderen Seite der Wasserfront erstreckten sich stilvolle Prunkvillen, von denen viele über einen eigenen Bootsanleger verfügten. Die meisten davon waren strahlend weiß und in modernem Stil mit großen Glasfronten ausgestattet. Das Bild wurde komplettiert durch einige prächtige Yachten, Palmen und einen strahlend blauen Himmel. Mit leuchtenden Augen grinsten Philip und ich uns ungläubig an. Dann erinnerte ich mich an den 20 Kilogramm schweren Rucksack auf meinem Rücken und suchte in meinem Handy nach einer Wegbeschreibung. „Moment mal, irgendwo da drüben müssen wir wohnen." Philip lachte. „Was, das kann doch nicht sein, Mann!" Etwas verdutzt erwiderte ich: „Na doch, ohne Scheiß! Das ist Macintosh Island, so steht es in der Beschreibung." Wir liefen einige Schritte, stoppten erneut und schauten uns um. Es war unglaublich. „Das ist doch viel zu krank, Mann." Ich grinste zustimmend. Nahezu synchron griffen wir zu unseren Smartphones und setzten zu einer ausführlichen Fotosession an. Beide posierten wir mit breitem Grinsen am Geländer der Brücke. Dann liefen wir los, ich vorneweg, Philip einige Meter hinterher. Wir sprachen nicht mehr, wussten jedoch, dass wir genau dasselbe dachten, und saugten den Moment auf. Am Fuß der Brücke bogen wir rechts ab und betraten die breit angelegte, makellose Hauptstraße, die uns auf den rechten Flügel der künstlich angelegten Insel führte.
Macintosh Island hatte die Ruhe eines abgelegenen Wohngebietes. An beiden Seiten der breiten Straße befanden sich einladende Grünstreifen, elegante Zäu-

ne und Tore. Dahinter konnten wir die beeindruckenden Häuser bestaunen. Je weiter wir der Straße folgten, desto größer und prunkvoller wurden die Villen. Vor einem geöffneten Garagentor erblickte ich einen älteren Mann in Poloshirt, Shorts und Flipflops, der seine Mercedes G-Klasse polierte. Grinsend grüßte ich ihn. Er hob die Hand. Lachend drehte ich mich zu Philip: „Verdammt, Mann, das kann doch nicht sein!" Schließlich erreichten wir nach etwa 300 Metern den Abzweig, der uns auf „unsere" Straße führen sollte. In unglaublicher Spannung, welches dieser beeindruckenden Häuser wohl unsere neue Heimat sein würde, schritten wir durch die von Palmen gesäumte Allee.
Endlich angekommen, war ich etwas enttäuscht. Das Haus mit der Nummer 18 war aus hellen Ziegeln erbaut und größtenteils von einer Mauer und einer riesigen Garage verdeckt. Insgesamt erschien es doch etwas weniger spektakulär als die meisten anderen. An einem kleinen schwarzen Tor hing ein provisorisch mit Klebeband befestigter Zettel, auf den jemand mit schwarzem Stift „Klingel kaputt, bitte Ash anrufen" geschmiert hatte. Darunter befand sich eine Telefonnummer. Während ich noch verdutzt die Notiz betrachtete, waren wir bereits entdeckt worden. Ein Typ, der mit nacktem Oberkörper im Vorgarten stand, lief uns entgegen und öffnete das Tor. Der Kerl war etwa so alt wie wir, groß und dünn. Sein längeres braunes Haar hatte er oben auf dem Kopf zusammengebunden. Seine Brust zierte ein großes Tattoo.
„Hey, ich bin Val", stellte er sich lachend vor. „Habt ihr bei Greg gebucht?" – „Ja, sind wir hier richtig?" – „Klar, aber keine Ahnung, wo Greg ist. Na kommt erst mal mit."
Verdutzt stellte ich fest, dass uns im Vorgarten zwei Zelte begrüßten, und folgte Val ins weite Eingangsportal. Ich durchschritt eine breite Holztür und schaute mich kurz um. Wir standen in einer gefliesten Eingangshalle. Direkt vor uns befand sich eine kleine Bar, auf der Zeitschriften und Infomaterial lagen. Dahinter stapelte sich ein Berg aus Unrat. Außerdem standen eine Menge Schuhe herum. Links führte eine massive, weit geschwungene Treppe ins Obergeschoss des Hauses und auf der rechten Seite verdeckte ein großer Vorhang den Eingang zu einem weiteren Zimmer. Hinter der Treppe führte ein schmaler Gang nach links ins Innere des Hauses. Wir folgten Val in die ebenfalls geflieste Küche, deren Eingang nur wenige Meter links von der Bar lag. In deren Mitte thronte ein mit Holz verkleideter Block mit einem Kochfeld und 4 Herdplatten. Darüber hing eine riesige Abzugshaube. Es gab einen gigantischen Kühlschrank und in der Ecke stand ein runder Holztisch mit 4 nicht zueinanderpas-

senden Stühlen. Die Wand an der Rückseite des Hauses war mit einer Reihe dunkel getönter Fenster ausgestattet, durch die man draußen einen Pool erahnen konnte. Davor stapelte sich auf einer hölzernen breiten Küchenzeile kunstvoll aufgetürmt ein Berg aus Geschirr. Allgemein war das Haus recht spärlich eingerichtet und insgesamt machte alles einen abgenutzten, etwas schäbigen Eindruck. Als ich dann aber durch die gläserne Schiebetür nach draußen trat, haute mich der Anblick fast aus den Socken. Ich befand mich auf einer Veranda und blickte nach unten auf einen etwa 20 Meter breiten Kanal, der auf beiden Seiten von zwei schmalen, strahlenden Sandstreifen abgegrenzt wurde. Auf der gegenüberliegenden Seite befanden sich Villen, die noch beeindruckender waren als alle, die wir zuvor gesehen hatten. Die beiden direkt gegenüberliegenden Häuser waren in modernem rechteckigem Stil erbaut, verfügten über flache Dächer, waren strahlend weiß und mit riesigen Glasfronten ausgestattet. Das Haus links daneben wies dagegen einen eher mediterranen Stil auf und verfügte über zahlreiche kleinere Fenster und Bögen. Alle Eigentümer besaßen einen eigenen Bootssteg, an dem sie ihre kleinen Yachten oder Jet-Skis präsentierten. Der Kollege ganz links hatte sich sogar 4 riesige Palmen an seinen Strandabschnitt pflanzen lassen. Direkt unterhalb unserer Veranda befand sich ein blau leuchtender, 8-förmiger Swimmingpool. Links davon waren auf einer etwas erhöht liegenden Grasfläche zwei Zelte aufgebaut – unser neues Zuhause. All dies hatte ich in wenigen Sekunden aufgesaugt und bemerkte erst jetzt zwei weitere, langhaarige junge Männer auf der Veranda. Einer war gerade aus dem Pool gestiegen, trug Boardshorts und einen langen braunen Bart und schüttelte sich nun in einer hundeähnlichen Bewegung sein nasses Haar aus. Der Kerl stellte sich uns als Dylan vor und setzte sich offenbar zufrieden auf eine halb zusammengebrochene Couch. Im selben Moment erhob sich ein anderer Typ von selbiger und kam freundlich lächelnd auf uns zu. Auch er trug schulterlanges gewelltes Haar, ein schwarzes Metallica-T-Shirt und lange Karottenjeans. Damit sah er in etwa so aus, wie man sich einen typischen Heavy-Metal-Nerd vorstellen würde. Im Gegensatz dazu stand aber sein eher kindliches Gesicht mit weichen Zügen und tief eingesunkenen Augen. „Hey, ich bin Ash. Ich schaue mal, wo Greg ist."

Im selben Moment hörten wir das Klappern eines Schlüsselbundes im Inneren des Hauses und drehten uns um. Aufreizend lässig kam unser Gastgeber in Flipflops, mit hochgeschobener Sonnenbrille und einer Scheibe Toast in der Hand in die Küche geschlurft. Greg war Mitte 40, knapp 1 Meter 80 groß, hatte eine Glatze, helle weiße Haut, kräftige Arme, einen kleinen Bierbauch und ein rundliches Gesicht, aus dem er uns aus wässrigen tiefen Augen anschaute. Wie ich später lernen sollte, trug Greg quasi Tag und Nacht Flipflops, weit sitzende T-Shirts und Shorts.

Ich drehte mich um und gab ihm die Hand. „Hey, ich bin Marcel. Wir haben eine Buchung über Airbnb." Greg schaute etwas verwirrt. „Oh, wirklich?" Er biss in seinen Toast und begann, nach etwas in seinem Handy zu suchen. „Ah ja, genau, ihr seid Mika und Sally, stimmt's?" Ich war verwirrt und stockte kurz. Greg musterte Philip und schien festzustellen, dass wir nicht Mika und Sally sein konnten. „Ah nein, Moment! Yeah, hier hab ich's. Marcel und Philip. Ihr habt allerdings für morgen gebucht." Zunehmend verunsichert erklärte ich ihm, dass wir gerade aus Melbourne gekommen seien und für die nächsten 4 Tage ein Zelt gebucht hatten. „Oh, ja?" Erneut biss er in seinen Toast und erwiderte schulterzuckend: „Na ja, ist auch egal. Dann machen wir mal das Zelt für euch fertig. Ashley, kannst du bitte zwei Matratzen und Bettlaken auftreiben?" Ich schaute mich im Raum um, konnte allerdings keine Ashley erkennen. „Wer ist Ashley?", fragte ich. „Deine Putzfrau?" Die herumstehenden Jungs brachen in Gelächter aus. Greg grinste: „Yeah, mein Haushaltsmädel, das kann man so sagen." Er gab uns eine kurze Führung, präsentierte die Küche samt kostenloser Frühstückscerealien, das Badezimmer und den völlig überfüllten Kühlschrank. Außerdem erklärte er, dass es oben noch ein weiteres Badezimmer und einige Schlafzimmer gab. Im größten davon wohnte er selbst, daneben Ashley. Im kleinsten Zimmer neben der Treppe war Val untergebracht und das vierte war momentan unbewohnt. Gerade erschien in der Küche ein großes, dünnes Mädchen mit dunklem Haar. Mit breitem italienischem Akzent stellte es sich als Giulia vor. Lächelnd fügte Greg hinzu, dass Giulia zurzeit die einzige Frau im Haus sei, und erklärte, dass im Vorgarten drei deutsche Jungs zelteten. Als Ash mit Matratzen und Bettzeug zurückkam, stellte ich fest, dass dieser Name die Kurzform von Ashley und Ashley eigentlich gar keine Frau war.

Wie man auf einmal den Traum lebt

Philip und ich hatten uns begeistert für das vordere Zelt, das am äußeren Rand der Grünfläche am Zaun stand, entschieden. Von hier aus konnten wir direkt auf den Sandstreifen hinabblicken und die perfekte Reflektion der gegenüberliegenden Traumhäuser im türkisfarbenen Kanal bewundern. Es war der Wahnsinn!

Ich hatte vorher nicht bemerkt, dass fast das gesamte Verandageländer mit T-Shirts, Unterwäsche und Bettlaken behangen war. Greg hatte offensichtlich seine 3-Millionen-Villa in ein Hostel für Backpacker umgewandelt. Zum ersten Mal fragte ich mich, was hier eigentlich los war. Warum sollte jemand so etwas machen? Dennoch baten wir Greg noch am selben Abend darum, länger als die ursprünglich gebuchten 4 Nächte bleiben zu können. In seinem typischen, lässig gleichgültigen Unterton antwortete er beiläufig: „Yeeeah. Yep, ich schätze, das kriegen wir hin." Er pausierte kurz und fügte hinzu: „Aber bezahlt mich dann einfach in bar, Kumpel, so wird es billiger."

Für uns war das einfach perfekt. Wir befanden uns in einer wahnsinnig schicken Gegend, es gab Palmen, Strand und einen strahlend blauen Himmel. Außerdem wohnten wir nun für 15 Dollar pro Nacht, hatten endlich andere junge Leute um uns herum, und trotzdem war es ruhig und gemütlich. Ich fühlte mich erstmals wirklich angekommen.

In der Küche kamen wir am Abend ins Gespräch mit den anderen Hausbewohnern. Val kam aus Paris, sprach aber perfektes Englisch. Er wohnte bereits seit einer Woche hier und war ebenfalls zu einem Auslandsjahr aufgebrochen. Ash war Australier und hatte sich mit seiner Familie zerstritten. Auch für ihn war Gregs Haus eine Art Zuflucht. Er hatte mit Greg einen dubiosen Deal geschlossen und wohnte bereits seit einem halben Jahr zur Miete.

Giulia war aus Italien gekommen, um in Australien eine Englischschule zu besuchen. Sie wohnte in einem kleinen Zimmer am Ende des Ganges im Erdgeschoss.

Dylan war ein antikapitalistisch eingestellter Australier, der in seinem Campervan umherreiste. Vor ein paar Tagen hatte man ihm allerdings die Scheibe eingeschlagen und sein Surfbrett gestohlen. Deswegen war auch Dylan nun vorerst bei Greg gestrandet und musste auf die Reparatur seines Wagens warten.

Außerdem gab es noch die drei deutschen Jungs im Vorgarten, die von früh bis spät auf dem Bau arbeiteten.

Am nächsten Morgen wachte ich bereits gegen 7 Uhr schweißüberströmt auf. Die Morgensonne hatte unser Zelt in eine finnische Dampfsauna verwandelt.

Benebelt öffnete ich das Zelt auf der Suche nach Frischluft und wurde in genau diesem Moment von meinen Gefühlen überwältigt.
Es war schon eine ganz besondere Situation gewesen, zu Hause alles hinter mir zu lassen, um mich ans andere Ende der Welt aufzumachen. Ich hatte mich in völlige Ungewissheit gestürzt und mich gerade am Anfang immer wieder gefragt, ob ich das Richtige tat. An diesem Morgen war die Unsicherheit völlig verflogen. Aber woher kam dieser plötzliche Gefühlsausbruch?
Nun ja, zunächst einmal befand sich das besagte, dampfende Zelt im legendären Surfers Paradise an der Ostküste Australiens. Das allein war schon cool genug und wäre mindestens einen Facebook-Post wert. Dazu kam der einfach grandiose Ausblick. Aus meinem Zelt heraus blickte ich direkt auf die türkis schimmernde Wasseroberfläche, Yachten und eine Ansammlung von Traumvillen, von denen jede mindestens 10 Millionen wert war. Es war noch früh am Morgen, die Sonne stand tief und tauchte alles in ein magisches Licht. Dieser Ort war mein neues Zuhause.
Auf wundersame Weise befand sich Philip auch nach einer Stunde noch schlafend im Zelt. Ich bediente mich an Gregs „Breakfast Bar", schnappte mir eine Schüssel und einen Stuhl und setzte mich an den Zaun vor unserem Zelt, um zu frühstücken. Gerade als ich dachte, dass mein Kumpel wohl gute Chancen bei den jährlichen Sauna-Meisterschaften haben würde, streckte er verschlafen den Kopf aus dem Zelt: „Mann, ganz schön warm hier drin." – „Jo, geht schon", fügte ich grinsend hinzu.

Einen Strand zu finden war nicht schwer, schließlich erstreckte sich dieser kilometerlang an der gesamten Küste. Jedoch wollten wir natürlich an den Hauptstrand im Herzen von Surfers Paradise. Nach einem etwa 15-minütigen Fußmarsch in Richtung Süden die Küste entlang erreichten wir das Zentrum der Gold Coast. An jeder Straße gab es Restaurants und Geschäfte. Dazwischen reckten sich einige Hochhäuser in den Himmel und überall tummelten sich vornehmlich junge Menschen verschiedenster Herkunftsländer. Viele von ihnen waren in Badehosen oder Bikinis gekleidet und hatten Skateboards unter dem Arm. Alles war so lebendig und versprühte gleichzeitig eine angenehm lockere Urlaubsatmosphäre. Es war wie eine entspanntere Form von Miami Beach. Minutenlang trugen Philip und ich nichts als ein breites Grinsen im Gesicht.

Der Hauptstrand von Surfers Paradise war etwa 100 Meter breit und zog sich bis zum Horizont in beide Richtungen. Es war eine beeindruckende Szenerie, denn direkt an vorderster Strandlinie erstreckte sich eine Reihe schillernder Hochhäuser.
Obwohl sich unzählige Touristen, Partyurlauber, Australier und Backpacker am Strand tummelten, war es aufgrund dessen Größe und Ausdehnung angenehm entspannt. Wir schmissen uns in den Sand und bemerkten aufs Neue, dass Brian Black einfach eine absolute Legende war. Der Mann hatte nicht zu viel versprochen. Tatsächlich gab es hier einige wirklich tolle Mädchen in Bikinis zu bewundern. Wir kamen ordentlich ins Staunen, trauten uns aber nicht, auch nur eine der Schönheiten anzusprechen.

Während wir den nächsten Tag erneut bei 30 Grad am Strand von Surfers Paradise verbrachten, schaute ich grinsend zu Philip herüber und sagte: „Verdammt, Mann, was machen wir hier eigentlich?! Die anderen hocken zu Hause in der Schule oder arbeiten irgendwo am Band und wir chillen hier einfach die ganze Zeit in Australien am Strand." Philips Grinsen war noch breiter als meins, als er kopfschüttelnd erwiderte: „Ja, Mann, das alles ist doch einfach viel zu geil!"
Und so strichen die Tage dahin. Wir lagen am Strand, suchten uns ein Gym und erkundeten Gold Coasts berüchtigte Partymeile. Schon nach wenigen Tagen in den Nachtclubs der Stadt hatte ich auf die langen Partynächte allerdings keine Lust mehr. Philip dagegen ging, nachdem inzwischen noch drei weitere Partykollegen aus den USA, Belgien und Holland bei Greg eingezogen waren, erst recht jeden Abend feiern. Währenddessen verbrachte ich nun zunehmend Zeit allein und befand mich in gewisser Weise wieder auf der Suche. Meine erste Woche in Surfers Paradise hatte mir ein neues Zuhause, neue Freunde und eine gute Bräune beschert. Nun brauchte ich nur noch eine Aufgabe. Ich wollte endlich wieder etwas Produktives tun und mich herausfordern, denn genau darum ging es schließlich.
So verbrachte ich meine Tage an der Gold Coast letztlich damit, mir mein Skateboard zu schnappen und die Gegend zu erkunden.

Wie man den ersten Job findet und nach drei Tagen kündigt

Alles, was zum perfekten Backpacker-Glück noch fehlte, war ein Job. Nachdem ich es in Melbourne tatsächlich geschafft hatte, in den ersten beiden Wochen etwa 1000 Euro für teure Appartements, Shopping-Trips, Skateboard und Fußballschuhe zu verpulvern, war ich nach einem 80-Dollar-Flug mit Tigerair mit einem nach wie vor luxuriösen Budget von über 5000 Euro in Surfers Paradise angekommen. Mittlerweile hatten wir unsere Ausgaben stark heruntergefahren, wohnten für 15 Dollar im Zelt und ernährten uns größtenteils von Haferflocken und Nudeln.
Dennoch hatte ich mich seit ein paar Tagen nebenbei nach Jobs umgeschaut. Da wir beschlossen hatten, auf unbestimmte Zeit bei Greg zu bleiben, erschien mir das als eine vernünftige Idee.
Die Jobsuche war hier wirklich kein großer Zauber. Man musste nur seinen Lebenslauf etwas aufpimpen und das Blaue vom Himmel versprechen, dann kam man an die einfachen Jobs wirklich locker ran. Vertraut mir, Freunde, so machte das hier jeder! Also stellte ich mich als renommierter deutscher Spitzenkellner mit jahrelanger Erfahrung vor und schickte meine Bewerbung an einige Restaurants in der Umgebung. Und siehe da, zwei Abende später hatte ich den ersten Job an der Angel. Und der sollte es in sich haben. Denn das Innere des „EAST Restaurant & Nightclub" glich zu meiner Überraschung tatsächlich einem schicken Luxusrestaurant. Zahlreiche mit weißen Laken bedeckte und ordentlich eingedeckte Tische wurden von Scheinwerfern in ein angenehmes Licht getaucht. Alles machte einen sehr edlen Eindruck. Als man mir dann noch eine rote Krawatte zusteckte, wurde ich zunehmend unsicher. Scheinbar hatte man mir meine hochtrabende Bewerbung abgekauft. Darauf war ich dann doch nicht ganz vorbereitet. Dementsprechend erleichtert reagierte ich, als mir meine Aufgabe für den Abend zugewiesen wurde. Ich sollte zunächst nur den „Waterboy" geben und einen ersten Eindruck vom Restaurantbetrieb gewinnen. Meine Tätigkeit bestand zunächst also darin, unauffällig mit einer Wasserkaraffe umherzulaufen und die leeren Gläser der Gäste unaufgefordert aufzufüllen. Dabei sollte ich mich an jedem Tisch persönlich vorstellen und nach Möglichkeit noch ein kurzes Gespräch beginnen. Allein das war schon eine große Herausforderung, denn auch mein Englisch war noch lange nicht perfekt.

Bis 19 Uhr war das Lokal dann tatsächlich komplett gefüllt. Am Anfang machte mir diese neue, aufregende Tätigkeit noch Spaß und ich klopfte mir innerlich für die ersten gelungenen Gespräche auf die Schulter. Bei den Gästen handelte es sich ausschließlich um wohlhabende, elegant gekleidete Menschen. Meine Kolleginnen waren allesamt junge, gutaussehende Mädchen in knappen roten Kleidern. Beide Faktoren verringerten meine Unsicherheit nun nicht gerade. Ich war noch nicht mal vier Wochen in Australien und bekam, offen gesagt, das Gefühl, dieser Aufgabe noch nicht so ganz gewachsen zu sein. Das kam überraschend, oder?

Nun wollte ich allerdings nicht direkt hinwerfen und gab der netten Restaurantmanagerin zu verstehen, dass ich für meine persönliche Entwicklung gerne auch noch in andere Geschäftsbereiche hineinschnuppern wolle. Und so kam es, dass ich eine völlig neue Laufbahn einschlagen und einige Stunden als „Glassie" arbeiten sollte. Was sich dahinter wohl verbarg?

Nun, gegen 22 Uhr verwandelte sich das schicke Restaurant in einen Nachtclub. Sämtliche Tische und Stühle wurden in den Lagerraum getragen und brachten eine funkelnde Tanzfläche zum Vorschein. Und tatsächlich, von nun an standen Gläser im Mittelpunkt meines „Glassie"-Abends. Zu meiner Ausrüstung gehörten eine Packung Ohrenstöpsel, ein kleines und ein großes Wischtuch. Hauptsächlich war ich dafür verantwortlich, herumstehende leere Gläser so schnell wie möglich einzusammeln und zur Bar zu bringen. Außerdem diente das kleine Tuch zum Abwischen der Barflächen und Tische und das große zum Trockenwischen des Bodens, falls nötig. Während sich die Kollegen wohl fragten, was der neue Spitzenkellner aus Europa mit dem Wischtuch treiben würde, steckte ich schon mitten im Geschehen. Denn nun erklärte mir mein Glassie-Mentor die effektivste Technik zum Beseitigen etwaiger Flüssigkeitsansammlungen auf dem Boden. „Knie dich nicht hin. Das sieht dämlich aus und dabei wirst du nur umgerannt. Mach es so." Er griff sich ein Glas Wasser und schüttete es demonstrativ auf die Tanzfläche. Ein Ende des Wischtuches behielt er in der Hand, das andere warf er auf den Boden und setzte seinen Fuß darauf. Mit beeindruckend präzisen Beinschwüngen, ähnlich denen eines Eiskunstläufers, beseitigte er die Pfütze in wenigen Augenblicken. Ich war beeindruckt. Der Mann schien eine Koryphäe seines Fachs zu sein.

Der Laden füllte sich schnell und ich stellte fest, dass das EAST auch als Nightclub eine exklusivere Kundschaft anlockte. Muskelbepackte Typen in Prada-Schuhen und Frauen mit operierten Brüsten bildeten den Durchschnitt.

So verbrachte ich die Nacht bodenwischend, umgeben von Muskelprollen in Armani-Jeans und feinen Damen in Absatzschuhen. Die meisten verhielten sich so, als würde ich nicht existieren, was mir die Arbeit nicht gerade erleichterte. Es wurde immer voller und so verbrachte ich die nächsten Stunden damit, mich zwischen feiernden Menschen hindurchzuquetschen. Hierbei musste ich mich besonders vorsehen, die testosterongeladenen Macker nicht zu heftig anzurempeln und jeglichen Körperkontakt mit den feinen Damen möglichst zu vermeiden, um nicht zu allem Übel auch noch in eine Rauferei verwickelt zu werden. Dabei war ich permanent auf der Suche nach leeren Gläsern und wurde nur gelegentlich angepöbelt, wenn ich mir versehentlich einen noch nicht vollständig geleerten Drink schnappte. Die Musik hämmerte auf mich ein, ich wurde immer müder und starrte alle 10 Minuten auf meine Uhr.
Als ich morgens um 4.30 Uhr immer noch versuchte, Konfetti von der klebrigen Tanzfläche zu kehren, beschloss ich endlich, dass dies mein letzter Abend im EAST gewesen sein würde.

Wie man vom Saunazelt in die Private Suite kommt

Wir hatten uns bei Greg super eingelebt. Allerdings bestand in unserem Zelt nach wie vor das morgendliche Saunaproblem. Länger als bis 7 konnte selbst Saunameister Philip nicht schlafen. So war es nicht verwunderlich, dass gerade er nach seinen Partynächten den Tag übermüdet auf dem Sofa verbrachte. Vor meiner Glassie-Nachtschicht im EAST wurde das Problem dann auch für mich prekär. Ich suchte nach einer Möglichkeit, um zumindest in dieser Nacht einen Schlafplatz im Haus zu bekommen, und erzählte Greg von meiner Problematik. Er hörte verständnisvoll zu und ich bekam seine Standardantwort zu hören. „Yeah buddy. Yeah, I guess we can do that." (Ja, Kumpel. Ja, ich schätze, das kriegen wir hin.)
Ich kannte Greg inzwischen etwas besser und beschloss, die Sache selbst in die Hand zu nehmen. Alle Zimmer waren belegt und standen mir bei meinem Zelttarif von 15 Dollar ohnehin nicht zu. Also kam nur die Garage in Betracht. Hier war es zwar etwas muffig, jedoch meist angenehm kühl, ruhig und dunkel. Gregs Garage war riesig und hätte locker drei Autos Platz geboten. Allerdings war sie mit sämtlichem Unrat komplett zugemüllt. Alte Schränke, Motorroller, Autoreifen, Sofas, Kindermöbel, ein riesiges Aquarium und sogar ein kleines Segelboot sammelten sich inmitten anderer interessanter Utensilien. Ich

schob Autoreifen, Sofa und einen Schrank beiseite und schaffte mir so eine kleine freie Fläche in mitten des Durcheinanders. Natürlich gab es hier auch zwei Matratzen, die ich übereinander auf dem Boden stapelte und mit Kissen und Decke ausstattete. Hey, das war sogar ziemlich bequem! Allerdings roch es recht streng, wie mir inzwischen auffiel. Ich erinnerte mich an eine große Kakerlake, die ich ein paar Tage zuvor hier gesehen hatte. Na ja. Für eine Nacht war das auf jeden Fall eine gute Lösung.
Nach meiner Nachtschicht kam ich gegen 5 Uhr morgens nach Hause und schlief sofort ein. In der Garage blieb es tatsächlich angenehm kühl und dunkel. Ich hatte den besten Schlaf seit Wochen und wollte nun im Ernst dauerhaft hier einziehen.
Als ich gegen Mittag den Gang zum Wohnzimmer betrat, begegnete mir Ash. „Hey Marcel, wir haben dich schon gesucht. Hast du etwa in der Garage geschlafen?" – „Ja klar, ich hatte die beste Nacht seit Langem", berichtete ich begeistert. Ash schaute mich entsetzt an. „Hör mal, das Ding ist voller Kakerlakenscheiße. Ich glaube, das ist nicht gesund. Du solltest da wirklich nicht drin schlafen!" Ich wog kurz die Kakerlakengarage gegen das finnische Saunazelt ab, das ich bisher bewohnt hatte. Die Garage war immer noch die bessere Option.
Jedoch schien Ash Greg erneut auf mein Schlafproblem angesprochen zu haben, und so bot dieser mir am Nachmittag eine andere Lösung an. Direkt neben der Bar im Eingangsbereich befand sich ein weiterer Raum, den ich noch nie zu Gesicht bekommen hatte, da er von einem großen Vorhang verdeckt wurde. In diesem hatte schon seit unserer Ankunft ein deutsches Pärchen gewohnt, das ich aber kaum zu Gesicht bekommen hatte. Greg teilte mir kopfschüttelnd mit, dass die beiden über Nacht einfach ohne zu bezahlen verschwunden seien. Das Gute für mich daran war, dass sie sich zum perfekten Zeitpunkt aus dem Staub gemacht hatten und das Zimmer nun frei stand. Ich hatte mich mit Greg immer gut verstanden und ihn pünktlich bezahlt. So bot er mir nun an, ebendieses Zimmer erst mal zu übernehmen. Der Raum war etwa 30 Quadratmeter groß, verfügte über einen Kamin und eine große Glasfront mit direktem Zugang zur Veranda und Blick auf den Swimmingpool. An einer Wand stand ein riesiges King-Size-Bett mit einer teuren Matratze. Jedoch war auch dieses Zimmer recht unordentlich, mit einem Kinderbett und Schränken zugestellt, und es stapelten sich Klamotten. Etwas wehmütig erklärte mir Greg, dass ihm dieses Zimmer immer sehr gut gefallen habe und es vor seiner Scheidung sogar sein Schlaf-

zimmer gewesen sei. Ich war begeistert. Endlich hatte ich ein eigenes Bett, zahlte den niedrigsten Preis und bekam dafür eines der größten Zimmer im Haus. Einziges Manko war, dass es keine Tür gab und die große Öffnung des Zimmers nur von einem Vorhang abgedeckt wurde. Deshalb hörte ich, wenn ich mich darin aufhielt, sämtliche Bewegungen und Gespräche in Küche und Wohnzimmer. Zu diesem Zeitpunkt wusste ich noch nicht, dass sich dieses Zimmer zu meinem neuen Heim entwickeln und ich fast 2 Monate darin wohnen würde.

Wie man in Surfers Paradise ein Umzugsunternehmen aufbaut

„Gumtree" war jedem Australier ein Begriff. Dabei handelte es sich um ein Internetportal, etwa die australische Version von ebay Kleinanzeigen. Nur dass hier wirklich jeder Australier aktiv war und so ziemlich alles gehandelt wurde. Vor allem für die Jobsuche, aber auch für Autohandel oder Wohnungssuche erwies sich Gumtree immer wieder als hilfreich.

So überraschte es nicht, dass der junge Belgier Hugo, ein Kollege aus Philips Party-Crew, eines Tages von einem Job berichtete, den er auf Gumtree gefunden hatte. Er erklärte, er solle jemandem beim Umzug helfen und bekomme dafür 18 Dollar pro Stunde. Ich fand das nicht sonderlich spektakulär, beglückwünschte ihn aber zu seinem Erfolg. Zwei Abende später saß ich gerade mit meiner üblichen Riesenportion Nudeln neben ihm auf der Couch, als Hugo mit breitem französischem Akzent erklärte: „Verdammt, wir reisen doch am Montag nach Brisbane weiter. Jetzt muss ich meinem Boss erklären, dass ich nicht noch mal für ihn arbeiten kann." Ich lachte. „Warum hast du den Job denn überhaupt angenommen, Kumpel?" – „Na ja, ich dachte, das wäre nur eine einmalige Sache. Dem Typen beim Umzug helfen und das war's. Aber heute war gar kein Umzug. Heute hat er mir nur alles erklärt. Der Typ zieht auch nicht selbst um. Er hilft anderen Leuten beim Umzug und hat in den nächsten Tagen weitere Jobs. Mann, ich würde das wirklich gerne machen, aber wir gehen ja nach Brisbane."

Ich versuchte alles zu ordnen und überlegte. Hugos Englisch war nicht besonders gut und er hatte scheinbar einiges durcheinandergebracht. „Hm, sag mal, denkst du, du könntest deinen Boss fragen, ob er einen Ersatz braucht?" Hugo

schaute mich an und zuckte mit den Schultern. „Ja klar, das klappt bestimmt. Ich gebe ihm mal deine Nummer."
5 Minuten später klingelte mein Handy. Der Mann am anderen Ende stellte sich als Sonny vor. „Hey, bist du der Freund von Hugo?" – „Ja, hallo, ich bin Marcel", antwortete ich aufgeregt. Seine nächsten Fragen überraschten mich. „Okay. Sehr gut. Wie groß bist du? Wie viel wiegst du? Machst du Sport?" Nachdem ich von meiner körperlichen Statur berichtet hatte, ging der Kerl direkt in die Vollen: „Okay. Sag mal, kannst du vorbeikommen?" – „Klar, wann denn?", erwiderte ich. „Wie wäre es jetzt?", fragte Sonny. Ich zögerte kurz. Es war 7 Uhr abends und bereits dunkel. „Ähm, ja, okay. Klar, bin auf dem Weg." Chancen musste man ergreifen.
Nachdem er aufgelegt hatte, musste ich mich kurz sammeln. Verdammt, wohin denn überhaupt?!, fragte ich mich. Hugo erklärte: „Oh, der Typ wohnt nicht weit von hier. 10 Minuten mit dem Fahrrad. Gleich bei der 7-Eleven-Tankstelle. Da musst du abbiegen und da steht dann ein großer Truck."
Ich bedankte mich und machte mich auf den Weg.
Tatsächlich war der große Lastwagen in orange-schwarzer Lackierung in einer Nebenstraße nicht zu übersehen. Sonny stieg aus dem Führerhaus und begrüßte mich mit einem kräftigen Händedruck. Ich war zunächst etwas verdutzt, denn den Kerl hatte ich mir völlig anders vorgestellt. Vor mir stand ein kräftiger Asiate mit rundlichem Gesicht. Er war Anfang 30, hatte kurze, dunkle Haare und einen Schnurrbart. Mein neuer Boss war etwa 1 Meter 80 groß, gut gebräunt, hatte massive Oberarme und einen ebenso massiven Bierbauch. Sonny trug ein T-Shirt, weite Cargo-Shorts und ausgetretene weiße Turnschuhe. Alles in allem gab er einen etwas lustigen, aber sehr sympathischen Anblick ab.
„Hey Marcel, super, dass du da bist." Sonny musterte meine Statur und nickte zufrieden.
„Na, immerhin bist du etwas kräftiger als dieser andere Kerl, der Belgier." – „Hugo", warf ich grinsend ein. „Ja, ja, genau der. Mit ihm war ich ohnehin nicht wirklich zufrieden, hatte aber keine Wahl. Morgen ist unser erster großer Auftrag und alleine halte ich das nicht durch." Er lachte. Hugo war 1 Meter 75 groß und wog etwa 60 Kilo. Hier ging es offensichtlich darum, schwere Sachen herumzutragen, und mir wurde klar, was Sonny meinte. Er erzählte, dass er sich erst vor ein paar Tagen diesen Truck gekauft hatte. „Den hab ich auf Gumtree gefunden." Klar, wo sonst. „Ich arbeite in Brisbane auf dem Güterbahnhof als Schichtleiter. Ein guter Job, aber verdammt langweilig, weißt du? Und, na

ja, auf Gumtree schaue ich immer nach nützlichen Sachen, da habe ich eben letzte Woche diesen Truck hier gefunden. Ich wollte schon immer einen verdammten Truck besitzen! Ja, und dann dachte ich: Mann, da lässt sich doch bestimmt noch etwas Geld mit verdienen. Also habe ich auf Gumtree eine Anzeige geschaltet und biete Leuten an, ihren Scheiß von A nach B zu transportieren. Denn wer hat schon einen verdammten Truck, dachte ich mir. Weißt du? Vorgestern kam direkt der erste Auftrag: zwei Sofas und ein Bett. ‚No worries, das schaffe ich locker!', hab ich gesagt. Verdammte Hölle, ich wäre fast kollabiert." Er lachte und kratzte sich am Kopf. „Ich bin ziemlich außer Form. Weißt du, an meinem Arbeitsplatz sitze ich im Büro nur auf meinem verdammten Arsch, und seit ich meine Frau habe, hab ich echt zugelegt. Na ja, und dann dachte ich: Scheiße, Mann, das kann ich nicht noch mal so machen. Ich brauche einen zweiten Mann. Also was tat ich? Ich schrieb eine Anzeige auf Gumtree. Und der Erste, der sich meldet, war ebendieser kleine Belgier."
Dieser dicke Asiate war mir sympathisch, allerdings machte er einen recht unorganisierten Eindruck. Was mir gefiel, war sein Unternehmergeist. Dieser Mann war im Begriff, ein eigenes Unternehmen zu gründen, und ich war sein erster Mitarbeiter. Für mich war das eine echt aufregende Chance und ich freute mich darauf, loszulegen.
Nachdem Sonny mir erklärt hatte, wie man die Ladefläche des Trucks öffnete, die Plane verriegelte, eine Rampe anlegte und die zu transportierenden Möbel verpackte und sicherte, verabredeten wir uns zu unserem ersten gemeinsamen Auftrag am nächsten Morgen.

Sonny begrüßte mich, gab mir ein Paar Handschuhe und eine Warnweste und erklärte: „Hey, gestern Abend hat sich noch ein anderer Kerl gemeldet. Ich dachte, das kann ja nicht schaden, und hab ihn direkt engagiert. Sein Name ist Jorn. Klingt deutsch, oder?"
Tatsächlich hieß der Kollege Jörn und kam aus Limbach-Oberfrohna. Jörn war optisch eine 18-jährige Version von Joko Winterscheidt. Er war zwei Meter groß, dünn, hatte in etwa Schuhgröße 50 und bewegte sich etwas unbeholfen. Ich stellte mir vor, wie Jörn und Hugo ein wirklich lustiges Möbelpacker-Team dargestellt hätten, und grinste.
Tatsächlich war es aber gut, dass Jörn am Start war, denn an unserem ersten Tag ging es direkt heftig los. Wir sollten ein komplettes zweistöckiges Einfamilienhaus ausräumen, alles in den Truck laden und in einem neuen Haus wieder

einräumen. Eine indische Familie mit zwei kleinen Kindern hatte hier Unmengen unförmiger Möbel angesammelt. Sonny trug mir zunächst auf, alle großen und sperrigen Dinge wie Waschmaschine, Kühlschrank und Sideboards sicher zu verpacken. Dazu hatte er sich eine interessante Technik ausgedacht. Alles wurde zunächst mit einer Art Frischhaltefolie umwickelt, dann von einer alten Decke umhüllt, und schließlich mit dickem Klebeband gesichert. Der Sinn der Frischhaltefolie erschloss sich mir allerdings nur bedingt. Schließlich machten wir uns ans Beladen des Lastwagens. Große und schwere Dinge sollten zuerst verladen werden. Gemeinsam mit Jörn trug ich alles auf die Ladefläche, wo Sonny sich daran machte, die Möbel zu stapeln und mit Spanngurten zu sichern. Im Haus war es warm, stickig und ein Hauch von Curry hing in der Luft. Ich merkte schnell, dass dieser Job mich körperlich an meine Grenzen bringen würde. Größter Feind des Möbelpackers waren enge Gänge und Türen. Die Eingangstür der Familie war so schmal, dass kaum einer der größeren Gegenstände hindurchpasste. Also musste alles über den Hintereingang ums Haus herum bugsiert werden. Höhepunkt war das riesige Sofa. Es bestand aus 4 dick gepolsterten, quadratischen Teilen mit Rückenlehne, von denen jedes einzelne gefühlt eine Tonne wog. Selbst die Hintertür war dafür eigentlich zu schmal. Jörn und ich quälten uns ab, drehten jedes Teil drei Mal um die eigene Achse, bis wir schließlich einen Winkel gefunden hatten, in dem es sich irgendwie durch die Tür quetschen ließ.

Auch mit der Verladung im Truck lief es nicht besonders gut. Sonny fluchte gern und oft. Meistens in hoher Stimmlage: „Oh, bloody hell! (etwa: Verdammte Hölle!) Diese verdammten Inder haben gesagt, sie hätten nicht viel und das Ganze wäre in ein paar Stunden erledigt." Letztlich brauchten wir zwei volle Truckladungen sowie den Familienwagen samt Anhänger, um alles zu bewältigen.

Auch im neuen Haus gab es eine kurze Treppe und zwei enge Eingangstüren. Der indische Familienvater mit Schnurrbart bestand darauf, dass alles an den perfekten Platz gestellt wurde. Schließlich war es bereits dunkel, als er auf uns zukam: „Hört mal, Jungs, könntet ihr uns die Betten nicht auch noch zusammenbauen?" Na klar!

Dieser erste Job reifte später unter uns zu einer kleinen Legende und besonders Sonny erinnerte sich gern zurück. „Ha, erinnert ihr euch noch an diese Inder?", würde er später oft fragen und lauthals loslachen. „Ich weiß noch, wie Marcel auf dem Fußboden eingeschlafen ist, hahaha."

Freunde! Natürlich war ich nicht wirklich eingeschlafen. Es war bereits 8 Uhr abends, als ich mit Jörn noch das Bett im Schlafzimmer zusammenschrauben sollte. Ich hatte den ganzen Tag nur zwei Sandwiches gegessen und war völlig fertig. Da es sowieso nur einen Schraubendreher gab, überließ ich diese Aufgabe meinem Limbacher Kollegen, legte mich flach auf den Schlafzimmerboden und schloss die Augen. Möglicherweise war ich dabei kurz weggetreten – aber natürlich hatte ich nicht geschlafen. Auf keinen Fall!
Auch wenn das alles etwas brutal klingen mag, fand ich den Job einfach geil. Sonny war ein klasse Typ, die Zeit verging unwahrscheinlich schnell und man hatte danach das Gefühl, wirklich etwas geschafft zu haben. Außerdem bekam ich am Ende jedes Tages mein hart erarbeitetes Geld in bar ausgezahlt. An unserem ersten Tag hatte ich über 10 Stunden gearbeitet und bekam nun mehr als 200 Dollar auf die Hand – ein wirklich tolles Gefühl.
Sonny bezahlte mich gönnerhaft. Wahrscheinlich kam für Jörn und mich letztlich sogar mehr Geld zusammen als für ihn. Das lag allerdings auch daran, dass wir regelmäßig Dinge zerstörten, woraufhin Sonny für den entstandenen Schaden aufkommen musste. So fuhr er gerne einmal Straßenschilder um oder eckte an Garagendächern an.

Während eines Jobs bei einer Frau namens Tina kam es zu einem regelrechten Worst-Case-Szenario. Alles begann mit einem simplen Auftrag. Wir sollten einen Billardtisch abholen und zu neuen Eigentümern bringen. Ich war für die Navigation verantwortlich, und als Sonny mir die Adresse durchgab, stellte ich fest, dass diese sich nur eine Straße von Gregs Haus entfernt auf Macintosh Island befand. Aufgeregt fragte ich mich, aus welcher der teuren Villen wir wohl gleich den Billardtisch abholen würden. Im Buccaneer Court begrüßte uns Tina, eine sportliche blonde Dame mittleren Alters. Nachdem wir den Billardtisch verladen hatten, suchte sie das Gespräch mit Sonny. Sie erklärte, dass sie gerade von ihrem Mann geschieden worden sei und nicht alleine in ihrer teuren Villa bleiben könne. Der Umzug sei für nächste Woche angesetzt und sie suche noch nach einem Umzugsunternehmen. Sonny betrieb etwas Eigenwerbung, wir bekamen den Job und trafen uns eine Woche später bereits am frühen Morgen vor Tinas Villa. Ich freute mich darauf, das Haus von innen zu sehen, und war beeindruckt. Es gab nur eine Etage, allerdings war diese riesig und weitläufig angelegt. Der Wohnbereich verfügte über eine gigantische Glasfront, von der man einen tollen Blick auf den Privatstrand, den Kanal und die

umliegenden Häuser hatte. Besonders toll war jedoch die riesige Eingangstür, durch die sämtliche Einrichtungsgegenstände problemlos getragen werden konnten.
An diesem Tag passierten gleich drei Unglücke. Ich war gerade dabei, Pappkisten aus der Villa zu tragen, als ich aus der Ferne ein ohrenbetäubendes Klirren vernahm. Ich rannte nach draußen und stellte fest, dass Sonny und Jörn sich mit ausgestreckten Armen geschockt ansahen. Zwischen ihnen lagen Tausende Glasscherben. Die beiden hatten offenbar versucht, Tinas großen Gartentisch zu verladen, als dessen Glasplatte wie aus dem Nichts in tausend Teile explodierte. Zumindest war das Sonnys Version. Tina lächelte etwas gezwungen und überreichte mir einen großen Besen.
Später am Nachmittag hatten Jörn und ich den Wohn- und Schlafbereich bereits vollständig ausgeräumt. Sonny war noch dabei, am riesigen Edelstahlkühlschrank in der Küche herumzuwerkeln. Wenig später hörte ich sein charakteristisches Fluchen durchs Haus schallen. „OHHH BLOODY HELL!" Jedoch klang er dabei wesentlich lauter und bestürzter als üblich, und so lief ich besorgt in die Küche. Wäre die Situation nicht so dramatisch gewesen, hätte ich gelacht. Völlig durchnässt saß Sonny auf dem Hosenboden neben dem nach vorn geschobenen Kühlschrank. Mit Hochdruck sprudelte aus der Wand dahinter eine beeindruckende Wasserfontäne und überschwemmte Küche und Wohnbereich. Sonny hatte wohl am falschen Anschluss herumgeschraubt und eine Wasserleitung getroffen. Hilflos versuchte er den Wasserschwall zu stoppen. Tina bemerkte das Chaos, schlug die Hände über dem Kopf zusammen und rannte nach draußen, um den Hauptwasserhahn abzudrehen. Nachdem die Fluten gestoppt waren, hatten wir immer noch mächtig zu tun.
Insgesamt bewegten wir drei volle Ladungen. Auch das Entladen gestaltete sich schwierig, da Tinas neues Haus nur etwa halb so groß war wie ihre Villa und es nahezu unmöglich war, alles hineinzubekommen. Wir hatten uns extra früh am Morgen getroffen und waren dennoch bis zum Abend beschäftigt. Die Sandwiches waren uns schon mittags ausgegangen und so war ich zum Ende hin nur noch in einem zombieähnlichen Modus unterwegs. Ich hatte meinen Kopf abgeschaltet, wollte mit niemandem mehr reden und konzentrierte mich nur noch aufs Heben, Tragen und Abstellen der Möbel.
Dann riss mich erneut das laute Geräusch von berstendem Glas aus meiner Lethargie. Ich lief zum Truck, wo ich Jörn mit ausgestreckten Armen regungslos auf der Ladefläche stehend vorfand. Unter ihm lagen die zerborstenen Ein-

zelteile von Tinas teurem Esstisch. Sonny kam hinzu, schüttelte ungläubig den Kopf und begann zu schimpfen. Erneut war eine Glasplatte scheinbar aus dem Nichts explodiert.

Einige Wochen später wurden wir in Brisbane einmal zu einem Job gerufen, den wir bereits im Voraus als „keine große Sache“ abgetan hatten. Ein Restaurantbesitzer hatte auf Gumtree einen Kühlschrank und einen Geschirrspüler gekauft. Diese sollten wir für ihn beim Eigentümer abholen und direkt zu seinem Restaurant bringen. Als wir an der genannten Adresse eintrafen, stellten wir fest, dass der Hausbesitzer noch nicht vor Ort war. Das an sich schöne, große Haus stand offensichtlich leer und war etwas heruntergekommen. Sonny inspizierte das Grundstück und stellte fest, dass es auf der Rückseite einen offenen Wintergarten gab, über den man das Haus betreten konnte. Wir waren wie immer spät dran und beschlossen, einfach ohne den Eigentümer loszulegen. „Bloooody Hell!“ Noch bevor ich Sonny ins Haus folgen konnte, hörte ich ihn rufen. „Komm her, schau dir das Teil an!“ Ich warf einen ersten Blick ins Innere. „Was zur Hölle?! Das ist doch ein Scherz, oder?“ Wir schauten uns an und begannen zu lachen. Vor uns stand der größte Kühlschrank, den ich je gesehen hatte. Der größte der Welt, mit ziemlicher Sicherheit. Er hatte eine quadratische Grundfläche und war gut und gerne 2 Meter 50 hoch. Das Teil war weiß lackiert und verfügte über eine große Stahltür. Wir hätten uns locker zu zweit hineinstellen können. „Mann, bist du dir sicher, dass es dieser hier ist?“, fragte ich leicht verzweifelt. Sonny lachte. „Ja, Kumpel, na klar. Der Kunde hat uns gerufen, damit wir einen Kühlschrank abholen, und jetzt schau dich mal um. Das verdammte Haus ist leer. Hier gibt es nur diesen Kühlschrank.“ An Tragen war nicht zu denken, also mussten wir uns etwas anderes überlegen. Sonny holte eine der zahlreichen alten Decken, die sich im Truck stapelten, und warf sie vor dem Gerät auf den Boden. Zu dritt versuchten wir langsam und kontrolliert, den Kühlschrank auf die Seite und damit auf die Decke zu legen. So konnten wir ihn zumindest bis an die Kante des Wintergartens schleifen. Zu unserer Ausrüstung gehörte auch ein kleiner klappbarer Trolley mit 4 Rädern, den wir am Fuß des liegenden Kühlschranks positionierten. Mit vereinten Kräften stellten wir das Teil schließlich wieder auf die Füße, brachten ihn auf dem Trolley zum Stehen und konnten ihn so bis zum Truck rollen. Der arme Trolley wurde dabei völlig demoliert und war danach nicht mehr zu gebrauchen.

Noch lustiger gestaltete sich das Ausladen. Das Lokal des neuen Kühlschrankbesitzers befand sich mitten in einem prall gefüllten Shoppingcenter. Es handelte sich um ein kleines asiatisches Restaurant. Natürlich war der Laden bei unserer Ankunft proppenvoll. Pünktlich wie immer waren wir zur besten Abendzeit eingetroffen und wurden nun in verschwitzter Arbeitskleidung von etwas verstört blickenden Restaurantgästen empfangen. Der Restaurantbesitzer, ein winziger Asiate, schien von der enormen Größe des Kühlschranks selbst etwas überrascht zu sein. Minutenlang ruderte der kleine Kerl überfordert mit den Armen. Offensichtlich passte das Teil nicht durch die schmalen Gangreihen. Wir mussten also sämtliche Gäste höflich bitten, ihren Platz für einen Moment zu verlassen, und die Tische beiseiteschieben. So rollten wir nun also dieses Kühlaggregat apokalyptischen Ausmaßes quer durchs Restaurant, nur um wenig später festzustellen, dass das Teil mit seinen 2 Meter 50 überraschenderweise zu hoch für den Durchgang zur Küche war. Nun blieb uns also nichts anderes übrig, als das massive Ungetüm umzukippen und halb schräg hindurchzuschleifen. Sonny und Jörn, die sich auf der Vorderseite befanden, schienen diesen Entschluss schon vor mir gefasst zu haben und begannen, den Kühlschrank umzustoßen. Ich stand auf der anderen Seite. So war das nicht abgesprochen. Deshalb stellte ich überrascht fest, dass dieser urzeitliche Koloss eines Küchengerätes auf einmal auf mich zukippte. Für mich hieß das, dass ich die enorme Last dieses Monstrums für ein paar Sekunden allein zu stemmen hatte, ehe die asiatischen Küchenhilfen den Ernst der Lage erfassten und mir zu Hilfe eilten.
Ich hatte schon oft gehört, dass Menschen im Angesicht des Todes Unmögliches zu leisten vermochten. Hier hatte ich die Bedeutung dieser Aussage zum ersten Mal selbst erlebt.

Trotz allem oder vielleicht gerade wegen all der kleineren und größeren Pannen war meine Zeit bei Brissy Transports einfach der Hammer. Wir räumten Traumvillen, Tiefgaragen und ganze Großraumbüros alleine aus. Wir fuhren Straßenschilder um, eckten an Garagen an und lösten Wasserfontänen aus. Wir nahmen jeden Job, den wir kriegen konnten, arbeiteten teilweise von früh um 6 bis nachts um 1 und gönnten uns zwischendurch immer wieder riesige Tüten KFC Chicken Wings in der Fahrerkabine. Für mich gab es kein geileres Gefühl, als nach unseren legendären „18-hour-days" nachts völlig fertig und mit 450 Dollar in der Hand in Gregs Bett zu fallen.

All das Bargeld musste natürlich irgendwo deponiert werden. So kam es, dass ich in der Spitze über 2000 Dollar in Gregs Haus bunkerte und mir dabei immer kreativere Verstecke überlegen musste. Gelbe und grüne Scheine stapelten sich mittlerweile in Taschentuchpackungen und Medikamentendosen.

Wie man an eine asiatische Schönheit gerät

Am Ende eines besonders harten Tages lud mich Sonny gern in sein Lieblingspub Waxy's ein. Hier bestellte er meist zwei Steaks und mehrere Biertürme. Wir hatten Spaß. Ich erfuhr, dass er in Australien aufgewachsen war, seine Eltern allerdings aus Laos stammten. Er hatte eine Frau und zwei kleine Töchter. Oft und gerne schimpfte Sonny über seine Beziehung und seine Frau. „Seit die Kinder da sind, werde ich nur noch angeschrien, mache alles falsch und erfahre keine Liebe mehr. Die Kinder sind der Mittelpunkt und ich bin nur der Depp, der sich den ganzen Tag den Arsch aufreißt und das Geld nach Hause bringt." Sonny neigte oft zu Übertreibungen, jedoch schien er hier aufrichtig frustriert. Meist betrank er sich nach diesen Gesprächen ziemlich stark und ging ins Casino oder wettete auf dubiose Windhundrennen. Ich mochte ihn und er tat mir irgendwie leid.
Außerdem berichtete Sonny mit leuchtenden Augen von einer thailändischen Freundin seiner Frau Ying. Die Dame hieß Sai und in seiner Beschreibung hob Sonny besonders anerkennend ihre operierten Brüste hervor. Als er mir ein Bild zeigte, musste ich überrascht gestehen, dass sie tatsächlich ziemlich gut aussah. Auch das Dekolleté war nicht zu vernachlässigen. „Mann, Kollege, ich habe Sai von dir erzählt und ihr ein paar Bilder auf Facebook gezeigt, und rate mal, sie will dich unbedingt sehen und ist schon ganz aufgeregt", ließ er mich einige Tage später grinsend wissen. Mir war das Ganze etwas unangenehm. Auf ein solches, offensichtlich arrangiertes Treffen war ich nicht besonders scharf. Jedoch ließ Sonny auch in den nächsten Tagen nicht locker und zeigte mir immer wieder neue Bilder der asiatischen Perle. Schließlich schlug er vor, uns unter dem Alibi einer „Firmenweihnachtsfeier" in ein paar Wochen einander vorzustellen. Was soll's, dachte ich und stimmte zu. Den Wunsch seines Chefs sollte man schließlich nicht ausschlagen.
Und so stieg bei 30 Grad irgendwann mitten im Herbst die sagenhafte Brissy-Transports-Firmen-„Weihnachtsfeier".

Tatsächlich hatten die beiden in einem der schicksten Restaurants der Gold Coast reserviert. Das Four Winds befand sich im obersten Geschoss eines Hochhauses und verfügte über gläserne Seitenwände, die einen tollen Ausblick boten. Da unsere „Firma" nur aus Sonny, Jörn und mir bestand, hatte der Chef noch seine Frau mitgebracht, die wiederum aus bestimmten Gründen ihre Freundin Sai sowie deren Tante Arya eingeladen hatte. Besonders die Frauen hatten es etwas übertrieben und sich in schicke Kleider mit pompösem Dekolleté gekleidet. Ich trug mein einziges Hemd und meine einzige lange Hose. Insgesamt war es mit Jörn und mir, unserem Boss Sonny, der zu diesem Zeitpunkt schon wieder gut angetrunken war, und drei thailändischen Frauen in Ballkleidern eine lustige Runde. In ihrem engen, schwarzen Kleid sah Sai in der Tat recht ansprechend aus. Allerdings war mir die ganze Situation reichlich unangenehm. Tatsächlich hatten wir bisher kaum ein Wort gewechselt. Hinzu kam der zunehmend betrunkene Sonny, der quasi permanent zweideutige Kommentare abgab und mir so beispielsweise mehrmals lautstark empfahl, ich solle mir am Buffet möglichst viele Austern holen, da diese gut für die Libido seien. Ich versuchte, die Situation möglichst souverän zu meistern, und war dennoch froh, als wir nach etwa zwei Stunden das Restaurant wieder verließen. Nun befanden wir uns allerdings mitten auf der Partymeile von Surfers Paradise. Es war bereits gegen 23 Uhr und alle hatten schon einige Bier getrunken. Da ging man nicht einfach nach Hause. Ja, unsere nächsten Schritte führten nahezu automatisch geradewegs ins Sin City, den berüchtigtsten Nachtclub der Gold Coast. Freunde, es kam, wie es kommen musste. Nachdem ich mich endlich getraut hatte, die Hand meiner netten Begleitung zu ergreifen, und Sonny eine Runde Schnaps für alle ausgegeben hatte, fand ich mich kurz darauf eng umschlungen mit meiner neuen asiatischen Flamme auf der Tanzfläche wieder. Seht es mir nach, Freunde. Seit meiner Ankunft in Australien hatte ich keinen engeren Kontakt mit einem weiblichen Wesen mehr gehabt, und so nahm ich die nette Gelegenheit nun dankend entgegen. Wenig später wurde unsere Knutscherei allerdings abrupt unterbrochen. Der zweifache Familienvater Sonny hatte sich einen Drink über den Kopf geschüttet, war daraufhin mit einem Türsteher aneinandergeraten und wurde nun fluchend aus dem Club geworfen. Auch auf der Straße konnte er sich nicht beruhigen und hätte beinahe noch eine Schlägerei angezettelt.

Nach diesem Vorfall war der Abend gelaufen. So war der Funken der Liebe letztlich trotz Thai-Massage und Austernbuffet bei mir doch nicht übergesprungen.

Wie man eine stadtbekannte Kultfigur erschafft

Anfang November zog dann ein gewisser Julian bei uns ein. Er war klein, hatte kurzes dunkles Haar, trug eine weite Jogginghose, Sneakers, ein weißes Poloshirt und ein Cap. Der Kolumbianer hatte große dunkle Augen und einen meist ziemlich bedröppelten Gesichtsausdruck. Julian kam von einer kleinen kolumbianischen Insel und hatte es irgendwie geschafft, ein Studentenvisum in Australien zu bekommen. Der Kerl hatte seine Heimatinsel nie zuvor verlassen, sprach nur gebrochen Englisch und war zunächst sehr zurückhaltend. Außerdem schien er Probleme mit der Nasenschleimhaut zu haben, weshalb er gefühlt alle paar Minuten ein merkwürdiges Schniefgeräusch von sich gab. Als ich ihn später einmal auf das typische Kolumbien-Kokain-Klischee ansprach, lachte er. Unser kolumbianischer Freund hob den Finger und rief: „No, no, no! We don't take. We only sell, haha. But never take, it's shit!"
Julian war mir nicht nur wegen seines ständigen Schniefens anfangs etwas suspekt vorgekommen. Allerdings hatte ich auch Verständnis. Der Kerl war geradewegs von seiner gemütlichen Karibikinsel allein nach Australien gereist. Ich erinnere mich, wie überfordert ich mich in meinen ersten Tagen in Melbourne gefühlt hatte. Jedoch hatte ich Philip gehabt, bereits ganz ordentliches Englisch gesprochen und war zuvor schon gut in der Welt herumgekommen. Für Julian war das alles eine ganz andere Hausnummer. Zu diesem Zeitpunkt konnte ich mir absolut nicht vorstellen, dass ich diesen Kerl nur zwei Wochen später zur Kultfigur von Surfers Paradise machen sollte.
Wie konnte es dazu kommen?
Nun, der Ausgangspunkt war, dass ich mir ein paar Tage vor unserer Abreise im September die Haare radikal kurz hatte schneiden lassen. Damals hatte ich mir aus unerfindlichen Gründen eingebildet, ich bräuchte eine möglichst praktische Frisur, da ich ja jetzt für ein Jahr im Busch leben würde. Macht Sinn, oder? Schon nach ein paar Tagen bereute ich diesen Entschluss allerdings und prüfte beim täglichen Blick in den Spiegel, ob meine Haare schon wieder etwas gewachsen waren. Im November war ich dann an einem Punkt angelangt, an

dem ich es für möglich hielt, mir wieder einen halbwegs vernünftigen Haarschnitt verpassen zu lassen.
Zu ebendieser Zeit bemerkte ich, wie unser neuer kolumbianischer Freund mit einem Rasierer in Gregs Badezimmer stand und im Begriff war, sich selbst die Haare zu schneiden. Das Ergebnis sah ganz passabel aus, und so fragte ich: „Hey Julian, sag mal, denkst du, du könntest mir auch einen Haarschnitt verpassen?" Er schaute mich begeistert an. „Ja, na klar! Ich habe alles dabei, komm mit!" Ich folgte ihm auf die Veranda und setzte mich. Tatsächlich hatte Julian seine komplette Barber-Ausrüstung mitgebracht. Ich lachte überrascht, als er mir sogar ein schwarzes Cape um die Schultern legte. Stolz erzählte mir mein Latino-Freund, wie er sich zu Hause an den Köpfen seiner Freunde selbst das Haareschneiden beigebracht hatte und dass es sein großer Traum war, in Australien als Barber zu arbeiten. „Okay, ich verpasse dir meine Lieblingsfrisur, einen Fade. Das wird verdammt gut aussehen, vertrau mir." Ich war mir da nicht ganz so sicher. Jedoch hatte er schon angefangen, und viel zu ruinieren gab es bei meiner nicht vorhandenen Frisur ohnehin nicht. Ich hatte keinen Spiegel und daher keine Ahnung, was der Kolumbianer da tat. Nach etwa 40 Minuten trat er prüfend einen Schritt zurück. „Mann, das sieht verdammt gut aus. Besser als bei mir." Er lief ins Haus und besorgte einen Spiegel, den er mir vorhielt. „Verdammt, Mann, das ist der Wahnsinn!", rief ich begeistert und ziemlich überrascht. Julian hatte meine Haare oben länger gelassen. Die Seiten hingegen hatte er mit dem Rasierer abgestuft, sodass sie nach unten hin immer kürzer verliefen. Außerdem hatte er mit einer Rasierklinge die komplette Kante meiner Frisur fein und gerade nachgezogen. Ich war wirklich beeindruckt.
Fast im selben Moment wurde mein Geschäftssinn geweckt. „Mann, Julian! Damit können wir doch Geld machen. Wir ziehen hier ein Business auf, das sag ich dir." Julian schaute mich verdutzt an, jedoch hatte ich bereits eine Idee. Aus der Küche rief ich Giulia, die sich gerade etwas zu essen machte, und drückte ihr mein Telefon in die Hand. „Julian und ich sind gerade dabei, ein Unternehmen zu gründen. Kannst du bitte ein paar gute Fotos von meiner neuen Frisur und diesem grandiosen kolumbianischen Barber schießen?" Sie lachte kopfschüttelnd und schoss einige Bilder. Ich nahm mein Handy entgegen und prüfte die Aufnahmen. „Hm. Ja. Ja, das reicht erst mal. Danke!" Ich hatte überlegt, wie sich dieses Geschäftsmodell bestmöglich vermarkten ließ, und war zu dem Schluss gekommen, dass Facebook die geeignetste Möglichkeit war. Facebook-Gruppen, genau genommen. Besonders nützlich waren für mich bisher

Gruppen wie „Backpacker Australia" oder „Work&Travel Australien" gewesen. Darin tauschten sich teils bis zu 50.000 Backpacker über Dinge wie Jobs und Autoverkäufe aus oder suchten Reisegruppen.
Am 6. November 2016 veröffentlichte ich folgende Anzeige:

Professional Barber at Gold Coast

- 10 $
- Haarschnitt, Rasur, Styling
- im ganzen Gold-Coast-Gebiet
- schreibt mir einfach ☺

Das Ganze war dann noch mit unseren höchst professionellen Bildern und ein paar lustigen Smileys unterlegt.
Ich stellte den Post zunächst in die zwei bis drei bekanntesten Backpacker-Gruppen, in denen ich selbst vertreten war. Darin waren zwar eine Menge verwahrloster junger Leute, die einen günstigen Haarschnitt bitter nötig gehabt hätten, jedoch waren diese Gruppen zu breit gestreut. „Hm, was interessiert es einen Backpacker in Sydney, dass wir hier für 10 Dollar einen Haarschnitt anbieten?" Ich nutzte die Suchfunktion und filterte spezifisch nach Gold-Coast-Gruppen. Da musste es doch auch was geben. Bingo! Zwar hatten die meisten nur etwa tausend Mitglieder, jedoch konnte man diese alle zur unmittelbaren Zielgruppe zählen. Die Idee hatte mich gepackt und ich kopierte die Anzeige in etwa zehn weitere Gruppen. Diese reichten von „Gold Coast sammeln & tauschen" über „Latinos an der Gold Coast" bis hin zu „Gold Coast alleinerziehende Mütter" und „Gold Coast Biertrinker".
Ich hatte keine besonders hohen Erwartungen, war jedoch gespannt, was passieren würde.
Den Post hatte ich um die Mittagszeit veröffentlicht und zunächst passierte nicht viel. Es passierte nichts, um genau zu sein. Draußen war schönes Wetter, ich schnappte mir mein Skateboard und machte mich auf einen Ausflug in die Stadt. In den nächsten Stunden dachte ich nicht weiter an die Sache. So war es bereits Abend, als ich mich in einem Shoppingcenter neugierig ins WLAN einwählte. Für ein paar Sekunden starrte ich auf meinen Bildschirm. „Bloody hell!", entfuhr es mir fast. Ich hatte mehr als zehn neue Nachrichten und unsere Anzeigen wiesen unzählige Kommentare auf. Grinsend schüttelte ich den Kopf. Wir waren im Geschäft!

Die nächste Stunde verbrachte ich im Einkaufszentrum auf dem Boden sitzend damit, auf sämtliche Nachrichten und Kommentare einzugehen. Die Aktion war ein völliger Schuss ins Blaue gewesen. Ich hatte meinen Kumpel Julian als „professionellen Barber" beworben und keine Ahnung, wie es um seine Fähigkeiten tatsächlich bestellt war. Am Abend starrte er mich fassungslos an, nachdem ich ihm wie selbstverständlich erzählt hatte, dass er am nächsten Tag vier bis fünf Kunden zu erwarten habe. Dann sprang er auf, lief aufgeregt durchs ganze Haus und sang dabei sein spanisches Lieblingslied.

Tatsächlich hatte sich der Post in der Latino-Gruppe als der erfolgreichste erwiesen, und so hatten wir am nächsten Tag zwei Spanier, einen Brasilianer und einen deutschen Backpacker auf der Veranda sitzen. Bevor es losging, fiel mir im Gang eine alte Kommode mit großem Spiegel auf. Gemeinsam mit Val trug ich sie nach draußen und entstaubte das Teil. Amüsiert beobachteten mich die anderen, wie ich Gregs Wohnstube nach geeignetem Dekomaterial durchsuchte. Schließlich war die zum Frisörtisch umfunktionierte Kommode mit einigen schönen Strandmuscheln, Reise- und Anglermagazinen ausgestattet. Sogar über eine Schale Obst konnten sich unsere Gäste erfreuen. All dies vermochte jedoch nicht über unseren eher weniger professionellen Eindruck hinwegtäuschen. Und so schauten sich die eintreffenden Kunden zunächst etwas unsicher um, als ich sie in Badehose am Zauntor empfing und durch Gregs Küche nach draußen führte.

Letztlich waren jedoch alle zufrieden und auch ich war von Julians Fähigkeiten mehr und mehr beeindruckt. Das war der Wahnsinn! Der Kerl hatte es wirklich drauf! Auch in den nächsten Tagen nahmen täglich neue Kunden auf dem Bürostuhl auf Gregs Veranda Platz. Wir fotografierten weitere Bilder und ich erstellte sogar eine Facebook-Seite unter dem Namen „The Gold Coast Barber". Julian berichtete stolz, dass ihn die Leute nun sogar in der Bahn ansprachen: „Hey, du bist doch der Gold Coast Barber!"

Ich hatte einen Superstar geschaffen.

Am nächsten Tag klingelte mein Business-Phone. Eine Frau war am anderen Ende. „Hey, hör mal, du bist doch dieser Barber. Ich habe einen Kumpel, der hasst es, im Haarsalon zu sitzen, will aber unbedingt so aussehen wie David Bowie. Ich denke, bei euch wäre es genau richtig für ihn. Kriegt ihr das hin, den Bowie-Schnitt?" Ich hatte keine Ahnung, was der „Bowie-Schnitt" war, und erklärte ihr zunächst, dass ich das Ganze erst mal mit meinem kolumbianischen Freund, dem eigentlichen Barber, besprechen müsse. Auch von den anwesen-

den Hausbewohnern hatte keiner eine Vorstellung davon, was den David-Bowie-Haarschnitt ausmachte. Unser kolumbianischer Superstar selbst hatte den Namen noch nicht einmal gehört. Ich googelte also „David Bowie Haarschnitt" und zeigte ihm ein paar Bilder. „Mann, was ist das denn? Das sieht doch scheiße aus!" Er runzelte die Stirn. Ich lachte. „Na ja, das ist doch egal. Denkst du, du bekommst das hin?" – „Hm. Das sieht ziemlich schwierig aus", erwiderte er unsicher. Ich klopfte ihm auf die Schulter. „Ja, aber du bekommst das hin, oder? Klar bekommst du das hin, du bist der Gold Coast Barber!" Er grinste. „Na gut, aber ich mache das nicht für 10 Dollar."
Ich rief die Frau zurück, wir vereinbarten einen Preis von 25 Dollar und noch am selben Tag stand David Bowie bei uns auf der Veranda. Nur sah er überhaupt nicht aus wie David Bowie. Der Typ war Mitte 40, etwa 1 Meter 85 groß, dünn und buckelig. Er hatte blasse Haut, trug ausgetretene Turnschuhe, eine knielange Billabong-Badehose, eine gefälschte Gucci-Sonnenbrille, diamantene Ohrstecker und um seinen Hals baumelten zwei massive Silberketten. Seine verfilzten, schulterlangen braunen Haare wurden von einem schmuddeligen Trucker-Cap bedeckt und erweckten den Eindruck, als wäre er seit ein paar Jahren nicht beim Frisör gewesen. Dazu sprach der Mann noch extrem undeutlich mit einem gequält lässigen Unterton, der dem von Greg mehr als Konkurrenz machte. Dieser Typ gab ein in jeder Hinsicht besonderes Bild ab und ich machte mir ernsthaft Sorgen, wie Julian daraus einen David Bowie zaubern sollte.
Als ich dann nach über einer Stunde das Ergebnis betrachtete, war ich perplex. Julian hatte sich selbst übertroffen. Der Mann hatte eine komplette Typveränderung durchwandelt. Er trug nun einen lockeren Mittelscheitel, von dem aus sein Haar lässig zur Seite herabfiel. Letztlich ähnelte er wohl eher Bono als Bowie. Insgesamt machte der Mann einen sehr gepflegten Eindruck und gab mit seiner breiten Sonnenbrille und den riesigen Ketten ein herrliches Bild ab. Die Fotos wurden zu einem Hit auf unserer Facebook-Seite „The Gold Coast Barber" und sind tatsächlich einen Blick wert.

Wie man aus seiner Millionenvilla eine Backpacker-Bude macht

Nach und nach hatte ich mitbekommen, wie Greg sich schon seit längerer Zeit einen Kleinkrieg mit dem City Council lieferte. Das City Council war in etwa

die australische Entsprechung unseres Ordnungsamtes und rückte ihm in dieser Zeit zunehmend auf die Pelle. Im Haus ging es nie besonders laut und meistens gesittet zu. Jedoch war es nicht verwunderlich, dass die Bettlaken und Backpacker-Schlüpfer, die permanent die Veranda und den Gartenzaun schmückten, die zahlreichen Zelte auf dem Grundstück und natürlich die halb nackten Backpacker im Garten der feinen Nachbarschaft ein Dorn im Auge waren. So kam es, dass Anfang November beinahe täglich Beamte mit einer neuen Beschwerde oder Strafandrohung vor der Tür standen. Greg tat all dies jedoch wie gewohnt in seiner über jeden Konflikt erhabenen Art ab und schimpfte nur im Nachhinein gern mit süffisantem Grinsen über die „nichtsnutzigen Idioten vom Ordnungsamt". Außerdem berief er sich wiederholt darauf, dass Australien ja wohl ein freies Land sei und es den Nachbarn egal sein könne, was er auf seinem privaten Grundstück veranstalte. Sie sollen sich vielmehr „um ihren eigenen Scheiß kümmern", führte er oft an.
So schien es Greg auch wenig zu kümmern, als genau zu dieser Zeit auf ebenjenem Grundstück obendrein noch ein Kolumbianer ohne Arbeitserlaubnis einer nicht angemeldeten Geschäftstätigkeit nachging.
Schließlich eskalierte die Situation, als das City Council eines Tages mit einer Drohne über das Grundstück flog, Greg diese mit seinem Luftgewehr verfehlte und am nächsten Tag fassungslos ein Schreiben aus dem Briefkasten zog.
Sie hätten „konkrete Hinweise", dass Greg auf seinem Grundstück Menschen in Zelten Obdach gewähre und dafür Geld nehme. Und ebendas war nach Paragraph soundso im Staat Queensland offenbar verboten. Außerdem wurde für den Fall einer erneuten Zuwiderhandlung eine Geldstrafe im vierstelligen Bereich angedroht. Greg lachte süffisant. „Das ist doch unfassbar!" Er schimpfte eine Weile über das australische Rechtssystem und die Nachbarn, gab jedoch schließlich klein bei und ordnete an, sämtliche Zelte abzubauen. Für mich hatte das zur Folge, dass in meinem Zimmer zunächst für ein Doppelstockbett und etwas später für zwei weitere Einzelbetten Platz gemacht wurde. Zunächst teilte ich den Raum nur mit meinen Freunden Philip und Julian, was in Ordnung war. Jedoch wurde es von da an zunehmend chaotischer im Haus. So kam es vor, dass beinahe täglich neue Leute eintrafen, die eigentlich über Airbnb ein Zelt gebucht hatten und dann feststellen mussten, dass ein solches Domizil nicht mehr existierte. Im Wohnzimmer wurde ein Notlager aus Luftmatratzen eingerichtet, auf dem zunächst drei verwirrte Japaner untergebracht wurden, die das Haus jedoch nach einer Nacht wortlos wieder verließen. All-

gemein gewann ich den Eindruck, als würde Greg zunehmend die Kontrolle über die Situation verlieren.

Bei all dem Ärger stellte sich eine offensichtliche Frage: Warum machte Greg das alles? Er hatte eine tolle Villa in Surfers Paradise, war mit Mitte 40 bereits im Ruhestand und konnte sich eigentlich ein gemütliches Leben machen.

Die naheliegendste Vermutung waren Geldsorgen. Mit seinen durchschnittlich 10 bis 15 Gästen nahm er nach meinen Berechnungen im Schnitt etwa 300 Dollar pro Nacht ein. Allerdings war Geld hier nicht der Hauptgrund. Zwar stellte es sicherlich ein nettes Nebeneinkommen dar, jedoch hatte Greg das eigentlich nicht nötig und bezeichnete seine Mieteinkünfte selbst oft als „Peanuts". In einem persönlicheren Gespräch erzählte er mir später, wie er in seinen Dreißigern als Workaholic eine eigene Druckereifirma aufgebaut, diese schließlich für einen zweistelligen Millionenbetrag verkauft und sich mit Anfang 40 in der Villa in Surfers Paradise niedergelassen hatte.

Greg war allgemein sehr schwer zu durchschauen. Auf eine oberflächliche Art und Weise wirkte er immer extrem cool und lässig, ja fast gleichgültig. Jedoch wurde mir mit der Zeit bewusst, dass diese gelassene Aura nur Fassade war. Greg hatte die tiefen, traurigen Augen eines Menschen, der in seinem Leben schon viel hatte durchmachen müssen.

Mit der Zeit kam ich dieser Sache auf den Grund und entwickelte meine eigene Theorie.

Im ganzen Haus fanden sich an verschiedenen Orten Kindermöbel und Kinderkleidung. Es war kein Geheimnis, dass Greg einen kleinen Sohn und noch zwei weitere Kinder hatte, geschieden war und seine Kinder nicht sehen durfte. Über die Hintergründe und seine diesbezüglichen Gefühle sprach er allerdings nie. Beim Aufräumen in unserem Zimmer stieß ich einmal mit Philip zufällig auf eine Tasche, die mit Tausenden von Gerichtsdokumenten gefüllt war. Wir konnten uns nicht zurückhalten und überflogen diese gebannt. Alles war ziemlich undurchsichtig, jedoch machten wir uns nach und nach ein Bild. Scheinbar war Greg mit seiner Exfrau in einen langwierigen und ausufernden Prozess verstrickt gewesen. Wir entnahmen den Dokumenten, dass Greg wegen einer Reihe vermutlich falscher Anschuldigungen vonseiten seiner Ex-Frau keines seiner Kinder je wieder sehen durfte.

In der Folge hatte er eine Selbsthilfegruppe für alleinstehende Männer gegründet und damit mediale Aufmerksamkeit für Depressionen und Selbstmordgedanken geschiedener Väter erregt.

Außerdem hatte Greg sich dem Buddhismus zugewandt und besuchte nahezu jeden Abend einen Tempel zur Meditation. In der Folge hatte er eine Art Alles-egal-Einstellung entwickelt, was seine betont lässige Haltung erklärte.
Greg war immer nett und ein sehr gutmütiger Mensch.
Ich mochte ihn und sprach ihn einmal ganz offen darauf an, warum er sich dieses ganze Chaos hier denn überhaupt antue. Hier seine Erklärung: „Schau mich doch mal an, Kumpel. Ich bin Mitte 40 und habe ein tolles Haus am Strand. Aber was bringt mir das, wenn ich es mit niemandem teilen kann? Ich hasse es, allein zu sein. So ist wenigstens immer jemand da und es ist was los."

Brisbane, Australia

Wie man vom Backpacker-Hostel ins schickste Hotel der Stadt umzieht

Noch nach meiner Rede bei der Abiturfeier hatte Papa versprochen, mich besuchen zu kommen. Dieser Moment war nun tatsächlich fast gekommen. Es war bereits November und in wenigen Tagen würde mein Vater in Brisbane landen. Zur allgemeinen Überraschung kündigte er kurz vorher an, Sang, eine gemeinsame Freundin aus der Heimat, mitzubringen. Die beiden wollten für 12 Tage bleiben. Wir hatten geplant, uns in Brisbane zu treffen und nach ein paar Tagen an die Gold Coast zu fahren, um dort den Rest unserer gemeinsamen Zeit zu genießen.
Vorher wollte ich allerdings schon ein paar Tage in Brisbane verbringen, um den beiden in den ersten Tagen die Stadt zeigen zu können. Beide würden in der Nacht des 16. November ankommen, und so machte ich mich bereits drei Tage vorher mit dem Zug auf den Weg nach Brisbane. Philip war ein paar Tage vor mir aufgebrochen. Er hatte ebenfalls Besuch bekommen und war nach Melbourne gereist, um dort Zeit mit seinem Bruder zu verbringen.
Ich würde Gregs Haus nun zum ersten Mal seit 6 Wochen verlassen. Diese Gelegenheit galt es zu nutzen, um erstmalig die Erfahrung in einem Backpacker-Hostel zu machen. Eine solch noble Unterkunft zeichnete sich durch Schlafsäle mit Doppelstockbetten, Gemeinschaftsbad und -küche sowie Preisen in Höhe von 25 bis 30 Dollar pro Nacht aus. Bisher hatte ich für den halben Preis in einer Traumvilla mit Privatstrand gewohnt und war eigentlich nicht

besonders scharf darauf, nun für das Doppelte in einem Schlafsaal unterzukommen. Jedoch gehörte auch diese Erfahrung einfach dazu.
Letztlich hatte ich in Brisbane das Bunk Backpackers für 4 Nächte zu je 30 Dollar gebucht. Mittlerweile hatte ich es auch endlich geschafft, in eine Telefonkarte mit mobilen Daten zu investieren. So reiste ich nun also mit einer Kombination aus zwei Monaten Aussie-Erfahrung und einem internetfähigen Smartphone zum ersten Mal allein durch Australien. Ich hatte mich inzwischen gut eingelebt, war selbstbewusster geworden und inspizierte schon wenig später aufgeregt mein erstes Hostelzimmer. Die Hostelküche war riesig und ähnelte eher der einer Kantine. Es gab zahlreiche Kochfelder und große Tische. Als versierter Koch begann ich mir eine Mahlzeit aus Nudeln, Dosenthunfisch und Ketchup zuzubereiten. In der Küche aßen und kochten etwa 20 weitere junge Menschen. Alle saßen in größeren Gruppen zusammen und unterhielten sich angeregt, als wären sie alle miteinander befreundet. Es war ziemlich laut und ich schaute mich unsicher um. Ich fühlte mich wie ein Außenseiter und war hier irgendwie fremd. Schließlich konnte ich mich dazu durchringen, einen Typen anzuquatschen, der gerade neben mir kochte. Er war Brite, etwas älter als ich und lud mich später auf ein Bier mit einigen Freunden ein. Überrascht fiel mir auf, dass auch die anderen sich untereinander kaum kannten, und ich bekam so langsam eine Idee von der berüchtigten „Hostelatmosphäre".
An keinem anderen Ort war es so einfach, neue Kontakte zu knüpfen. Alle waren unglaublich locker drauf, man konnte sich an jeden Tisch mit dazusetzen, jeder war offen und freundlich und ließ sich auf ein Gespräch ein. Schließlich waren alle in derselben Situation: allein in einem fremden Land. Im Hostel konnte es auch gut und gerne passieren, dass man am Abend mit jemandem bei einem Bier ins Gespräch kam und dann am nächsten Tag beschloss, einen gemeinsamen Roadtrip zu starten.
Sofern man also kein komplett ungezogener Raufbold war, konnte man eigentlich gar nicht anders, als hier an einem Abend zehn neue „Freunde" zu finden.
Dennoch wurden mir die permanenten Konversationen mit einem Haufen fremder Menschen mit der Zeit zu anstrengend und ich verabschiedete mich ins Bett.
Im Zimmer lernte ich meine anderen Mitbewohner kennen: zwei Franzosen und einen Schweden. Besonders mit den Franzmännern Frédéric und Paul verstand ich mich super.

Die etwa 500 Meter lange Story Bridge war ein Wahrzeichen von Brisbane und ähnelte in ihrer Bauart der Golden Gate Bridge in San Francisco. Als ich die Brücke zum ersten Mal überquerte, stoppte ich auf halbem Weg, um den Ausblick in mich aufzusaugen. Ich befand mich etwa 100 Meter über dem breiten Brisbane River und vor mir erstreckte sich in einem weiten Bogen das Geschäftsviertel mit all seinen Wolkenkratzern entlang des Flussufers. Eine solche Skyline hatte ich zuvor weder in Melbourne noch in Gold Coast und nicht einmal in Zwickau gesehen und war dementsprechend beeindruckt. Aus all den Hochhäusern ragte ein Wolkenkratzer heraus: der Turm des Meriton Hotel. Dieser war das höchste Gebäude Brisbanes und aus allen Ecken der Stadt zu sehen. Mann, es wäre doch ein Traum, darin zu wohnen, dachte ich mir.

Nachdem ich an meinem dritten Tag in Brisbane spontan noch einen Job mit Sonny erledigt hatte, war es nun endlich an der Zeit, Papa und Sang zu empfangen. Die beiden sollten gegen 0:30 Uhr in Brisbane landen und ich beschloss, sie am Flughafen zu überraschen. Ich freute mich unglaublich, nach zwei Monaten endlich wieder Menschen aus der Heimat begrüßen zu können, und war wahnsinnig aufgeregt. In der Ankunftshalle suchte ich mir einen Platz vor der großen Schiebetür, durch die beide bald treten würden. Diese Tür war undurchsichtig und öffnete sich automatisch, sobald sich ihr jemand näherte. In der nächsten halben Stunde schoss mein Puls gefühlt 100 Mal auf 182, nämlich immer dann, wenn sich die Schiebetür plötzlich öffnete, und kehrte anschließend enttäuscht in den Normalzustand zurück, nämlich immer dann, wenn irgendjemand Fremdes durch die Tür trat.

Nach 99 halben Herztoden öffnete sich die Tür erneut, und auf einmal standen Papa und Sang mit einem großen Gepäckwagen vor mir. Beide schienen ziemlich übermüdet und brauchten ein paar Sekunden, um zu realisieren, dass ich es war, der vor ihnen stand.

Auch mein Aufregungslevel stand nun irgendwo zwischen „erstem Schultag" und „Fallschirmsprung". Ich brachte kein Wort heraus, sondern grinste einfach nur über beide Ohren. Papa und ich umarmten uns lange, dann sprang mir Sang in die Arme. Von der Intensität dieses Moments war ich wirklich überrascht. Für mich fühlte sich alles total unwirklich an. Die beiden passten nicht in meine neue Welt, waren hier irgendwie fehl am Platz.

Nach einer kurzen Taxifahrt erwartete mich der nächste Schock. Erinnert ihr euch noch an das legendäre Meriton Hotel? Nun, Papa hatte sich nicht lumpen lassen und für uns kurzerhand ein Appartement im 74. Stock gebucht. Ich hatte

mir zuvor ein winziges, mit Doppelstockbetten bestücktes, düsteres Zimmer mit fünf anderen geteilt, und nun stand ich auf einer der Top-Etagen des Meriton. Das war unglaublich, eine andere Welt. Einen krasseren Kontrast konnte es für einen Backpacker wohl kaum geben. Das Appartement war superschick eingerichtet und verfügte über zwei Schlafzimmer und große Glaswände. Das wirklich Unfassbare war jedoch der Ausblick.
Dennoch lief ich anschließend erst mal zurück ins Bunk Backpackers, um meine letzte Nacht hier zu verbringen. Es war bereits spät in der Nacht und wir alle brauchten dringend Schlaf.

Zu einer recht komischen Szene kam es am nächsten Tag, als ich in der schicken Eingangshalle des Meriton eintraf. Hier stand ich nun mit zerzausten Haaren, dreckigem Backpack auf den Schultern und einem Skateboard, das einen merkwürdigen Algengeruch verströmte – am Vortag war mir das Brett im Botanischen Garten in einen Tümpel gestürzt. Während ich noch die edle marmorne Einrichtung bestaunte, musterte mich der vornehme Portier geringschätzig. „Kann ich Ihnen helfen, Sir? Haben Sie hier gebucht?" Verdammt, ja, das hatten wir!
Als wir wenig später gemeinsam am Esstisch saßen, fühlte sich die Situation erneut extrem merkwürdig an. Einerseits saß ich hier nun mit meinem Papa gemeinsam am Küchentisch und alles war so vertraut, als hätten wir uns gerade mal einen Tag nicht gesehen. Auf der anderen Seite passten Papa und Sang einfach nicht hierher und ich war mit der Situation etwas überfordert. Es sollte noch ein paar Tage dauern, bis ich mich an ihre Anwesenheit gewöhnt hatte und alles richtig einordnen konnte.

Gold Coast, Australia

Wie man Papa in seine neue Welt einführt

Am meisten freute ich mich darauf, beide einige Tage später mit an die Gold Coast zu nehmen und ihnen dort meine wirkliche, neue Heimat zu zeigen.
Gregs Villa in Surfers Paradise war mein neues Zuhause. Ich wohnte in einem Traumhaus mit Privatstrand und Pool auf einer künstlich angelegten Insel, die dazu noch die teuersten Häuser der ganzen Gold Coast aufwies. Außerdem hatte ich hier neue Freunde gefunden und mir allgemein ein neues Leben auf-

gebaut. Jetzt war ich natürlich wahnsinnig stolz und freute mich, meinen Gästen ebendieses neue Leben zu zeigen.
Dementsprechend enttäuscht reagierte ich, als mein Vater mich etwa eine halbe Stunde nach unserer Ankunft beiseite nahm und erklärte, er könne hier nicht wohnen und suche bereits nach einem Hotel.
„Mann, lass dich doch auch einfach auf so was ein! Du musst dich mal aus deiner Komfortzone rausbewegen und nicht immer nur in schicken Hotels wohnen“, erwiderte ich gereizt. Damals steckte ich so tief im Alltag bei Greg, dass ich mich an die teilweise recht interessanten Umstände gewöhnt hatte und nun mit völligem Unverständnis auf Papas Ansicht reagierte.
Schmunzelnd stelle ich nun im Nachhinein fest, dass die ersten Eindrücke in Haus Nummer 18 auf Macintosh Island auf einen Familienvater, der vom anderen Ende der Welt angereist war und noch dazu gerade vier Nächte im Meriton verbracht hatte, durchaus etwas verstörend hatten wirken können.
Es begann mit der riesigen Garage, vor der sich ein großer Haufen Ziegel, eine schrottreife Mercedes-Limousine und ein paar alte Kommoden ansammelten. Am Tor wies ein von Ash erneuerter A4-Zettel noch immer darauf hin, dass die Klingel kaputt sei und man ihn doch bitte einfach anrufen solle. Ich hatte meinen Schlüssel schon vor ein paar Wochen verloren und mir angewöhnt, über die Ziegelmauer zu klettern und das Tor von innen zu öffnen. Die Zelte im Vorgarten waren zwar nach dem Drohnenangriff durch das City Council entfernt worden, jedoch wies der Rasen nach wie vor großflächige braune Zeltabdrücke auf. Greg hatte versucht, diesem Problem mit einem vor einigen Tagen provisorisch installierten Rasensprinkler entgegenzuwirken. Allerdings hatte der gute Mann die Technik noch nicht ganz im Griff und überflutete stattdessen seinen Vorgarten beinahe täglich.
Durch die permanent offen stehende Eingangstür blickte man zunächst auf eine größere Ansammlung Schuhe, Skateboards und einigen Unrat, der sich hinter der Bar stapelte. Während man im Haus von diversen halb bekleideten, langhaarigen Typen begrüßt wurde, gelangte man über die Küche, in der sich kunstvolle Geschirrtürme stapelten, nach draußen auf die Veranda. Hier zog einen zunächst der tolle Anblick der Wasserfläche und der umliegenden Traumvillen in seinen Bann. Nachdem diese Wirkung einige Sekunden später jedoch nachgelassen hatte, schaute man sich um und bemerkte einige weitere, interessante Details. Dazu gehörten Latinos, die sich auf einem Bürostuhl von einem singenden Kolumbianer die Haare schneiden ließen, ein halbseitig zu-

sammengebrochenes Sofa, diverse auf dem Geländer hängende Unterwäsche, Bettlaken und T-Shirts sowie ein gigantischer Kühlschrank.
Hinzu kam zu dieser Zeit leider die zunehmend ausufernde Lage mit Gregs Airbnb-Buchungen, die sich größtenteils in meinem Raum bemerkbar machte. Mein ehemaliges Privatzimmer wurde nun zu meiner Überraschung unter der Bezeichnung „Shared Room" online angeboten.
Während ich für Papa Gregs bestes Gästezimmer gebucht hatte, hatte ich mir um Sangs Schlafplatz eher weniger Gedanken gemacht. In unserem Zimmer war es bisher immer sehr entspannt zugegangen und es stand reichlich Schlafplatz zur Verfügung. Nun stellte ich jedoch ungläubig fest, dass Greg neben Philip und Julian eine Gruppe von drei Spaniern in unserem Zimmer einquartiert hatte. Außerdem ging an diesem Tag im Haus das Gerücht um, es habe ein gewisser „Frank" für diese Nacht ein Zimmer gebucht. Tatsächlich traf Frank gegen 8 Uhr abends ein und stellte überrascht fest, dass das von ihm gebuchte Einzelzimmer nicht verfügbar war. Der gute Mann war Ende 40, kam aus Neukaledonien und sprach kein Wort Englisch. Außerdem hielt Frank den Weltrekord als lautester Schnarcher der Menschheitsgeschichte, wie sich später herausstellen sollte.
Nachdem ich mit Sang ein Bett geteilt, Philip auf einer Luftmatratze geschlafen und Frank über Nacht beinahe eine Tsunami-Welle verursacht hatte, sah ich zähneknirschend ein, dass mein Vater wohl doch nicht ganz falsch gelegen hatte.

Nach einem kleinen Roadtrip bis nach Byron Bay, standesgemäßem Dschungelabenteuer im Springbrook Nationalpark und einer legendären Bootstour mit den Jungs über die Kanäle von Surfers Paradise war die gemeinsame Zeit bereits nach einem Wimpernschlag wieder vorbei.
Zum Abschluss gab es ein typisches Aussie-BBQ. Wir brachten eine große Box Bier mit und verbrachten einen coolen Nachmittag in Gregs Garten. Der Neukaledonier Frank gab den Grillmeister und legte ein paar hervorragende Würstchen und Lammkoteletts auf. Außerdem ließ sich Papa in unserem berühmt-berüchtigten Barber-Studio nieder, und wie immer lieferte Julian grandiose Arbeit ab.
Wir hatten den Mietwagen bis zum Ende des Urlaubs behalten, und so fuhr ich meine beiden Gäste am 28. November noch bis ans Terminal des Flughafens in

Brisbane. Papa war von der Zeit in Australien komplett begeistert und versicherte mir, er werde versuchen, mich im Frühjahr noch einmal zu besuchen. Schließlich umarmten wir uns vor den Eingangstüren des Terminals ein letztes Mal und ich lief zurück zum Auto.

Auf einmal war ich wieder allein. Ich stellte fest, wie sehr ich mich an die Anwesenheit der beiden gewöhnt hatte, und mir standen sogar für einen kurzen Moment Tränen in den Augen. Schließlich war es ja aber nicht Sinn und Zweck der Sache, sich mit Menschen aus der Heimat eine schöne Zeit in Hotels zu machen. Daher war ich andererseits auch froh, mich nun wieder zurück ins Abenteuer stürzen zu können.
Trotzdem erinnere ich mich noch gut an einen Moment, als ich am Nachmittag zurück bei Greg in dessen Pool mit den Armen auf einem Surfbrett trieb, mich schrecklich einsam fühlte und nicht so recht wusste, was ich mit meinem Leben anfangen sollte.
Meine melancholische Stimmung war aber schon am nächsten Tag verflogen. Schnell steckte ich wieder drin in meinem Gold-Coast-Alltag. Ich fuhr Skateboard, entspannte mich in den Parklands, las Bücher und arbeitete mit Sonny.

Wie man sich ein Zimmer mit sechs Leuten teilt

Gerade als es in Gregs Haus wieder etwas ruhiger zu werden schien, zogen drei italienische Jungs ein. Ihre Namen klangen wie eine Komposition von Vivaldi: Andrea Zanoletti, Andrea Zorzi und Davide Averoldi. Die drei Amigos waren Mitte 20, mittelgroß, hatten braunes Haar, kochten leidenschaftlich gerne Pasta und waren auch sonst Italiener mit Leib und Seele. Ich wohnte nun also in einem Zimmer mit einem singenden Kolumbianer, Philip und drei lustigen Italienern. Das war schon eine tolle Kombi. Andrea, Andrea und Davide hatten wohl zuvor einige Wochen in einem dubiosen Wohnwagenpark verbracht, in dem sie nach eigenen Angaben den ganzen Tag über nur Gras geraucht hatten. Ich mochte die drei. Mit ihrem starken italienischen Akzent waren sie sehr lustig, freundlich und fast noch ein wenig kindlich. Außerdem hatten die Jungs ein paar interessante Eigenheiten. Andrea und Andrea hatten einen Job auf dem Bau gefunden, zu dem sie jeden Morgen um 5 Uhr aufstanden und von dem sie erst am späten Nachmittag zurückkehrten. Tatsächlich rauchten sie leidenschaftlich gern und ziemlich ausufernd Gras. Dieses war in

Australien schwer zu bekommen und dazu noch sehr teuer. Allerdings hatten die Amigos wohl irgendeinen Kontakt. So kam es, dass meine italienischen Freunde etwa drei Mal pro Woche spät abends einen mysteriösen Anruf empfingen, dann für eine Stunde verschwanden und mit einer neuen Ration Gartenkräuter zurückkamen. Die drei Kollegen hatten auch einen durchaus interessanten Tagesablauf. Schon früh am Morgen standen sie ein paar Minuten eher auf, rauchten etwas von der grünen Wundermischung, um anschließend 10 Stunden auf dem Bau zu schuften. Gegen 16 Uhr kamen sie zurück, rauchten und gingen schlafen, um ein paar Stunden später gemeinsam in der Küche singend ihre Pasta zuzubereiten. Anschließend fand man die drei erneut tief schlafend in ihren Betten. Etwa gegen 22.30 Uhr klingelte dann jedoch wie am Morgen der Wecker. Es raschelte und knisterte in Andreas Bett, unsere neuen Freunde verließen den Raum und kehrten ein paar Minuten später grinsend zurück.

Die drei Kräuterfreunde teilten gern, und so schloss ich mich zumindest zum Nachttermin gelegentlich der flüsternden Räucherrunde in Gregs Vorgarten an. Besonders Andrea Zanoletti, der im Doppelstockbett unten schlief, fiel spät abends oft durch lautstarke und leidenschaftliche Telefongespräche auf. Während alle anderen ruhig in ihren Betten lagen, unterhielt er sich in rasendem Italienisch mit seiner Primadonna. Andrea schien das in keiner Weise zu kümmern. Gerade am Anfang war ich von seinem melodischen Geplapper zu später Stunde recht genervt. Mit der Zeit verstand ich aber, dass man italienische Gespräche scheinbar nicht in leiser und langsamer Tonlage führen konnte. Das inzwischen berüchtigte, durch das ganze Haus hallende abendliche Ferngespräch brachte mich nun eher zum Schmunzeln. Julian, der morgens zur Schule musste, schien diese Ansicht nicht zu teilen. Während ich in diesen Momenten meist grinsend zu ihm herüberschaute, schüttelte er nur immer wieder den Kopf und fluchte leise vor sich hin.

Ich war bisher bemüht gewesen, im Zimmer halbwegs Ordnung zu halten, und hatte sogar eine Leselampe und einen Nachtschrank an meinem Bett installiert. Mit dem Einzug der Italiener war dieses Vorhaben jedoch gestorben. Im gesamten Zimmer lagen Klamotten, Zigarettenfilter, Kekse und Wasserflaschen verteilt. Ich fand mich schnell damit ab, schließlich hatte ich ja immer noch das luxuriöse King-Size-Bett für mich.

Wie man unter 21 an einen Mietwagen herankommt

An einem Vormittag Anfang Dezember saß ich gerade bei Greg am Küchentisch, als Jonas mir auf Facebook schrieb. Obwohl wir beide aus demselben kleinen Ort in Westsachsen kamen, hatten wir nie wirklich etwas miteinander zu tun gehabt. Zu Hause hatte ich vor meiner Abreise lediglich mitbekommen, dass auch er sich für ein Auslandsjahr entschieden hatte und auf einer Farm in Neuseeland arbeiten wollte, seitdem aber nichts mehr von ihm gehört. Jetzt schrieb mir der Kollege doch tatsächlich aus heiterem Himmel und erklärte, er habe gerade seine 6-wöchige Farmarbeit abgeschlossen und wolle für einen kurzen Urlaub an die Gold Coast kommen. Und nun stand der Kerl auf einmal hier, mitten auf der Strandpromenade von Surfers Paradise, breit grinsend vor mir. Das war schon verrückt. Jonas war gut 1 Meter 80 groß, hatte eine kräftige Statur und helles Haar.

Ohne ihn zu kennen, hatte ich mir zuvor unbewusst ein Bild von ihm als biertrinkenden Typen vom Lande gemacht, der gerne an seinem Moped schraubte. Auch wenn dieses Klischee möglicherweise nicht komplett unbegründet war, hatte Jonas in diesem Moment weder ein Bier noch sein Moped dabei und machte einen wirklich cleveren, weltoffenen Eindruck. Der Kerl war mir sogar so sympathisch, dass ich mitten in unserer Unterhaltung plötzlich vorschlug, ein Auto zu mieten und seine Zeit hier für einen kleinen Roadtrip zu nutzen. Für mich wäre das gleichzeitig eine willkommene Gelegenheit, aus meinem mittlerweile doch recht eintönigen Alltag bei Greg zu entfliehen. Ich sehnte mich nach einem neuen Abenteuer. Zu meiner Begeisterung schien Jonas tatsächlich bereit, sich mit mir auf ein solches Himmelfahrtskommando einzulassen.

Nur war so ein Roadtrip ohne Auto allerdings doch eher schwierig. Wir wollten am nächsten Morgen aufbrechen. Meine Mission bestand also darin, kurzfristig einen fahrbaren Untersatz zu beschaffen. Das war aber gar nicht so einfach. In Australien vermieteten alle seriösen Anbieter Autos nämlich nur an Menschen über 21 Jahren. Was wir brauchten, war also ein unseriöser Anbieter. So betraute ich Greg mit unserem Anliegen. „Oh, na klar, Kumpel. Ich habe da einen alten Kollegen, Robert. Der hat so eine Autovermietung oben in Southport. Frag mal Giulia, der habe ich letztens schon seine Nummer gegeben."
Tatsächlich hatte Giulia ein paar Tage zuvor alle beeindruckt, als sie einen kleinen Wagen mit glänzenden Chromfelgen vor Gregs Garage geparkt hatte. Sie

bestätigte einen völlig reibungslosen Ablauf mit Robert und gab mir seine Nummer. Noch am Nachmittag rief ich ihn an und erklärte ihm unsere Sachlage. „Ach, na selbstverständlich vermiete ich euch ein Auto, gar kein Problem, Kumpel! Einen Führerschein habt ihr aber, oder? Ach, ist eigentlich auch egal." Weiterhin überzeugte der gute Mann mit einem unfassbar günstigen Tarif von genau einem Dollar pro Stunde.

Nachdem ich mein Bett brüderlich mit Jonas geteilt hatte – alles andere war natürlich ausgebucht, Greg hatte selbst sein Sofa im Wohnzimmer vermietet –, bekam ich am nächsten Morgen einen Anruf. „Hey Robert, wie schaut's aus?" – „Guten Morgen, Kumpel! Das Auto steht bereit für euch." Es hatte also tatsächlich geklappt. Dieser Mann war jetzt schon eine Legende. Wir konnten starten.

Ich machte mich mit meinem Skateboard auf den Weg zur Autovermietung. Auch dieses Unterfangen erwies sich zunächst als schwierig, da Roberts ominöse „Dollar Car Rental" in keinem Verzeichnis auftauchte.

Schließlich stieß ich in einer Nebenstraße auf einen schmalen Hof, der mit Autos vollgestellt war, die Hälfte davon offensichtlich fahruntüchtig. Im Hof werkelte ein alter Mann mit langem, grauem Haar und Bart in einer Latzhose gerade an einer offenen Motorhaube herum. Ich glaubte nicht wirklich daran, fragte ihn jedoch trotzdem: „Hallo Sir, sind Sie Robert?" – „Naah Kumpel, Robert sitzt da drinnen im Büro." Am hinteren Ende des Hofes befand sich ein Containergebäude, zu dessen Eingangstür eine kurze Treppe hinaufführte. Ich betrat also das Gebäude, in dem ich den berüchtigten Kerl an einem massiven Kirschholzschreibtisch sitzend vorfand. Der Mann war etwa Mitte 40, hatte dünnes, braunes Haar mit markanten Geheimratsecken und trug ein bunt kariertes Hemd, das er über einem kleinen Bierbauch in seine Jeanshose gesteckt hatte. Robert hatte charismatische Gesichtszüge, sprach, als wären wir alte Kollegen, und bedeutete mir, auf einer riesigen, cremefarbenen Ledercouch Platz zu nehmen. Während er an seinem Computer den Mietvertrag vorbereitete, schaute ich mich um und fragte mich, ob Roberts Büro wohl gleichzeitig sein Wohnzimmer war. Vor dem Sofa lag ein großes Schafsfell, auf dem ein Couchtisch stand. An der Wand hing ein riesiger Flachbildfernseher, der gerade eine aktuelle Unwetterwarnung durchgab. Hinter Roberts massivem Schreibtisch erstreckte sich über mehrere Meter eine Anbauwand, die mit lustigen Aufklebern versehen war. Außerdem schmückten eine riesige, künstliche Grünpflanze und mehrere gerahmte Sporttrikots diesen lustigen Ort. Schließlich verwies Robert mich auf einen kleinen, im Hof geparkten Ford. Der rote Flitzer hatte immerhin vier

Türen und beeindruckte mit imposanten schwarzen Alufelgen. Robert hatte es sich offenbar zum Markenzeichen gemacht, beschissene Autos mit völlig übertriebenen Tuningfelgen zu versehen und diese anschließend für 24 Dollar am Tag zu vermieten. Dieses interessante Geschäftsmodell war mir natürlich ganz recht. Zwar konnte ich in der reichen Nachbarschaft niemanden mit unserem schicken Renner beeindrucken, jedoch hob zumindest Jonas später beim Anblick der Felgen durchaus anerkennend die Augenbrauen.

Noosa, Australia

Wie man die Nacht auf einem Pappkarton verbringt

Ohne konkretes Ziel machten wir uns zunächst auf den Weg in Richtung Norden, die Küste hinauf. Schließlich legten wir uns darauf fest, unsere erste Nacht in Noosa, das etwa 250 Kilometer nördlich von Surfers Paradise lag, zu verbringen. Jonas zeigte sich zunehmend besorgt, da wir im Voraus keinerlei Schlafmöglichkeiten geprüft hatten. Ich dagegen hatte Lust auf ein kleines Abenteuer und versicherte ihm tiefenentspannt, wir würden vor Ort schon etwas finden.

Als wir nach einem weiteren ausgiebigen Stopp in Sunshine Coast in Noosa ankamen, setzte bereits die Abenddämmerung ein. Dennoch hatten wir nichts Besseres zu tun, als nach einer kurzen Erkundung im Noosa Nationalpark von einem Aussichtspunkt den Sonnenuntergang zu bestaunen. Schließlich setzten wir uns gegen 18.30 Uhr doch ins Auto und machten uns auf den Weg, um ein paar Hostels abzufahren. Im ersten waren nur noch zwei Betten in einem 4-Bett-Zimmer zu je 33 Dollar frei, was uns zu teuer erschien. Als wir danach jedoch ein Angebot über 40 Dollar ausschlagen mussten, relativierte sich diese Ansicht. Da alle anderen Hostels im Ort belegt waren, fuhren wir etwas aus der Stadt heraus, um nach weiteren Unterkünften Ausschau zu halten. Nachdem wir gegen 20.30 Uhr immer noch nichts gefunden hatten, machte sich bei Teilen unserer Reisegruppe eine gewisse Verzweiflung breit. Ich fand die Situation allerdings nach wie vor ziemlich lustig, sorgte mich nicht wirklich und machte einen etwas unkonventionellen Vorschlag. „Na jetzt hör mal, Jonas. Ich denke, wir wissen beide, dass wir hier heute nichts Bezahlbares mehr finden. Es ist warm und wir haben schönes Wetter. Wie wäre es also, wenn wir das Geld für eine Unterkunft sparen, stattdessen in eine Box Goon investieren und uns ein nettes Plätzchen im Freien suchen?" Mein treuer Kamerad durchlief anschließend mehrere höchst interessante Phasen. Zunächst lachte Jonas nur über den Vorschlag. Dann schüttelte er den Kopf und beschimpfte mich. Schließlich stimmte er zu. Kurz vor Ladenschluss erreichten wir noch einen Supermarkt. Ich hatte eigentlich vorgehabt, mir eine Luftmatratze zu kaufen, wurde allerdings nicht fündig. So blieb ich schließlich vor einem großen Wagen mit alten Pappkartons stehen. In weiser Voraussicht griff ich mir unter Zustimmung eines Mitarbeiters drei große Pappen und brachte sie zum Auto, wo mich Jonas nur kopfschüttelnd anschaute. Zu allem Überfluss gestaltete sich nun auch die Schlafplatzsuche schwieriger als zunächst gedacht. In Australien war das Campen auf allen öffentlichen Flächen streng verboten, weswegen sämtliche Parkanlagen nicht in Frage kamen. Auch australische Eigenheimbesitzer reagierten auf betrunkene Backpacker im Vorgarten tendenziell eher mit einem Luftgewehr als mit einer Kuscheldecke. So fuhren wir noch eine ganze Weile planlos umher. Endlich warf Jonas ein, dass die beste Option wohl der Strand sei. Auf der Suche nach einem möglichst abgelegenen Strandabschnitt studierte ich die Satellitenansicht von Google Maps in meinem Handy. Schließlich wies ich Jonas auf einer einsamen Landstraße an, links ranzufahren. Wir befanden uns mitten im Nichts, irgendwo zwischen Noosa und Sunshine Coast. Auf der Karte hatte ich einen Strandabschnitt entdeckt, den ein schmaler Waldstreifen von der Straße trennte. Hier gab es einen kleinen Schotterparkplatz, von dem einige Wanderwege in die Waldlandschaft führten. Beladen mit einer 4-Liter-Box Goon, Plastikbechern und den drei Pappen stapften wir in den Wald. Mit seiner Smartphone-Taschenlampe lief Jonas vorneweg. Das musste er auch, denn ich hatte wirklich Schiss.

Es war komplett finster und auf dem engen Pfad mussten wir aller paar Schritte einem dicken Spinnennetz ausweichen, das von den Bäumen herabhing. Das klappte nicht immer. Mehrmals schrie ich erschrocken auf, nachdem ich wieder mit dem Gesicht in irgendetwas Undefinierbares hineingelaufen war. Mit australischen Spinnen wollte man sich nicht unbedingt anlegen. Schließlich lichtete sich der Wald und wir befanden uns in einem Moorgebiet, dessen flache Vegetation erstmals einen weiteren Blick ermöglichte. Aus der Satellitenansicht hatte alles wie ein schmaler Streifen gewirkt, den man innerhalb von 5 Minuten durchqueren konnte. Nun war nach wie vor jedoch kein Strand in Sicht. Vielmehr schienen sich in der Ferne wieder höhere Bäume zu erstrecken. Ich hatte mir ein Abenteuer gewünscht, und nun steckte ich mittendrin. Nach etwa 15

Minuten befanden wir uns tatsächlich wieder in einer Art Wald. Gleichzeitig wurde jedoch der Boden sandiger und der Weg führte leicht aufwärts. Schließlich lichtete sich das Bild und ich erkannte, dass wir uns auf einer großen Düne befanden. Vor uns sah ich nun endlich einen breiten Strand und hörte die Wellen. Inzwischen war es ziemlich windig geworden und wir beschlossen, die Nacht im Schutz der Büsche oben auf der Düne zu verbringen. Hier gab es sogar eine Bank, auf der wir uns nun niederließen und die große Pappbox öffneten. Und so saßen wir auf der Bank auf einer Sanddüne mitten im Nirgendwo, tranken Wein aus Plastikbechern, hörten lustige Musik und philosophierten über das Leben.
Zunehmend besorgt beobachtete ich, wie es am Horizont immer wieder blitzte und auch der Wind stärker wurde. In diesem Moment erinnerte ich mich an die Unwetterwarnung, die zuvor in Roberts Fernseher an mir vorbeigerauscht war. Ein kräftiges Sommergewitter würde unser kleines Abenteuer natürlich perfekt machen. Allerdings waren wir beide inzwischen ziemlich betrunken und machten uns keine weiteren Gedanken. So legte ich nur noch meine komfortablen Schlafpappen in den Sand und schlief fast augenblicklich ein.
Dunkel erinnere ich mich wenig später an zwei Eindrücke. Zunächst musste ich mich kurz übergeben. Gleichzeitig bemerkte ich ein starkes Donnern und einen ziemlich grellen Blitz. Ungeachtet dessen schlief ich allerdings wenige Augenblicke später direkt wieder ein. Aufgrund meines himmlischen Schlafgemachs konnte ich wohl einfach nicht anders. Etwas später musste ich der Wahrheit dann allerdings wortwörtlich ins Auge blicken, nämlich als mir ein dicker Regentropfen in selbiges fiel. Ich schreckte auf und weckte Jonas, der sich wohl spätestens in diesem Moment fragte, warum zur Hölle er überhaupt mit mir mitgekommen war. Dann donnerte es erneut und der Regen wurde stärker. In Anbetracht unserer Lage wurden wir beide ziemlich panisch. Es war gegen 2.30 Uhr morgens und wir befanden uns auf einer einsamen Sanddüne, während sich gerade ein apokalyptischer Sturm zusammenbraute. Dabei trennte uns eine kilometerlange, von tödlichen Kreaturen besiedelte Wildnis von unserem rettenden Kleinwagen. Hektisch griffen wir alle mitgebrachten Sachen und rannten zurück durch die Buschlandschaft. Unterwegs verschluckte ich etwa drei Spinnen, schaffte es jedoch, letztlich lebendig und verhältnismäßig trocken zum Auto zurückzukehren. In diesem Moment bemerkten wir, dass es zwar nach wie vor donnerte, der Regen jedoch aufgehört hatte. Während Jonas versuchte, es sich auf dem Fahrersitz bequem zu machen, zwängte ich mich auf

die winzige Rückbank. Schnell wurde mir aber klar, dass dies nicht funktionieren würde. Also wägte ich meine Optionen ab. Nach ausführlicher Analyse der Sachlage verließ ich den Wagen, griff mir erneut eine der Pappen, die ich vom Strand hatte retten können, warf diese auf den Schotterboden und machte es mir neben dem Auto gemütlich. Tatsächlich fand ich hier bis etwa 6 Uhr morgens einen ziemlich befriedigenden Schlaf und wurde schließlich von vorbeifahrenden Autos geweckt. Auf einmal stand Jonas neben mir: „Verdammt, was machst du denn hier?" – „Mann, das ist echt ziemlich bequem!", erwiderte ich etwas zerknirscht. Ich stand auf und bemerkte, dass es mir trotz des lieblichen Nachtschlafes gelinde gesagt beschissen ging. Mir war übel und in meinem Kopf drehte sich alles. Ich hatte eindeutig zu viel von diesem billigen Wein getrunken. Jonas, der als wesentlich routinierterer Trinker galt, schien diese Sorgen nicht zu teilen und lachte über meine Beschwerden.

Wie man 100 Stundenkilometer ohne Kupplung überlebt

Nachdem wir am nächsten Tag bei einer Wandertour im Noosa Nationalpark unfreiwillig eine berüchtigte FKK-Badebucht entdeckt hatten, war auch mein Geist auf einmal wieder hellwach. Auf dem Rückweg bemerkte Jonas dann am späten Nachmittag, dass wir für die kommende Nacht ja erneut keine Unterkunft gebucht und eigentlich auch sonst keinen Plan hatten, wo wir denn hinwollten. Da wir aber definitiv darauf bedacht waren, eine erneute Naturerfahrung diese Nacht möglichst zu vermeiden, schaute ich diesmal über Airbnb nach möglichen Feriendomizilen. Nach kurzer, allgemeiner Verunsicherung hatte ich dann tatsächlich etwas gefunden und konnte Jonas mit einer bestätigten Buchung beruhigen. Unsere Gastgeber Wayne und Kerry boten ein Ferienzimmer in ihrem Landhaus im Hinterland von Noosa an. Die beiden verfügten über ein großes Grundstück an einer einsamen Landstraße und ein riesiges rechteckiges Haus, das mit einem interessanten türkisfarbenen Anstrich beeindruckte. Wayne war ein Bär von einem Mann. Er war Mitte 50, hatte eine mächtige Halbglatze und einen markanten Schnauzbart. Der Kerl war fast zwei Meter groß und trug einen beachtlichen Bauch vor sich her. Außerdem fehlten ihm mehrere Finger. Er öffnete die Tür und führte uns kurz im Haus herum, wirkte dabei jedoch sehr kurz angebunden und etwas unfreundlich. Seine Frau Kerry machte einen etwas freundlicheren, aber sehr zurückhaltenden Eindruck. „Die ist garantiert mal von einem Auto angefahren worden", bemerkte Jonas. Tat-

sächlich hatte sie komisch verschobene Gesichtszüge, ein schielendes Auge und bewegte sich allgemein sehr gequält und unförmig. Die beiden waren irgendwie unheimlich. Ihr Haus war ungemein geräumig, hatte hohe Decken, war offen gestaltet und wirklich riesig. Außerdem wirkte es irgendwie asymmetrisch und einige Wände schienen schief. Das Markanteste war jedoch ein gasähnlicher Geruch, der das gesamte Erdgeschoss durchzog. Unser Zimmer erreichten wir über eine stählerne Wendeltreppe, die ins Obergeschoss führte. Ich erinnere mich gut an einen Moment, als wir zum ersten Mal allein im Zimmer waren und ich zu Jonas nur halb im Scherz sagte: „Es ist doch irgendwie merkwürdig hier, oder? Die ganze Situation erinnert mich an den Beginn eines schlechten Horrorfilms. Zwei ahnungslose Backpacker übernachten in einem einsamen Landhaus mit schiefen Wänden mitten im Nirgendwo bei einem gruseligen älteren Ehepaar." Jonas grinste, stimmte mir aber zu.
Als wir uns am nächsten Morgen im sonnendurchfluteten Wohnzimmer begegneten, machten unsere Gastgeber auf einmal einen gar nicht mehr so unheimlichen Eindruck. Tatsächlich waren sie sogar ziemlich nett und fragten uns nach unseren weiteren Reiseplänen. Kerry schlug vor, noch bis nach Fraser Island zu fahren, und schwärmte von der Gegend. Von Fraser hatte ich auch schon viel gehört. Diese Sandinsel lag knapp 200 Kilometer nördlich vor der Küste von Hervey Bay. Das war absolut machbar und wir hatten somit ein neues Ziel vor Augen.

Schließlich setzten wir unseren Trip fort und machten uns auf den Weg nach Hervey Bay. Als wir um die Mittagszeit eine Kleinstadt durchquerten, rüttelte Jonas auf einmal wie wild am Ganghebel und fuhr fluchend rechts ran. „Was ist los?!", fragte ich erschrocken. „Die verdammte Kupplung!", rief er. „Die ist durch. Ich habe die Kupplung getreten, und auf einmal war überhaupt kein Widerstand mehr da. Hier, schau dir das an!" Ich testete die Kupplung, und tatsächlich konnte man diese nun mühelos durchtreten, ohne dass irgendwas passierte. Außerdem hatten wir, wie es aussah, eine kleine Ölspur hinter uns hergezogen. Nun, Freunde, ich hatte keine Ahnung von Autos. Dennoch ahnte ich, dass dies kein besonders gutes Zeichen war. Wir waren mit dem schrottreifen Mietwagen eines eher zweifelhaften Privatvermieters mitten in einer verschlafenen Kleinstadt gestrandet. Zum Glück kannte sich Jonas wesentlich besser als ich mit Autos aus. Allerdings konnte auch er hier nichts machen. Also rief ich Robert an. „Hallo Robert, hier ist Marcel. Wir haben ein Problem

mit dem Auto. Es ist die Kupplung." – „Okay, wo seid ihr?", fragte Robert. – „Irgendwo im Hinterland von Noosa." – „Verdammt!"
Ich beschrieb ihm die Problematik genauer und fragte, was wir nun machen sollten. Er schien zu überlegen und erklärte schließlich: „Hör zu, ich kenne das Problem. Wir hatten das schon mal. Ich denke, es liegt an der Bremsflüssigkeit. Ihr müsst euch dort irgendwo eine Flasche Bremsflüssigkeit besorgen und diese auffüllen. Dann rufst du mich noch mal an und ich erkläre euch, was ihr machen müsst." Ich reagierte erleichtert, war allerdings immer noch ziemlich besorgt. In der Nähe gab es eine Tankstelle und wir konnten tatsächlich ein Fläschchen Bremsflüssigkeit besorgen. Daraufhin rief ich Robert erneut an. Er begann, mir unverständliche technische Erklärungen durchzugeben, und ich reichte mein Handy schließlich Hilfe suchend an Jonas weiter. Dieser hörte stirnrunzelnd zu und legte schließlich auf. „Weißt du, was er meint?", fragte ich. „Hm, ich denke schon." Jonas füllte die Bremsflüssigkeit auf und begann schließlich, mit seinem Fuß auf die Kupplung einzutreten. „Wir müssen versuchen, den Druck wieder aufzupumpen, bis ich einen Widerstand auf die Kupplung bekomme", stöhnte er. Abwechselnd traten wir also etwa 5 Minuten lang wie wild auf das Kupplungspedal ein. Lange tat sich nichts. Schließlich bildete ich mir ein, es würde nun etwas schwerer gehen. Jonas übernahm, und endlich gelang es ihm tatsächlich, einen Gang einzulegen. Wir waren wieder unterwegs.
Wenig später schossen wir gerade im fünften Gang mit etwa 100 Sachen auf einem zweispurigen Highway an einem Lkw vorbei, als Jonas mich entgeistert anstarrte. „Scheiße, schon wieder dasselbe. Ich kann nicht mehr schalten!" Und was jetzt? Hier konnten wir nicht einfach anhalten. Würden wir langsamer werden, würde der Motor verrecken. Ich kam mir vor wie im Actionfilm „Speed" mit Keanu Reeves. Verzweifelt begann Jonas während der Fahrt mit seinem Fuß auf die Kupplung einzutreten. „Okay, ich glaube, es geht wieder", rief er schließlich schnaufend.
Am selben Tag sollte das Problem noch ein drittes Mal auftreten. Dieses Mal war die Situation allerdings eher lustig als gefährlich. Wir standen gerade in einer größeren Stadt an einer Ampelkreuzung, als Jonas erneut wild am Schaltknüppel rüttelte. Er konnte keinen Gang einlegen, und so blockierten wir die Spur. Uns blieb nichts anderes übrig, als mitten auf der Kreuzung den Warnblinker einzuschalten, die Handbremse zu ziehen und so lange auf die Kupplung einzutreten, bis sich wieder Druck aufgebaut hatte. Daraufhin bekamen

wir das Problem in den Griff, indem wir regelmäßig die Bremsflüssigkeit auffüllten und bei jeder sich bietenden Gelegenheit während der Fahrt die Kupplung durchpumpten.
Schließlich erreichten wir Hervey Bay und informierten uns am Hafen nach möglichen Touren auf Fraser Island am nächsten Tag. Das einzige Angebot lag bei 179 Dollar. Für uns war das eine astronomisch hohe Summe. Wir zögerten. Allerdings waren wir nun extra bis hierher gekommen. Ich wollte die Tour machen und argumentierte, dass ich für solche Erlebnisse mein Geld gerne ausgebe und mir sicher sei, es später zu bereuen, wenn ich Fraser Island nicht gesehen hätte.

Hervey Bay, Australia

Wie man auf Fraser Island Auto fährt

Am nächsten Morgen trafen wir uns am Hafenbüro in Hervey Bay und wurden anschließend mit einem Bus zur Anlegestelle der Fähre nach Fraser Island gefahren.
Fraser war die größte Sandinsel der Welt und für seine wunderschöne Natur und Artenvielfalt berühmt.
Zwar konnte man die Insel auch privat besuchen, der Zugang war allerdings nur in einem Jeep mit Allradantrieb zulässig. Da unser Fahrzeug trotz bester Tuner-Felgen diese Kriterien nicht ganz erfüllte, hatten wir uns für die Tour entschieden. Eine exzellente Entscheidung, wie ich am Ende des Tages glücklich feststellte.
Nach der Ankunft mit der Fähre stieg unsere aus etwa 30 Personen bestehende Gruppe in einen Bus um. Dieser beeindruckte mit einer ästhetischen, türkisblauen Lackierung und war mit vier massiven, traktorähnlichen Reifen ausgestattet. Der Grund für dieses ungewöhnliche Fahrwerk offenbarte sich relativ zeitnah. Auf Fraser Island gab es keine Straßen. Lediglich ein paar holprige Sandwege führten durch den Dschungel, der die ganze Insel bedeckte. „Holprig" stellte dabei noch eine ziemliche Untertreibung dar, denn an manchen Stellen versanken die Räder mehr als einen halben Meter im Boden, um nur wenig später über meterhohe Bodenwellen nach oben zu schießen. Jonas und ich saßen im hinteren Drittel des Busses. So konnte ich zwar die vor uns liegende Strecke nicht einmal erahnen, allerdings ließ sich der Streckenverlauf an-

hand der erstaunten Ausrufe und der umherfliegenden Köpfe im vorderen Busabschnitt gut antizipieren. Es ging teils steil bergauf, der Bus brauste um enge Windungen zwischen jahrhundertealten Urwaldriesen und insgesamt glich die Busfahrt mehr dem Erlebnis in einer Achterbahn. Mein Spaßfaktor wurde noch zusätzlich durch den Fakt multipliziert, dass ich mich auf dem einzigen Sitz mit einem defekten Sicherheitsgurt befand und so bei stärkeren Bodenwellen regelmäßig katapultartig abhob. Hinzu kam unser Busfahrer und Tour-Guide, der einfach eine absolute Legende war. Der Mann war fast 1 Meter 90 groß, Anfang 50 und ein ziemlich massiger Typ mit breiten Oberarmen und beachtlichem Bauchumfang. Auf dem Kopf trug er ein ausgewaschenes Trucker-Cap und eine Piloten-Sonnenbrille, dazu ein beiges Hemd, weite, knielange Shorts und massive Wanderschuhe mit Wollsocken. Am Fahrersitz war ein Mikrofon angebracht, aus dem seine tiefe, markante Stimme quasi permanent durch den Bus schallte. Neben den obligatorischen Informationen zur Vegetation und Geschichte der Insel kommentierte er besonders gern sein eigenes, wildes Fahrverhalten, bejubelte jede Bodenwelle und lieferte obendrein noch Witze am Fließband in seinem sehr speziellen, trockenen Humor.
Ich lachte fast ununterbrochen und insgesamt waren die Busfahrten für mich wahrscheinlich sogar das Beste am ganzen Trip. Allerdings schien ich diese Ansicht mit niemandem zu teilen, denn weite Teile der Reisegruppe machten nach dem Ausstieg an unserem ersten Stopp einen eher verstörten Eindruck.
Hier gab es zunächst ein großes, verrostetes Schiffswrack zu bestaunen, das vor etwa 70 Jahren auf Fraser gestrandet war und als eines der Markenzeichen der Insel galt.
Als Nächstes hielten wir bei Eli Creek. Was zunächst nach einem eher unspektakulären, trüben Tümpel am Strand aussah, entpuppte sich schließlich als schöner, türkis schimmernder Bach, der sich aus dem Inseldschungel kommend durch den Sand schlängelte und am Strand ins Meer mündete. Während einige Kinder mit Schwimmringen um den Bauch im Bach trieben, stapfte ich mit Jonas durchs Wasser, holte mir einen nassen Hintern und schoss Fotos. Am Strand sammelte sich dann das Wasser in einem etwa 200 Meter breiten, hüfthohen Wasserstreifen. Hier traf ich ihn, den ultimativen „Mr. Nice Guy“. Man könnte ihn auch „Mister Aussie“ nennen, denn dieser etwa 60-jährige Mann verkörperte das Aussie-Flair und den dazugehörigen Lifestyle wie kein anderer. Mister Nice Guy trug ein Baseball-Cap, eine schmale, getönte Sonnenbrille, ein schwarzes T-Shirt mit lustigem Aufdruck und eine weite, knielange

Badehose. Inmitten des warmen Creeks hatte er einen Campingstuhl gestellt und saß nun etwa bis zum Bauchnabel im Wasser. Weit zurückgelehnt nahm er eine entspannte, erhabene Haltung ein, hielt in beiden Händen jeweils eine gekühlte Flasche Bier und beobachtete die Enkelkinder beim Spielen. Bei diesem grandiosen Anblick konnte ich gar nicht anders, als auf ihn zuzugehen und ihm grinsend ein High five zu geben. Im typischen Aussie-Slang begrüßte er mich: „Hey, how ya goin', mate?" (etwa: Hey, wie geht's, Kumpel?).
Ich lachte. „Mann, Sie sind einfach der Hammer! Das ist großartig. Ich muss einfach ein Foto machen, ist das okay?" – „He he, klar, Kumpel!" Er grinste und posierte stolz mit seinen beiden Bierflaschen.
Dann setzten wir die wilde Fahrt fort. Der Strand von Fraser Island war tatsächlich offizieller Bestandteil des Highway 1. Hier gab es Schilder, die auf eine Geschwindigkeitsbegrenzung von 80 Stundenkilometern – 80! Am Strand! – hinwiesen. Zudem herrschte reichlich Gegenverkehr. Am Nachmittag suchte ich das Gespräch mit unserem Busfahrer und beglückwünschte ihn für seine herausragenden Witze und sein fahrerisches Können. Lachend antwortete er: „Ja, ich bin davon überzeugt, dass man seinen Gästen in jeder Hinsicht die bestmögliche Unterhaltung bieten muss. Ich überlege mir immer etwas Neues. Abends trage ich meine neuen Witze meistens meiner Frau vor. Die findet sie schrecklich. Ich werde ihr von unserem Gespräch erzählen. Pah!" Als ich ihn auf den Strand-Highway ansprach, erzählte er außerdem eine Anekdote von einem Busunfall, der sich ein paar Wochen zuvor ereignet hatte. Einer seiner Kollegen war mit knapp 100 Sachen über den Strand gerast und hatte dabei eine tückische Bodenwelle übersehen. Der Bus war daraufhin abgehoben, handgestoppte 27 Meter weit geflogen und hatte einen doppelten Achsbruch davongetragen. Niemand war ernsthaft verletzt worden. Der Fahrer hatte natürlich den schlechten Straßenverhältnissen die Schuld gegeben.
Es war der letzte Tag unseres Roadtrips, und so stoppten wir noch schnell an einer Waschanlage und machten uns anschließend auf den Rückweg nach Surfers Paradise.

Es war schon fast 12, als wir bei Greg ankamen. Ich setzte Jonas ab, warf mein Skateboard auf die Rückbank und brachte unseren schicken Wagen zurück zu Robert, dem ich den Autoschlüssel in den Briefkasten warf. Zwar hatte ich unsere Rückkehr mit Greg abgesprochen, allerdings war ihm die Schlafsituation längst aus dem Ruder gelaufen. Kurz vor mir war Philip von einem vo-

rübergehenden Farmjob zurückgekehrt und blockierte nun mein Bett. So wurde Jonas und mir also mitgeteilt, dass wir die Nacht gemeinsam auf einer Luftmatratze in der Mitte des Raumes verbringen mussten. Ich war ziemlich müde und regte mich nicht weiter auf.
Die Gesamtsituation wurde nun allerdings zunehmend untragbar. Mit Philip, Julian, den drei Italienern, Jonas und mir bewohnten wir zu siebt einen Raum, in dem ich Mitte Oktober noch allein gewohnt hatte. Überall lagen Sachen herum und die einzige freie Fläche wurde von einer großen Luftmatratze ausgefüllt.
Mit Jonas verbrachte ich noch zwei Tage bei Greg. In dieser Zeit wurde mir bewusst, wie sehr ich in den vorherigen Wochen in meinen eintönigen, unproduktiven Alltag versunken war und wie gut mir unser kleines Abenteuer getan hatte. Das Leben im Haus übte eine merkwürdige Kraft auf einen aus. So bemerkte auch Jonas nach diesen zwei Tagen, dass er nie zuvor in seinem Leben so faul gewesen war und so viel Zeit im Bett vergammelt hatte.
Wir beide sprachen über Ideen, Zukunftsgedanken und wie wir uns gegenseitig einschätzten. Etwas überrascht stellte ich fest, dass wir uns recht ähnlich waren und viele Gedanken teilten. Unter anderen Umständen hätte sich wahrscheinlich eine tiefere Freundschaft entwickeln können. So allerdings stand fest, dass er schon zwei Tage später den Flug zurück nach Christchurch, Neuseeland nehmen würde.
Am Abend setzte ich Jonas dann am Bahnhof Helensvale ab. Der Zeitpunkt des Abschieds war gekommen. Zum ersten Mal spürte ich hier das wirklich unschöne Gefühl, einen gerade frisch gewonnenen Freund wieder verabschieden zu müssen. Das war ein Szenario, das sich für mich in den nächsten Monaten noch unzählige Male wiederholen sollte. Ständig traf ich neue Menschen, verbrachte ein paar Tage mit ihnen und begann, mich gut mit ihnen zu verstehen. Gerade in diesem Moment trennten sich meist die Wege, da jeder in eine andere Richtung weiterreiste. Dieses ständige Verabschieden war wohl einer der größten Nachteile des Reisens. In den meisten Fällen wusste man ziemlich genau, dass man sich wohl nie wiedersehen würde. So traurig es klingt, aber irgendwie gewöhnte ich mich mit der Zeit daran. Nach Möglichkeit vermied ich es, tiefere Bindungen einzugehen, und die meisten Kontakte waren sowieso auf einem eher oberflächlichen Level. Dennoch nimmt man doch irgendwie aus jeder Begegnung etwas mit und kann von jedem Menschen etwas lernen.

Gold Coast, Australia

Wie man im Alltag versinkt und entkommt

Meine Ausflüge mit Jonas hatten mir ein Stück weit die Augen geöffnet, und so fiel es mir nun zunehmend schwerer, mich wieder auf das gewohnte, eintönige Leben bei Greg einzulassen.
Hinzu kam, dass es bereits Mitte Dezember war und Weihnachten und Neujahr vor der Tür standen. Gerade am Silvesterabend wollte ich unbedingt etwas Besonderes machen. Zudem hatte Greg den Preis mit der Begründung, es sei „Hauptsaison", auf 25 Dollar pro Nacht erhöht. Das wäre ja durchaus akzeptabel gewesen, wenn ich mir nicht nach wie vor den Raum mit fünf anderen hätte teilen müssen, weshalb ich mehr und mehr das Gefühl bekam, dass der gute Mann hier etwas die Kontrolle verloren hatte. Erstmals seit meiner Ankunft in Surfers Paradise Anfang Oktober dachte ich nun wirklich über eine Weiterreise nach.
Ähnliche Gedanken hatten auch Philip und Val. Sie verabschiedeten sich bereits Mitte Dezember nach Sydney, um dort New Year zu feiern und eventuell einen Job zu finden. Ich überlegte lange. Die Aussicht, die Silvesternacht in Sydney zu verbringen und das berühmte Feuerwerk über dem Opernhaus einmal live zu erleben, erschien mir schon ziemlich verlockend. Allerdings wusste ich auch, dass so ziemlich jeder zu dieser Zeit in Sydney sein wollte. So war es fast unmöglich, eine bezahlbare Unterkunft zu finden, und auch die Flüge waren sehr teuer. Schließlich entschied ich mich trotzdem dafür, New Year mit meinen Freunden am Opernhaus zu verbringen. Diese Chance kam nur einmal. Am Morgen des 29. Dezember würde ich für stolze 170 Dollar nach Sydney fliegen.
Bis dahin waren es allerdings noch mehr als zwei Wochen und gerade nach dem Auszug meiner besten Kumpels fühlte ich mich bei Greg nun noch weniger wohl.
Als ich mich bei der Arbeit in den nächsten Tagen wiederholt über die Wohnsituation beschwerte, überraschte mich Sonny mit einem spontanen Vorschlag. „Oh bloody hell, warum ziehst du nicht einfach bei uns ein? Wir haben ein kleines Gästezimmer und wir kennen dich ja. Ich rede noch mal mit Ying, aber ich denke, für 20 Dollar pro Nacht können wir das machen. Außerdem müsste

ich dich dann vor der Arbeit nicht immer noch abholen und wir könnten auch mal spontan zu Jobs starten."
Sonny wohnte mit seiner Frau und zwei kleinen Kindern in einer bescheidenen Wohnung. Ich war nicht besonders scharf darauf, Teil ihres Familienalltags zu werden. Allerdings hatte ich es satt, ein zugemülltes Zimmer mit fünf anderen zu teilen, und das Angebot eines eigenen Zimmers war verlockend. So stand ich also ein paar Tage später mit einer beachtlichen Ansammlung von Gepäck in der S-Bahn und zog kurz darauf bei Sonny und seiner Familie im Zentrum von Surfers Paradise ein.
Sonnys „Gästezimmer" war nur etwa 2 x 4 Meter groß und mit Kindermöbeln und Spielzeug zugestellt. In der Mitte des Raumes hatten sie Platz für eine Matratze geschaffen. Dennoch war es großartig! Nach zwei Monaten hatte ich zum ersten Mal wieder ein Zimmer für mich. Ich hatte eine Tür, die ich hinter mir schließen konnte. Das war ja der Wahnsinn!
Allerdings musste ich meinem Boss und Kumpel nun auch schweren Herzens die Mitteilung machen, dass ich die Gold Coast zum Jahresende verlassen würde und er sich somit einen neuen Mitarbeiter suchen musste. Er nahm es sportlich: „Hm. Okay. Na ja, weißt du, ehrlich gesagt hatte ich mich sowieso schon gewundert, dass du so lange hierbleibst. Aber klar, ich werde einen anderen finden. Und New Year in Sydney? Bloody hell, das würde ich genauso machen!"

In diesem Jahr feierte ich Weihnachten bei 28 Grad und strahlendem Sonnenschein im Freien. Mit Sonny und seiner Familie hatten wir in einem kleinen Park unter Palmen einen großen Grill aufgebaut, auf dem Sonny nun in ausgelassener Stimmung köstliches Fleisch zubereitete. Zwar kam dabei überraschenderweise keine Weihnachtsstimmung auf, und Geschenke gab es auch nicht, allerdings tranken wir reichlich kühles Bier. Und bloody hell, ich feierte Weihnachten in der Sonne Australiens bei einem BBQ am Strand – wer konnte das schon von sich behaupten?!
Nachdem wir in den Tagen nach Weihnachten noch einige Jobs erledigt hatten, näherte sich der Moment des Abschieds. Am 28. Dezember schaute ich noch einmal bei Greg vorbei, verabschiedete mich von den übrigen Hausbewohnern und ließ mir von Julian einen letzten Haarschnitt verpassen.
Am 29. Dezember musste ich um 4 Uhr morgens aufstehen, um mich mit Bahn und Bus auf den Weg zum Gold Coast Airport zu machen. Zusammen mit

Sonny hatte ich eine tolle Zeit mit einem herausfordernden, abwechslungsreichen und dazu noch recht lukrativen Job verbracht. Ich war dem Mann wirklich dankbar und sah in ihm inzwischen mehr einen Freund als einen Boss. Wir verabschiedeten uns draußen auf der Straße, vor seinem Truck stehend. Es fiel schwer, allerdings waren wir harte Möbelpacker und konnten daher natürlich nicht allzu sentimental werden.
Noch emotionaler war für mich aber der Abschied von der Gold Coast am nächsten Morgen. Am 18. September waren Philip und ich völlig planlos in den Flieger in Richtung Down Under gestiegen. Nach den schwierigen ersten Wochen in Melbourne hatte ich mich immer besser zurechtgefunden und mir an der Gold Coast ein neues Leben aufgebaut. Dieser Ort war zu meiner zweiten Heimat geworden. So lief ich im Morgengrauen noch ein letztes Mal durch die Straßen von Surfers Paradise und schoss wehmütig ein paar Fotos. Hier hatte ich fast drei Monate verbracht. Hier hatte ich es mir gemütlich gemacht. Allerdings war das nicht Sinn und Zweck der Sache. Der Trip mit Jonas war gerade rechtzeitig gekommen und hatte mir die Augen geöffnet. Es war an der Zeit, mich selbst aus der berüchtigten Komfortzone herauszuholen, und zwar mit einem kräftigen Tritt in den Allerwertesten.
So saß ich nun um 7.30 Uhr auf Sitz 4C des Jetstar-Flugs JQ403 nach Sydney. Jetzt ging es erst richtig los. Es war Zeit für ein neues Abenteuer.

Teil 2 – 01 - 03 / 2017

Sydney, Australia

Wie man sein Leben neu ausrichtet

Es war etwa 11.30 Uhr und ich stand tief in Gedanken versunken auf dem Eastern Suburbs Memorial Park, einem der größten Friedhöfe im Süden Sydneys. Ich hatte mir einen Schlafplatz in der südlichen Vorstadt organisiert und war schon am Vormittag angekommen. Hier konnte ich fünf Nächte kostenlos unterkommen und hatte beschlossen, zunächst die umliegende Gegend zu erkunden. Meine Erkundungstouren verliefen immer nach dem gleichen Muster. Ich schnappte mir mein Skateboard und fuhr einfach los in die Richtung, die am interessantesten aussah. Nie zuvor hatte ich dabei auf einem Friedhof Halt gemacht. Warum auch? Aber heute war etwas anders. Schon beim Vorbeifahren hatten die alten Mauern eine merkwürdige Anziehungskraft auf mich ausgeübt. Und so stieg ich ab und näherte mich über die breite Hauptstraße. Ohne nachzudenken kletterte ich durch eine schmale Öffnung in der Friedhofsmauer. Es fühlte sich richtig an. Für einen Moment dachte ich, ich hätte die Pforte nach Narnia durchschritten. Hatte ich eben noch auf einer geschäftigen Straße gestanden, bot sich mir nun eine komplett veränderte Szenerie. Schon der erste Eindruck hatte mich vollständig in seinen Bann gezogen. Ich befand mich auf einem betonierten, von schmalen Hecken umgebenen Weg und die Umgebung strahlte eine unglaubliche Ruhe aus. Auf beiden Seiten befanden sich unzählige Gräber, die in ordentlichen Reihen angeordnet waren. Nie zuvor hatte ich einen derart gigantischen Friedhof gesehen. Selbst über die umliegenden Hügel erstreckten sich Tausende Grabsteine bis an den Horizont. Erst jetzt bemerkte ich, dass hier weit und breit keine anderen Menschen waren. Langsam lief ich umher und ließ die Szenerie auf mich wirken. Dieser Ort hatte eine ganz besondere, unglaublich intensive Ausstrahlung. Irgendwann begann ich, die Inschriften auf einigen Grabsteinen zu lesen. Einige von ihnen trugen vergilbte Schwarz-Weiß-Fotografien. Viele zeigten Kinder und Jugendliche. Bei diesem Anblick verfiel ich zunehmend in eine wirklich merkwürdige Stimmung. Hier lagen junge Männer, die nicht einmal so alt geworden waren wie ich. Was wäre, wenn auch ich viel zu jung sterben würde? Mir stiegen Tränen in die Augen, als mir endlich etwas klar wurde.

Mein bisheriges Leben hatte ich größtenteils damit verbracht, zur Schule zu gehen und das zu tun, was andere mir gesagt hatten, was Lehrer, Freunde, Eltern und Freundin erwarteten. Warum? Welchen Zweck hatte das, wenn wir alle früher oder später sowieso unter der Erde endeten? So viele Menschen steckten die meiste Zeit ihres Lebens in einem Job, den sie nicht mochten, verbrachten die Jahre mit einem Partner, den sie nicht mehr liebten, und richteten ihre Energie darauf, Menschen zu beeindrucken, die sie nicht einmal leiden konnten. Warum war das so? Ich überlegte lange. Sollte man nicht lieber ein Leben führen, in dem man etwas wagte, Sachen ausprobierte, Träumen nachging und vor allem einfach genau das tat, worauf man gerade Lust hatte? Ein Leben, das kribbelte. Ein Leben, in dem man sich etwas traute. Ein Leben, das lebendig war.

Zwischen all den Grabsteinen nahm ich mir nun endlich vor, mein Leben zukünftig selbst in die Hand zu nehmen, immer wieder Neues zu probieren, Herausforderungen zu suchen und mich möglichst oft in dem aufregenden und beängstigenden Bereich außerhalb meiner Komfortzone aufzuhalten.

„If something excites you and scares you at the same time, it might be a good thing to try."

Den Rest meiner Reise wollte ich nach diesem Motto gestalten. Wenn du etwas aufregend und gleichzeitig beängstigend findest, dann solltest du wahrscheinlich genau diese Sache probieren.

Wie man einen Drogendealer trifft

(Hinweis an Oma Carmen: Dieses Kapitel bitte überspringen!)

Ja, Freunde, mein neues Motto führte mich direkt in die Fänge eines Drogendealers.

In der draufgängerischen Stimmung der letzten Wochen hatte sich meine Einstellung auch zu diesem Thema etwas geändert. Ich war ja nun mal hier, um möglichst viele neue Sachen auszuprobieren. Warum nicht also auch ein paar undefinierbare Chemikalien. Mann, die New-Year-Party in Sydney ist ja wohl der perfekte Anlass, um da mal ein paar lustige Pillen einzuwerfen, so unsere allgemeine Übereinstimmung. Genau genommen hatten wir uns für die Partydroge MDMA entschieden, die ähnlich wie Ecstasy wirken sollte. Zur Wirkung ließ ich mir von ein paar selbst ernannten und natürlich absolut seriösen Experten versichern, dass das Mittelchen absolut ungefährlich sei. Laut streng ver-

traulicher Expertenmeinung ließe die besagte Substanz den Konsumenten bei klarem Kopf bleiben und würde ihn in eine mehrstündige Euphorie versetzen, ihm Energie liefern und ihn sehr kontaktfreudig werden lassen. Auf dem Papier klang das also nach einem freundlichen Wundermittel.
Nun musste die hoch angepriesene Arznei aber erst einmal beschafft werden. Irgendwie hatte mein Kumpel einen mysteriösen MDMA-Hehler ausfindig gemacht und den Kontakt an mich weitergeleitet. Ich hatte vorher noch nie mit einem Drogendealer zu tun gehabt und stellte mir diesen als schmierigen Ganoven mit schwarzem Ledermantel vor. Der Mann war Franzose und bot sogar eine kostenlose Kaufberatung über Facebook an. In aller Seriosität entschied ich mich letztlich für die niedrigste Dosis von 100 Milligramm. Eine solche Pille kostete bei meinem Kontakt 25 Dollar. Deal!
Um die Mittagszeit schrieb mir der mysteriöse Ganove dann: „Triff mich im YHA Central, Bro."
An dem Hostel im Zentrum angekommen, nahm ich erneut Kontakt auf: „Bin unten in der Lobby, Kumpel." Aufgeregt saß ich auf einem Sessel und bemühte mich um einen möglichst unscheinbaren Eindruck, während ich auf seine Antwort wartete. Gleichzeitig kam es mir so vor, als würde jeder Einzelne hier mich beobachten. Mir schlug das Herz bis zum Hals. Ich fühlte mich wie im Gangsterfilm. Dann schrieb er: „Komm in die 5. Etage, Bro." Mit dem Lift fuhr ich nach oben. Die Fahrstuhltür öffnete sich. Weit und breit konnte ich niemanden erblicken. Also schrieb ich erneut: „Welches Zimmer, Bro?" Keine Antwort. Ich saß nun schon 10 Minuten im Gang herum und fragte mich, was hier eigentlich vor sich ging. Schließlich vibrierte es endlich in meiner Hand: „Bin jetzt in der 4. Etage. Warte beim Lift auf mich!" Ich kam mir vor wie Marlon Brando in „Der Pate" und stieg erneut in den Aufzug. Wieder war niemand zu sehen. Als ich schon überlegte, lieber die Fliege zu machen, bemerkte ich eine Hand, die mir aus einem Türschlitz heraus zuwinkte. Ich folgte dem Signal und betrat einen kleinen Computerraum. Hier entdeckte ich ihn schließlich, meinen französischen Freund. Vor mir saß grinsend ein kleiner, unscheinbarer Typ mit zwei Kumpels. Aus dem Handy der drei Jungs schallte lustige Rapmusik. Nicht mal einen Ledermantel trug der Kerl. Auf einmal fühlte ich mich nicht mehr wie Marlon Brando. Wir begrüßten uns wie zwei alte Schulkameraden und führten noch ein nettes Schwätzchen, ehe der ominöse Deal endlich über die Bühne ging. Das Corpus Delicti wurde übergeben. Nervös ließ ich die kleine

Pille in einer Taschentuchpackung verschwinden und machte mich eilig aus dem Staub.

Nun will ich euch natürlich auch die Wirkung der dubiosen Substanz nicht vorenthalten. Freunde, es war ein ziemlicher Reinfall. Ich verbrachte die Nacht mit meinen beiden Kollegen von der Gold Coast auf einer Flussterrasse mit Blick auf die Harbour Bridge. Um kurz vor Mitternacht war dann endlich die Zeit für die Einnahme unserer Wundermittel gekommen. Gespannt grinsend warteten wir auf den Moment, in dem uns das Präparat endlich in die südliche Hemisphäre katapultieren würde. Meinem Kumpel erging es da ähnlich, und so standen wir etwa eine halbe Stunde lang einfach unschlüssig herum. Dann hob er plötzlich den Kopf, schaute mich an und rief: „Wow, wow, wow, es geht los!" Er grinste, lief etwas verträumt umher und stoppte schließlich neben einem Baum. „Mann, schau dir das mal an, das ist doch wunderschön! Oh Wahnsinn, ich habe noch nie so etwas Schönes gesehen." Geschlagene 20 Minuten stand der Kollege in der Folge an dem Baum und betastete liebevoll dessen Äste. Vor allem die Blätter hatten es ihm angetan. Diese streichelte und massierte er mit den Fingern und hatte dabei einen Ausdruck im Gesicht, den ich zuletzt nicht einmal mehr bei meiner Freundin gesehen hatte. Auch wenn es sich hierbei tatsächlich um ein recht anmutiges Gewächs handelte, konnte ich der Euphorie nichts abgewinnen. Während ich meinen Kumpel weiterhin teils amüsiert, teils frustriert beobachtete, stellten sich bei mir auch nach mehr als 90 Minuten keinerlei Auffälligkeiten ein. Das war merkwürdig, denn wir hatten die gleiche Dosis gewählt. Ich hatte die legendäre Silvesternacht in Sydney von irgendeiner dämlichen Pille abhängig gemacht und war inzwischen wirklich genervt. Das hatte ich mir alles ganz anders vorgestellt. Irgendwann konnte ich die Sache endlich abhaken und bekam nach ein paar Drinks allmählich wieder bessere Laune. Nach etwa zweieinhalb Stunden gab es dann doch noch den Spätzünder. Die Amphetamin-Rakete schoss mich allerdings nicht in die von meinem Freund erreichte Erdumlaufbahn, sondern lediglich in einen äußeren Bereich der Troposphäre. Kurz danach entstand ein sehr interessantes Handyvideo, das uns beide in fröhlichem Geisteszustand feiernd zu den Klängen französischer Tanzmusik zeigt. Alors en Danse! Letztlich gehörte diese Erfahrung nicht unbedingt zu meinen lichtesten Momenten.

Philip wollte in Sydney bleiben, um sich nach Arbeit umzuschauen. Von allen Großstädten Australiens war Sydney für mich definitiv die spektakulärste, abwechslungsreichste und sehenswerteste. Trotzdem oder gerade deswegen konnte ich mir nicht vorstellen, länger als ein paar Tage in der Stadt zu bleiben. Das Leben hier war wirklich extrem hektisch. Auf der Straße kam es mir oft so vor, als würden viele Menschen, gerade in der Innenstadt, wie gestresste Roboter ferngesteuert umherlaufen und ihre Umwelt kaum wahrnehmen. Mit der entspannten Atmosphäre an der Gold Coast hatte das wenig zu tun.
Somit entschied ich erstmals wirklich bewusst, von nun an allein weiterzuziehen. Das war der nächste große Schritt. Ihr wisst schon, raus aus der Komfortzone. :)

Wie man den ultimativen Reiseguru findet

Allein weiterziehen. Aber wohin eigentlich?
Ich musste mir Gedanken machen, denn schon im Februar würde Mama mich besuchen kommen. Und zwar in Perth. Das lag 4000 Kilometer von Sydney entfernt an der Westküste und damit nicht gerade in nächster Nachbarschaft.
In den großen Backpacker-Gruppen auf Facebook gab es viele coole Leute mit vielen coolen Ideen. Stundenlang überflog ich hier tausendundeinen Post, ehe es, frei nach Klaus Lage, schließlich „Zoom“ machte! Die Anzeige eines Spaniers, auf die ich gestoßen war, schien perfekt. Das war der Knaller! Der Kerl hieß Diego, bezeichnete sich selbst als erfahrenen Reisenden und beschrieb hier nun in großen Worten und spektakulären Bildern einen Roadtrip, den er Anfang Januar starten wollte. Der gute Mann wollte mit seinem Wagen eine zweiwöchige Tour von Sydney nach Perth zurücklegen und suchte drei abenteuerlustige Begleiter. Allerdings wusste ich, dass derartige Angebote in der Regel die Aufmerksamkeit Dutzender Backpacker auf sich zogen. Augenblicklich schrieb ich ihm: „Hey Diego, ich würde sehr gern bei deinem Roadtrip nach Perth dabei sein, wenn du noch einen freien Platz hast. ☺“
Diego antwortete bereits nach etwa 10 Minuten: „Ey Marcel. Jemand hat gerade abgesagt. Aber ich hatte noch einen anderen in der Warteliste. So oder so, ich habe nur einen freien Sitz von Melbourne nach Perth. Möchtest du von Melbourne aus starten?“ Zunächst reagierte ich etwas enttäuscht. Dann überlegte ich. Wenn ich es bis zum 5. Januar nach Melbourne schaffte, konnte ich, wie es

aussah, dabei sein. Machbar war das sicher, und die Idee eines solchen Roadtrip-Abenteuers hatte mich ohnehin schon gepackt.
Am nächsten Tag war ich um die Mittagszeit mit dem Skateboard unterwegs, als sich Diego erneut meldete.
„Ey Marcel, bist du da?"
„Ja, hey Diego!"
„Ich habe jetzt etwas Zeit und möchte dir alles erklären."
Der Spanier schrieb mir, dass ich sicher dabei sei. Als Bedingung müsse ich es allerdings rechtzeitig nach Melbourne schaffen und nun möglichst auf der Stelle zusagen. Zunächst überhäufte er mich aber noch mit einem gigantischen Schwall an Informationen. In den nächsten 10 Minuten tippte er sage und schreibe 35 Nachrichten.
Hier nun die Kurzfassung: Für den Trip plante der gute Mann etwa 6000 Kilometer ein. Dabei ging es ihm ganz um die Begegnung mit der Natur. Partys und Städtetouren würde es keine geben. Man benötigte ein eigenes Zelt und eine Campingausrüstung. Diego war fest entschlossen, während des gesamten Trips keinen Dollar für Unterkünfte auszugeben. Demzufolge würden wir die Nächte irgendwo im Busch verbringen. Morgens wollte Diego früh aufstehen und abends umso eher schlafen gehen. Auf dem Programm standen zahlreiche Wanderungen und möglichst viele Tierbeobachtungen. Diego garantierte sogar Kängurus, Koalas und Emus und versprach gute Chancen auf Begegnungen mit Schlangen, Seelöwen, Rochen, Pinguinen, Haien, Kamelen und Bilbies – was auch immer das war. Sämtliche Kosten wollte er zusammen mit den anderen Mitreisenden durch vier teilen. Für den kompletten Trip veranschlagte der Spanier 350 bis 400 Aussie-Dollar – etwa 300 Euro. Als der Kerl am Ende noch angab, sogar schon einmal um ganz Australien gereist zu sein, ohne dabei einen einzigen Dollar für Unterkunft ausgegeben zu haben, formte sich in meinem Kopf zunehmend das Bild eines Reisegurus. Diego kannte nach eigener Aussage alle sehenswerten Orte sowie einige Geheimtipps und Möglichkeiten, wilde Tiere aufzuspüren.
Schließlich überlegte ich nicht lange und sagte zu. Ich entschied mich für einen Roadtrip mit drei Fremden durch halb Australien und hatte noch nicht einmal eine Ahnung, wie ich von Sydney nach Melbourne kommen sollte.
Na das klang doch mal nach einem zünftigen Abenteuer!

Wie man einem Kettensägenmörder entkommt

Zunächst einmal war klar, dass ich Sydney spätestens am 4. Januar verlassen musste, um rechtzeitig zu Beginn des Roadtrips mit Diego in Melbourne zu sein. Etwa 900 Kilometer trennten die beiden Städte, und Flüge waren unbezahlbar. Letztlich versuchte ich es wieder mit einer Anzeige auf Facebook.
Schon wenig später erhielt ich eine Nachricht von einer offensichtlich verwirrten Chinesin: „Hi Marcel. Wirst du fahren nach Melbourne an Januar 2? Kann ich die Benzingebühr mit dir teilen, bitte?" Ich hatte zunächst keine Lust, überhaupt darauf einzugehen, verfasste schließlich aber doch eine Nachricht, in der ich sie höflich darauf hinwies, dass ich nicht selbst fuhr, sondern ebenfalls nach einem Fahrer suchte. Die Freundlichkeit machte sich bezahlt, denn wenig später antwortete sie: „Oh, sorry :P. Ich fand einen. Er gab mir seine Nummer. Wo wohnst du jetzt?" Von dieser Wendung war ich überrascht. Die Dame erklärte mir, sie habe über Facebook einen Fahrer gefunden, der am 3. Januar mit seinem brandneuen BMW von Sydney nach Melbourne unterwegs sei, noch zwei Sitze frei habe und dafür nur 50 Dollar verlange. Alles klang ganz gut, erschien mir aber auch reichlich suspekt. So fragte ich die Chinesin nach der Telefonnummer dieses ominösen BMW-Fahrers, um sicherzugehen, ob ich mich auch wirklich darauf verlassen konnte. Kurz darauf telefonierte ich mit einem Kerl, der sich mir als Mark vorstellte. Er erklärte mir: „Hey Kumpel! Pass auf, das läuft folgendermaßen: Ich wohne in Melbourne und habe mir jetzt im Internet diesen geilen BMW in Sydney gekauft. Mann, den musst du sehen! Heißes Teil, ganz in Weiß, cremefarbene Ledersitze und schicke Felgen! Ich fliege also am Dienstag früh nach Sydney, hole das Gerät ab und fahre auf direktem Weg zurück nach Melbourne. Und ja, ich weiß doch, dass ihr Backpacker immer nach Mitfahrgelegenheiten sucht, und habe jetzt einfach mal eine von diesen Facebook-Gruppen probiert. Ist schließlich für mich auch ganz nett, so spare ich mir das Benzingeld, hehe! Ich will möglichst schnell zurück und das Teil meiner Frau vorführen, also machen wir keine Stopps für irgendwelche verdammten Sehenswürdigkeiten. Die Strecke ist eh scheißlangweilig, da verpasst du nichts, Kumpel! Ich denke, wir brauchen so 9 Stunden und sind gegen 18 Uhr in Melbourne." Diese Erklärung reichte mir schon, jedoch fand der gute Mann einfach kein Ende. Ich hatte mich am Anfang in etwa drei Sätzen kurz vorgestellt und war seither kaum noch zu Wort gekommen. Mark schwärmte weiterhin begeistert von seinem BMW und gab mir eine ausführliche Beschrei-

bung der Innenausstattung, der geplanten Fahrtroute sowie der umliegenden Landschaft. Er berichtete von seinem Job als Security-Chef und schweifte letztlich sogar in die Politik ab. Nach mehr als 15 Minuten legte ich erleichtert auf. Dieser Kerl schien zwar etwas anstrengend zu sein, bot jedoch eine unschlagbar günstige Mitfahrgelegenheit nach Melbourne. Ich hatte bei der Sache keine Bedenken. Als ich auflegte, bemerkte ich zehn neue Nachrichten der Chinesin Sky. „Hey Marcel. Hast du mit ihm geredet? Ist alles okay? Was denkst du? Ich habe noch mal über deine Äußerung nachgedacht, ob man sich auf ihn verlassen kann. Ich weiß nicht. Über was habt ihr gesprochen?" Noch bevor ich antworten konnte, rief sie mich an. Am Telefon überschlug sich das Mädel fast. „Du bist doch auch noch so jung. Wie kannst du wissen, dass man sich auf ihn verlassen kann? Die Adresse, an der wir ihn treffen sollen, ist überhaupt kein BMW-Händler. Ich habe kein gutes Gefühl bei der Sache. Am Telefon redet er die ganze Zeit und will das Gespräch dominieren. Auf seinem Facebook-Profil hat er ein Bild mit einer Waffe." Ich konnte sie kaum beruhigen und ließ mich kurzzeitig sogar von ihrer Nervosität anstecken. Nach dem Telefonat ordnete ich meine Gedanken und besprach das Ganze mit Jordain, meinem Gastgeber in Sydney. Er schaute mich etwas schief an und brach dann in Gelächter aus. „So ein Bullshit! Du hast doch mit dem Typen telefoniert, der wird dich wohl kaum vergewaltigen, haha!" Als mir Sky dann noch einen Link zu einem Wikipedia-Artikel über einen „Backpacker-Mörder" aus den 80er Jahren schickte, stimmte ich in Jordains Lachen ein. Nun wollte ich aber sichergehen und hatte Mark kurz darauf erneut am Apparat. „Hey Mark, du hast nicht vor, mich umzubringen, oder?" Es folgte ein kurzer Moment der Stille, dann: „Was?" – „Na hör mal, Kumpel, du glaubst nicht, was mir gerade passiert ist", fuhr ich fort. „Diese Chinesin hat mich angerufen. Mann, ich denke, die ist durchgedreht. Die glaubt, du bist ein verrückter Backpacker-Mörder und willst uns alle umbringen." Falls er wirklich einer war, ließ er es sich zumindest nicht anmerken. Mark lachte. „Scheiße, Kumpel, was ist das denn?! Ich weiß nicht, was ich dazu sagen soll. Ich will mir hier doch nur etwas Spritgeld dazuverdienen, das ist alles." Entweder spielte dieser Mann ein cleveres Spielchen mit mir, oder er war wirklich nur auf Spritgeld aus. Ich glaubte an Letzteres und stieg ein. 50 Dollar, Freunde! Für eine Mitfahrgelegenheit nach Melbourne in einem schicken BMW war das insgesamt doch ein guter Deal. Zumindest sofern ich die Fahrt überlebte.

Überraschend hatte es Mark dann aber doch nicht auf unsere Eingeweide abgesehen und setzte mich am Abend des 3. Januar bei bestem Wohlbefinden in Melbourne ab.

Es gehörte zu den wesentlichen Begleiterscheinungen im Leben eines Backpackers, in sämtlichen Orten lockere, verstreute Freundschaften anzusammeln. Davon sollte ich nun zum ersten Mal wirklich profitieren. Denn bis zum Start des Roadtrips galt es, zwei Nächte zu überbrücken, für die ich eine akzeptable Schlafmöglichkeit suchte.
Zu den etwas tieferen Beziehungen zählte die Freundschaft zu den beiden Franzosen Frédéric und Paul, mit denen ich Anfang November mein Zimmer in Brisbane geteilt hatte. Die beiden waren echt gute, lustige Jungs, und so waren wir auch in der Folge weiterhin in Kontakt geblieben. Daher wusste ich, dass beide nun schon seit einigen Wochen in Melbourne lebten. Hier hatten sie einen Job gefunden und ein Appartement gemietet, in dem ich nun gern gesehener Gast war. Als Mark mich nach einer zermürbenden Autofahrt am Abend fast genau vor der Haustür meiner Freunde absetzte, stellte ich überrascht fest, dass sich ihr Appartement am oberen Ende der Queen Victoria Markets befand. In dieser Markthalle hatte ich in einer kalten Septembernacht meine ersten, ungeschickten Skateboardversuche unternommen.
Während wir wenig später gemeinsam durch die Straßen Melbournes liefen, wurde es noch verrückter. Ich stellte ungläubig fest, dass wir uns durch exakt dieselben Straßen bewegten, in denen ich mit Philip meine allerersten Stunden in Australien verbracht hatte. Tatsächlich steuerten Fréd und Paul letztlich sogar genau den Aldi-Markt an, in dem wir an unserem ersten Tag unseren ersten Einkauf getätigt hatten. Das war mittlerweile dreieinhalb Monate her. Es war ein sehr merkwürdiges und gleichzeitig großartiges Gefühl, als all diese Erinnerungen aus den ersten Tagen noch einmal auf mich einströmten.
Bevor der Diego-Trip startete, besorgte ich mir in Melbourne noch einen Schlafsack, eine dünne, aufblasbare Schlafmatte in einem schickem Blauton und ein giftgrünes Wurfzelt für zwei Personen, das dazu noch in einer formschönen Tragetasche daherkam. Es machte zwar keinen besonders wetterfesten Eindruck, allerdings war mit größeren Stürmen und Regenfällen zu dieser Jahreszeit in Australien nicht zu rechnen. Darauf spekulierte ich jedenfalls. Vielmehr freute ich mich schon auf die Momente, in denen sich die anderen beim allabendlichen Zeltaufbauritual abmühen würden und ich dagegen, ganz im Stile

eines coolen Campingprofis, mein Zelt mit einer lässigen Handbewegung in die Wiese warf. Ihr seht, Freunde, ich war bereit für das nächste Abenteuer!

Wie man einen Roadtrip über 6000km macht

Am späten Nachmittag des 5. Januar fuhr Diego mit seinem weinroten Toyota Camry bei meinen französischen Freunden im Herzen von Melbourne vor. Das Auto, in dem ich von nun an den Großteil meiner Zeit verbringen sollte, war nach den Kriterien eines Backpackers sogar ziemlich schick. Diegos Toyota war gepflegt, recht geräumig und verfügte über eine Automatikschaltung und helle Sitze mit flauschigen Bezügen, die einen ausgezeichneten Sitzkomfort boten. Es war eine merkwürdige Situation, in ein Auto mit fremden Menschen zu steigen und zu wissen, dass ich mit dieser Gruppe in den nächsten beiden Wochen mein komplettes Leben teilen würde. Ich war zunächst ziemlich nervös und um einen guten Eindruck bemüht, stellte aufgeregt Fragen und versuchte dabei möglichst locker und witzig zu wirken. Am Steuer saß Diego, ein 30-jähriger Spanier mit kurzen dunklen Haaren und hagerem Körperbau. Er hatte ein schmales, gebräuntes Gesicht, dunkle Augen und sprach mit ruhiger Stimme in gutem Englisch. Auf dem Beifahrersitz befand sich Thomas, ein 19-jähriger Holländer mit längeren, hellen Haaren. Er war etwa 1 Meter 85 groß und hatte auch sonst einen dem meinen nahezu identischen, kräftigen Körperbau. Auf der Rückbank rechts neben mir saß eine Französin mit dem wohlklingenden Namen Lyselore – wir nannten sie Lys. Sie war Mitte 20, schlank, hatte blondes Haar und trug eine Brille. Ohne übermäßig hübsch zu sein, bezauberte sie mich mit ihrem starken französischen Akzent. Natürlich wusste ich an dieser Stelle umgehend mit meinen Sprachkenntnissen zu glänzen: „Oh, bonjour mademoiselle!"
Noch in Melbourne tätigten wir unseren ersten Großeinkauf. Diego verfügte über eine Pfanne, einen Kochtopf und einen kleinen Gaskocher, auf dem wir fortan unser Essen zubereiten würden. Alle 2 bis 3 Tage planten wir unsere bevorstehenden Mahlzeiten, gingen in einen Supermarkt und besorgten alle nötigen Zutaten. Üblicherweise ernährten wir uns morgens von Bananen, Toast mit Nutella und Marmelade, mittags gab es Brötchen oder Wraps mit Salat und Wurst und abends Nudeln mit Thunfisch, Linsen oder Tomatensoße.
Die erste Nacht verbrachten wir noch ganz unspektakulär auf einer Art Rastplatz etwa 40 Kilometer außerhalb Melbournes. Direkt neben einer Tankstelle

am Highway gab es eine von Bäumen umgebene Wiese, auf der man bequem parken konnte. Offensichtlich wollten auch einige andere Menschen in ihren Campingmobilen die Nacht hier verbringen. Wir entschieden uns für einen Platz am hinteren Ende des Zaunes, wo wir das Auto parkten und bei einem tollen Sonnenuntergang unsere Zelte aufstellten. Schelmisch grinsend wollte ich die anderen nun endlich mit meinem bequem aufstellbaren Wurfzelt beeindrucken. Während ich in Gedanken schon die lässige Handbewegung einstudierte und die Tragetasche öffnete, wurde dieser Plan allerdings jäh zerstört. Das Zelt hatte offenbar unter einem unwahrscheinlichen Druck gestanden. In dem Moment, als ich es nun zum ersten Mal herauszog, explodierte es buchstäblich in meinem Gesicht.

Nachdem ich mich kurz gesammelt hatte und alle Zelte erfolgreich im Boden befestigt waren, machten wir uns endlich an die Zubereitung unserer ersten gemeinsamen Mahlzeit. Zur Feier dieses Anlasses hatten wir uns für selbst gemachte Känguru-Burger entschieden. Als wir schließlich die Köstlichkeit verzehrten, kamen wir erstmals richtig ins Gespräch mit unserem Cheforganisator Diego. Er war ein ruhiger und ausgeglichener Typ, der sich nur auf meine neugierigen Fragen hin einige Informationen entlocken ließ. Der Spanier reiste bereits seit 12 Jahren permanent in der Welt herum, hatte Länder besucht, von denen ich noch nie etwas gehört hatte, und strahlte eine beeindruckende Ruhe und Selbstsicherheit aus. Er erklärte, er lade gerne andere Menschen ein, ihn auf seinen Reisen zu begleiten, da es dann interessanter werde und man sich in die Kosten teilen könne. Außerdem hatte Diego offensichtlich Spaß an der Rolle des Reiseleiters und nahm diese auch auf unserem Roadtrip gern ein. Er war dieselbe Strecke vor einem Jahr schon einmal gefahren, kannte sich daher gut aus und zeigte uns auf einer handgemalten Karte der Südküste Australiens alle von ihm anvisierten Ziele. Tatsächlich hatte dieser Kerl alle sehenswerten Orte eingetragen und besonders hervorgehoben, wo man welche Tiere beobachten konnte. Zu den eingetragenen Punkten gehörten Wasserfälle, pinke Seen, eine Seelöwenkolonie, ein Koalawald, die Great Ocean Road, Nationalparks, ein Emuhügel, ein Tal mit gigantischen Bäumen, eine Stachelrochenbucht und die berühmte Pinguininsel kurz vor Perth. Als Diego von all diesen Dingen erzählte, wurde ich unglaublich aufgeregt, und auch die anderen stimmten zu, wie sehr sie sich auf den Trip freuten.

Thomas und ich waren die beiden Jungs im Team und fühlten uns von Beginn an irgendwie zusammengehörig. Ebenso wie ich war auch Thomas nach dem

Schulabschluss zu einem Auslandsjahr aufgebrochen, hatte dieses aber vor wenigen Wochen erst begonnen. Wir trieben gern unsere Späße und wurden schnell Kumpels.
Eine gute Voraussetzung für einen zweiwöchigen Roadtrip war meine grundlegende Abneigung gegenüber dem Zelten natürlich nicht. Dementsprechend empfand ich auch meine erste Nacht im Freien als eher furchtbar. Mit einem Bündel T-Shirts, die ich mir als Kopfkissen zurechtgelegt hatte, und der dünnen Schlafmatte konnte ich auf dem holprigen Boden nicht gerade von gehobenem Schlafkomfort sprechen. Hinzu kamen die Geräusche des anliegenden Highways und das Licht der Tankstelle, das mein Zelt erleuchtete. In der Nacht wachte ich auf, schlief ein, wachte wieder auf und verzweifelte zunehmend an der Aussicht, nun zwei Wochen so verbringen zu müssen.
Wie sich am nächsten Morgen herausstellte, war es auch den anderen nicht besser ergangen. Besonders Thomas fluchte über seine dünne Isomatte. Grinsend erklärte Diego vielsagend: „Die erste Nacht ist immer die schlimmste. Heute wird es besser, da werdet ihr garantiert erschöpft sein."

Nach etwa zwei Stunden Fahrt stand am nächsten Tag die erste Wanderung an. Wir parkten auf einer Art Grillplatz und folgten einem schmalen Pfad in einen freundlichen, sonnigen Wald. Dieser wurde nach einer halben Stunde immer dichter. Schließlich stapften wir durch einen tiefgrünen Dschungel. Nach gut einer Stunde erreichten wir die Kalimna Falls. Hier führte ein schmaler Steg über einen mit Farnen bewachsenen Sumpfboden durch das Dickicht zu einer kleinen Holzplattform. Wir waren weit und breit die einzigen Menschen. Zwischen Bäumen hindurch konnte man hinter einigen riesigen Felsbrocken einen etwa 10 Meter hohen Wasserfall erahnen. Als echte Naturburschen und Abenteurer gaben wir uns mit diesem Anblick natürlich nicht zufrieden, überwanden das Geländer und bahnten uns einen Weg durch das Gehölz und über einige massive Felsbrocken bis heran an den Wasserfall. Direkt daneben lagen zwei urzeitliche Felsbrocken, die mindestens 6 bis 7 Meter hoch waren. Thomas und ich, die es als Erste bis dorthin schafften, hatten im Anschluss wohl denselben Gedanken und versuchten, an dem rutschigen Gestein nach oben zu klettern. Dies war durchaus tückisch und möglicherweise auch etwas gefährlich (Hinweis an Oma Carmen: Keine Sorge, so schlimm war es nicht!). Schließlich schafften wir es ohne körperliche Schäden bis auf die Spitze des hinteren Urgesteins, wo sich uns wenig später auch Diego anschloss. Hier oben sprühte

einem das Wasser ins Gesicht. Sich bei Temperaturen um die 30 Grad nach einer harten Wanderung mitten im Dschungel auf einem riesigen Felsen stehend das Wasser eines Wasserfalls ins Gesicht spritzen zu lassen – das konnte man mal so machen. Und auf einmal war ich mittendrin im Roadtrip Adventure.
Am Nachmittag begaben wir uns endlich auf die legendäre Great Ocean Road, eine 243 Kilometer lange Straße entlang der Südküste Australiens. Von dieser hatte ich vorher schon oft als die schönste und spektakulärste Küstenstraße der Welt gehört. Und tatsächlich hielt die großartige Ozeanstraße, was ihr Name versprach. Schon im ersten Abschnitt führte sie zweispurig an prächtigen Stränden entlang, wand sich hinauf an steilen Felskliffen und bot dabei fast permanent einen tollen Blick auf den tiefblauen Ozean.
Unsere abendlichen Schlafplätze spürte Diego immer mit der legendären Handy-App „CamperMate" auf. Hier waren ALLE möglichen und unmöglichen Orte eingezeichnet, an denen man kostenlos ein Zelt aufstellen durfte. Zusätzlich konnte man noch nach möglicher Ausstattung wie Mülleimern (meistens), Duschen (selten) und WLAN (nie) filtern.
Es gehörte zur Natur der Sache, dass uns die nächste Markierung für einen kostenlosen Campingplatz nun etwa 20 Kilometer entfernt mitten ins Nichts führte. Wir folgten einer schmalen, holprigen Straße, die uns immer tiefer in einen dichten Wald hineinführte. Schließlich entdeckten wir im Licht der Scheinwerfer zwei Autos, die auf einer kleinen Lichtung geparkt waren. Bei absoluter Schwärze mühten wir uns nun, unser Nachtlager einzurichten. Meine komplette, eher weniger professionelle Campingausrüstung war für laue australische Sommernächte ausgerichtet. So stellte ich bereits am Abend besorgt fest, dass es hier in den Tiefen des undurchdringlichen Buschwerks wesentlich kälter werden würde als angenommen. Dennoch war ich von dem intensiven Tag so erschöpft, dass Diego recht behalten sollte – die erste Nacht blieb die schlimmste.

Auch die Rollen im Auto, in dem wir nach wie vor den Großteil unserer Zeit verbrachten, waren nun zunehmend klar verteilt. Am Steuer saß Diego, der erfahrene Organisator und Kopf der Unternehmung. Auf dem Beifahrersitz hatte sich inzwischen Lys eingerichtet. Sie führte gern sachlich-reife Gespräche mit dem Spanier, navigierte und war jetzt auch für die Schlafplatzsuche mit CamperMate verantwortlich. Während sich das organisatorische Schaltzentrum

des Trips also vorne befand, hatten Thomas und ich hinten eher die Rolle der Quatschzentrale angenommen. Auf der Rückbank sorgten wir für gute Stimmung, blödelten herum und waren immer motiviert für die nächste große Wanderung.
Nun lag es in der Natur der Sache, dass Körperhygiene während einer solch abenteuerlichen Unternehmung nur eine untergeordnete Rolle spielen konnte. Während wir unser Trinkwasser meist bequem an Besucherzentren und anderen freien Einrichtungen auffüllen konnten, war das Angebot an öffentlichen Duschen und Waschräumen eher begrenzt. Wie beim Skatspiel musste man hier einfach nehmen, was sich gerade anbot. Und so kam es, dass ich mehrmals interessierte Blicke auf mich zog, als ich mich an offenen Duschen an Stränden oder in Parks genüsslich einshampoonierte.
Nach Adelaide kam dann erst mal lange, laaange, laaaaange nichts. Über 2000 Kilometer, um genau zu sein. Zwischen den Städten Adelaide im Südosten und Esperance im Südwesten Australiens erstreckte sich die berüchtigte Nullarbor-Wüste. Durch diese unendlich karge Ebene führte nur eine einzige Straße, der zweispurige und immerhin gut asphaltierte Eyre-Highway. Auf beiden Seiten der Straße bekam man keinerlei Siedlungen, sondern lediglich trockene, mit dünnen Büschen bewachsene Steppe und zahlreiche tote Kängurus zu Gesicht.
Trotz oder gerade wegen dieser unendlichen Eintönigkeit fand ich auch an diesem Abschnitt unserer Reise meinen Gefallen. Die unglaublichen Dimensionen Australiens beeindruckten mich. In derselben Zeit, in der wir die Nullarbor-Ebene durchquerten, konnte man von Berlin nach Istanbul und damit durch ganz Europa fahren. Tatsächlich mussten wir dabei an einiges denken. Noch in Adelaide deckten wir uns mit ausreichend Nahrung und vor allem Wasserreserven ein. Außerdem konnte es durchaus vorkommen, dass die nächste Tankstelle mehr als 500 Kilometer entfernt war. Eine Autopanne in diesem Gebiet hatte schon einigen Menschen den Lebenssaft entzogen. Als wir dann zum ersten Mal an einer der Wüstentankstellen hielten, bot sich uns ein ziemlich interessanter Anblick. Hier parkten auf einem weitläufigen, holprigen Schotterparkplatz abseits des Highway einige der legendären australischen Roadtrains, riesige Sattelzüge mit bis zu fünf Aufliegern, die mit reichlich Staub bedeckt waren und in der drückenden Sonne dampften. Außerdem gab es drei Zapfsäulen, die von einem wackeligen Wellblechdach überdeckt waren. Dahinter befanden sich zwei schmale Gebäude, die den Eindruck erweckten, sie stammten aus einem alten Western mit John Wayne. Es gab eine kleine Pension

mit einer Kneipe und einen winzigen Tankstellenshop, in dem man für eine Flasche Cola fast 10 Dollar bezahlte.

Wie man mit einem Gespräch die ganze Reise auf den Kopf stellt

Irgendwo inmitten der Nullarbor-Wüste kam es an Tag 5 zu einem Gespräch, das vieles verändern sollte.

Bei einem unglaublichen Sonnenuntergang mitten im Busch begann Diego endlich, von einem seiner zahlreichen Reiseerlebnisse zu erzählen.

Ein ganz besonderes Abenteuer hatte er im vergangenen Oktober in Vanuatu erlebt. Von diesem Inselstaat im Pazifik hatte ich zuvor noch nicht einmal gehört. Gemeinsam mit einem Freund saß Diego gerade im Flugzeug nach Port Vila, der Hauptstadt Vanuatus, als er mit einem Mann auf dem Sitz neben ihm ins Gespräch kam. Der Sitznachbar war ein Einheimischer und lud die beiden Reisenden nach einer freundlichen Unterhaltung zum Besuch im Haus seiner Familie auf der zu Vanuatu gehörenden Insel Tanna ein. Während Diego gemeinsam mit seinem Freund die Nacht auf Tanna verbrachte, berichtete der Einheimische von einem wilden Urwaldstamm, der im Dschungel der Insel leben sollte. Scheinbar kannte er einen Mann, der gemeinsam mit diesen Menschen im Dschungel lebte und sich selbst als „den Dolmetscher" bezeichnete. Der Dolmetscher war wohl, so wurde erzählt, der einzige Mann, der die englische Sprache in gewissem Maße beherrschte, und stellte die einzige Kontaktmöglichkeit zur Außenwelt dar. Somit ergab sich für Diego und seinen Freund die einmalige Möglichkeit, ein paar Tage gemeinsam mit den Männern und Frauen des Yakel-Stammes im Dschungel von Vanuatu zu verbringen. Er berichtete von unglaublichen Erfahrungen und erklärte kopfschüttelnd, er habe sich noch nie so weit außerhalb seiner Komfortzone befunden. Bei der Erwähnung dieses Begriffs schaltete es in meinem Kopf. Nachdem ich Diegos Story zuvor nur als eine entfernte Erzählung eines Abenteurers wahrgenommen hatte, sah ich die Sache nun auf einmal aus einem anderen Blickwinkel. Mein Herz schlug jetzt deutlich schneller. Ich starrte in Diegos Augen und fragte: „Mann, glaubst du, ich könnte das auch machen?" Diego grinste nur etwas unsicher. „Nein wirklich, ich meine es ernst! Ich möchte auch nach Vanuatu. Ich glaube, das wäre das ultimative Erlebnis in meinem Auslandsjahr. Denkst du, das geht?" Während mich die anderen fragend ansahen, erwiderte Diego:

„Na klar, kein Problem. Ich kann dir den Kontakt geben. Aber du weißt, das sind diese Menschen, die nackt durch den Dschungel rennen und Tiere jagen, ja? Die wissen nicht mal, dass es Australien überhaupt gibt." Ich lachte kurz. „Ja, das habe ich verstanden. Aber ist das gefährlich? Ich meine, ich kann diese Menschen nicht einschätzen. Es könnte ja sein, dass ich mich irgendwie falsch verhalte und die werden wütend und gehen auf mich los oder so was." – „Nein mein Freund, da musst du dir keine Gedanken machen. Es werden aber wahrscheinlich ziemlich hungrige Tage für dich werden. Wir haben uns dort fast nur von Mangos und anderen Früchten ernährt."
Ich analysierte kurz alle Informationen und traf dann eine Entscheidung: „Okay. Ich mache das. Ich werde das wirklich machen!"
In meiner aufkommenden Aufregung hatte ich die ganze Sache dennoch in ein paar Sekunden halbwegs vernünftig durchdacht und mich entschieden. Es ging um neue Erfahrungen, Erlebnisse und das Verlassen der eigenen Komfortzone. Genau das hatte ich mir eine gute Woche zuvor auf dem Friedhof in Sydney geschworen. Hier in meiner Begegnung mit Diego hatte sich gerade eine absolut einmalige Chance aufgetan. Auch wenn das alles in diesem Moment in der Wüste Südaustraliens noch unglaublich weit weg erschien, wusste ich, dass ich zu meinen einmal getroffenen Entscheidungen stehen würde. Folglich wurde ich nun immer aufgeregter und konnte bis spät abends nicht einschlafen.

Am nächsten Tag holte mich zunächst die Realität in Form der unglaublichen Monotonie der Nullarbor-Wüste wieder ein. Diese Erfahrung nahm ihren Höhepunkt an einem großen Straßenschild mit der Aufschrift „90 MILE STRAIGHT – Australia's longest straight road". Wir befanden uns auf einem zweispurigen Highway, der für unglaubliche 146,6 Kilometer wie an der Schnur gezogen immer geradeaus verlief. Am Nachmittag des zweiten Nullarbor-Tages wurde Diego schließlich des Fahrens müde und vertraute mir das Steuer seines heiligen Gefährts an. Was folgte, waren vier Stunden, die als die langweiligste Autofahrt aller Zeiten in die Geschichtsbücher einging. Die Straße verlief weiterhin fast ausnahmslos gerade durch eine absolut eintönige, karge Landschaft. Hinzu kam, dass unser Toyota über einen Tempomat verfügte und meine einzige Aufgabe darin bestand, das Lenkrad festzuhalten und durch die Windschutzscheibe zu starren.
Während der Fahrt kam ich erneut mit Diego ins Gespräch. In die praktischerweise ohnehin schon geöffneten Geschichtsbücher ging nun auch die folgende

Unterhaltung ein. Und zwar als diejenige, die den weiteren Verlauf meines Auslandsabenteuers maßgeblich prägen sollte.
Zunächst kam ich abermals auf Vanuatu zu sprechen: „Diego, sag mal, wie genau mache ich das dann eigentlich? Rufe ich da wirklich einfach bei diesem Typen, dem Dolmetscher, im Dschungel an, oder wie läuft das?“ Diego grinste. „Na ja, also erst mal denke ich nicht, dass dieser Mann seine Buchungen irgendwo einträgt. Es reicht also, wenn du dir einen Flug nach Vanuatu besorgst und ihn kurz vorher einfach anrufst. Du erklärst ihm, du hast von einem Freund von seinem Stamm erfahren, dich interessiert das sehr und du würdest gerne Zeit mit den Menschen dort verbringen. Dann nennt er dir wahrscheinlich irgendeinen Preis und du rufst verzweifelt: ‚Ohhh nein, mein Freund! So viel Geld habe ich nicht, aber ich würde euch doch wirklich sehr gerne besuchen kommen.‘ Dann sagt er: ‚Okay, okay, hör zu, mein Freund …‘ , ihr verhandelt ein bisschen – du weißt schon. Dann sagt er dir, wo sich der Stamm gerade aufhält, ihr vereinbart einen Treffpunkt – und das war’s. Ganz einfach.“
Na ja. So weit, so gut. Nur wusste ich auch sonst nichts von Vanuatu. Reiseguru Diego versorgte mich mit einer Vielzahl von Informationen. Begeistert erzählte er mir, dass er vor jedem Besuch in einem neuen Land eine gründliche Recherche durchführte und sich eine Liste mit sehenswerten Dingen und Tipps anlegte. Nach seinen Reisen analysierte er alles Erlebte, fügte eigene Erfahrungen und Erlebnisberichte hinzu und führte alles in einer Excel-Tabelle zusammen. Tatsächlich verfügte der Kerl bereits über eine unwahrscheinliche Datensammlung, gespickt mit Insiderinformationen zu sämtlichen entlegenen Orten der Welt, die er mir stolz präsentierte. In Vanuatu hob er vor allem die Blue Holes im Dschungel und den aktiven Vulkan Yasur hervor. Diego erklärte, er wolle eines Tages selbst eine Art Reiseagentur eröffnen und seine Leidenschaft dafür nutzen, die Reisen anderer Menschen zu planen.
Bisher hatte ich immer nur eine bestenfalls vage Idee vom weiteren Verlauf meines Auslandsjahres gehabt. Noch gemeinsam mit Philip hatte ich mir überlegt, im Anschluss an Australien im Frühjahr etwas in Asien umherzureisen, da es dort sehr günstig sein sollte. Und dann war da natürlich auch noch Neuseeland. Jedoch hatte ich keine Ahnung, wie ich dies mit meinem Asienplan und nun auch noch mit dem Vanuatu-Abenteuer zeitlich und finanziell in Einklang bringen konnte.
Während der Fahrt berichtete ich nun Diego von meinen Ideen, und schon bald darauf steckten wir beide begeistert in der Planung einer möglichen Reiseroute.

Der Spanier erklärte: „Wenn ich kein konkretes Ziel habe, dann schaue ich einfach bei Skyscanner, in welche Länder ich von meinem aktuellen Standpunkt aus am günstigsten fliegen kann, und suche mir das spannendste heraus. Vanuatu solltest du aber schon etwas genauer planen. Das muss gut durchdacht sein." Er hielt kurz inne. „Na schau mal", fuhr er fort, „wenn du sowieso nach Vanuatu fliegst, könntest du vorher auch noch in Neuseeland stoppen. Wenn du dann einmal dort bist, kannst du auch noch ein paar andere Inseln in Ozeanien mitnehmen. Auf Fidschi war ich schon. Das ist wirklich das Paradies! Ich glaube, von Vanuatu kannst du nur zurück nach Sydney und Brisbane fliegen." – „Hm, in Brisbane war ich ja schon", warf ich ein. „Aber gut, ich wollte sowieso noch den Norden Australiens und vielleicht das rote Zentrum erkunden. Dann könnte ich anschließend vielleicht in Brisbane ein Auto leihen und einen Roadtrip an der Ostküste bis hoch nach Darwin machen. Wow!" – „Genau, das passt super", meinte Diego. „Denn wenn du im Norden in Darwin bist, kannst du von dort aus sehr günstig nach Bali fliegen. Auf Bali kannst du ein paar Wochen bleiben und dann weiter nach Südostasien reisen. Die meisten Flüge gehen sowieso über Singapur oder Kuala Lumpur. Dort kannst du 3 bis 4 Tage stoppen, vielleicht in Kuala Lumpur." – „Perfekt!", erwiderte ich. „In Asien möchte ich Kambodscha sehen. Ein Freund hat mir viel davon berichtet." – „Klar, aber gerade Vietnam und Thailand sind auch toll. Und sehr billig. Da kannst du für wenig Geld mit dem Zug und dem Bus durch die ganze Gegend reisen."

Freunde, ihr merkt schon: Diego lief jetzt endgültig heiß. Mit ihm war ich auf eine Goldgrube gestoßen. Der Spanier redete wie selbstverständlich von immer verrückteren Destinationen, an die ich zuvor noch nicht mal gedacht hatte. Er öffnete mir die Augen für die unendlichen Möglichkeiten, die einfach so vor einem lagen – wenn man sie denn als solche erkannte.

Bei einem sehr ökonomischen Lebensstil berechnete Diego für die gesamte Unternehmung Kosten in Höhe von etwa 7000 bis 8000 Australische Dollar. Ich hatte meine Reise mit reichlich 6000 Euro angetreten und davon fast 20 Prozent in den ersten Wochen verschleudert. Seit Mitte Oktober lebte ich ausschließlich von dem Geld, das ich bei Sonny verdient hatte, und durch ein kleines Weihnachtsgeld belief sich das Guthaben auf meinem deutschen Konto immer noch auf gut 5000 Euro. Zu diesem Zeitpunkt entsprach das etwa 8000 Australischen Dollar. Wenn ich es also schaffte, mein Euroguthaben bis zum April nicht anzutasten, war der Plan realistisch und finanziell absolut zu stemmen.

Auf einmal hatte ich einen Plan, einen ziemlich konkreten sogar. Und einen verdammt aufregenden noch dazu. Ich erinnere mich noch gut an eine WhatsApp-Unterhaltung, die ich nachts im Zelt mit meinem Vater führte. Papa hatte die gemeinsame Zeit in Australien super gefallen und er wollte mich möglichst im April oder Mai noch einmal besuchen. Ich kam mir schon ziemlich cool vor, als ich ihm am 10. Januar schrieb: „Hey Paps, planst du noch, mich noch mal besuchen zu kommen? Meine Pläne werden jetzt schon ziemlich konkret. Ich denke, die Möglichkeiten wären: im April Neuseeland, im Mai ein Roadtrip in Australien (Ayers Rock) oder im Juni Thailand." Seine Antwort brachte mich zum Schmunzeln: „Ui, was ist denn bei dir los?" – „Ich denke jetzt anders, größer. Es ist viel mehr möglich, als man glaubt. Man muss es sich nur vorstellen können."

Als wir die Nullarbor endlich hinter uns gelassen hatten, flogen die Tage nur so dahin. Wir besuchten die schönsten Strände des Kontinents im Cape Le Grande Nationalpark, kletterten auf 70 Meter hohe Urwaldriesen im Valley of the Giants, beobachteten Seelöwen, Stachelrochen und Pinguine, ehe wir am 15. Januar schließlich in Perth ankamen.

Nachdem wir nun fast zwei Wochen lang von einer tollen Landschaft zur nächsten gefahren waren, fühlte ich mich schon in den letzten Tagen ein wenig übersättigt. Tolle Strände oder Wasserfälle konnten mich immer weniger beeindrucken. Wir hatten einfach in so kurzer Zeit zu viele davon gesehen. Auch Diego grinste zustimmend. „Ja, ich weiß, was du meinst. Kennt man einen Wasserfall, dann kennt man eigentlich auch alle." Ich hatte zunächst genug von der Natur und freute mich auf das Leben in der Stadt. Gemeinsam mit Thomas hatte ich mir in der südlichen Vorstadt von Perth für zwei Nächte ein Zimmer über Airbnb gemietet. Allein die Aussicht, endlich wieder in einem richtigen Bett schlafen und eine warme Dusche nehmen zu können, war natürlich der Wahnsinn!

In den 11 Tagen waren wir als Roadtrip-Crew super zusammengewachsen und hatten ein gigantisches Abenteuer geteilt. Am Ende war trotzdem alles wie immer. Wir verabschiedeten uns, versprachen, in Kontakt zu bleiben, und wussten dennoch, dass wir uns wahrscheinlich nie wiedersehen würden. Das war inzwischen Business as usual.

Alles in allem hatte mich der Trip inklusive Campingausrüstung knapp 500 Dollar gekostet. Der größte Kostenpunkt war bei etwa 6000 Kilometern das in Australien noch relativ günstige Benzin gewesen.

Perth, Australia

Wie man den richtigen Job findet

Nun denn, Freunde, wieder war ich also in einer neuen Stadt angekommen, und wieder hatte ich keinen Plan, wie es weitergehen sollte. Aber inzwischen war das ja fast schon Normalzustand. Immerhin teilten Thomas und ich nun zumindest einmal noch für zwei Tage den sagenhaften Komfort des Airbnb-Zimmers. Tatsächlich würde mich meine Mama in ziemlich genau einem Monat besuchen kommen. Bis dahin wollte ich die Zeit nutzen und möglichst schnell einen Job finden. Wo fing man da an? Na ja, die klassischste Tätigkeit für Backpacker in Australien und Neuseeland war die Arbeit auf einer Farm. Tatsächlich war es sogar Sinn und Zweck des größtenteils an Backpacker vergebenen „Working Holiday"-Visums, den immensen Bedarf der lokalen Farmer an saisonbedingten Arbeitskräften zu decken. Die meisten Jobs fielen unter die Kategorie „Fruit Picking", was in etwa der Tätigkeit eines Erntehelfers entsprach. Bei dieser körperlich harten Arbeit kam man in der Regel auf viele Arbeitsstunden und hatte am Ende ordentliches Geld verdient. So verwunderte es nicht, dass die meisten Work & Traveller sich früher oder später auf eine solche Tätigkeit einließen. Wenn man sich in Australien auf ein Visum für ein zweites Jahr bewerben wollte, war eine mindestens dreimonatige Farmarbeit sogar zwingend notwendig. Während auch ich am Anfang meiner Reise mit dem Gedanken an eine solche Tätigkeit gespielt hatte, kam diese für mich zu diesem Zeitpunkt aber nicht mehr in Frage. Von einem finanziellen Notstand war ich weit entfernt und auch ein zweites Auslandsjahr hatte ich von vornherein ausgeschlossen. Vor allem aber sah ich außer dem finanziellen Aspekt absolut keinen Mehrwert für meine persönliche Entwicklung darin, mehrere Monate meines Lebens mit eintöniger Feldarbeit zu verbringen.

Im Laufe des Jahres war mir stattdessen immer wieder ein völlig anderes Tätigkeitsfeld aufgefallen. Freunde, ihr seid doch bestimmt alle schon mal auf der Straße und in Einkaufszentren von jemandem schräg angequatscht worden. Da gab es diese Menschen, die, an einem Stand stehend oder einfach frei herumlaufend, versuchten, vorbeilaufenden Passanten dubiose Mitgliedschaften zu verkaufen oder sie zu einer Spende für gemeinnützige Stiftungen zu bewegen. Kennt ihr, oder? Nun, das war ja auch ein Job. Tatsächlich war mir eine solche Tätigkeit sogar in meinen ersten Tagen in Melbourne einmal auf der Straße angeboten worden. Damals hatte ich mir das aber absolut nicht vorstellen können und deshalb dankend abgelehnt. Ich stellte mir das unglaublich schwer vor. Man stand den ganzen Tag herum und musste wildfremde Menschen ansprechen, wohl wissend, dass man den meisten sowieso nur auf die Nerven ging. Deshalb wurde man häufig zurückgewiesen, ignoriert oder sogar beschimpft. Trotzdem wirkten diese Leute immer gut gelaunt und vor allem unglaublich selbstbewusst. Das imponierte mir. Irgendwie faszinierten sie mich. In einem Einkaufszentrum an der Gold Coast hatte ich einmal einen jungen Mann angesprochen, der allein an einem kleinen Tisch stand und versuchte, Menschen irgendwelche undurchsichtigen Abonnements aufzuschwatzen. Nachdem ich den Kerl eine Weile beobachtet hatte, war ich auf ihn zugegangen und hatte ihn angesprochen: „Hey Kumpel, bitte versuche mir jetzt nicht irgendwas zu verkaufen. Ich habe dich ein paar Minuten beobachtet und ich stelle mir diesen Job echt schwer vor. Wie ist das? Ist es nicht scheiße, wenn du den ganzen Tag lang nur abgelehnt wirst? Wie fühlst du dich dabei? Und was verdienst du eigentlich?“ Er schaute mich überrascht an, bedeutete mir wenig später, einen Schritt zurückzutreten, und begann mit leiser, aber energischer Stimme: „Mann, ich sage dir, am Anfang war es echt schwer, und manchmal ist es wirklich deprimierend. Vorhin hat mir ein Typ zugerufen, ich solle doch einfach die Fresse halten. Aber das kommt selten vor. Die meisten Leute ignorieren dich einfach. Aber hey, man gewöhnt sich wirklich daran. Du darfst es nicht persönlich nehmen. Mir ist das inzwischen völlig egal. Und ich verdiene nicht schlecht, das kann ich dir sagen. Wir werden hier auf Kommissionsbasis bezahlt. Wie viel genau, das kann ich dir nicht verraten. Aber an manchen Tagen ist es echt fett, Mann! Und meinem Selbstbewusstsein hat das Ganze unglaublich geholfen. Du kennst doch diese Zurückhaltung, wenn es darum geht, fremde Menschen anzusprechen. Ich mache das den ganzen Tag, und mit der Zeit legt man das völlig ab. Es interessiert mich einfach überhaupt nicht mehr. Ich könnte jetzt zu jedem beliebigen Mädel gehen und sie um ihre Nummer bitten, gar kein Problem.“ Der Typ war kaum älter als ich und sah auch nicht besonders gut aus. Trotzdem hatte er eine starke Ausstrahlung und wirkte ungemein selbstsicher. Ich war beeindruckt. So wollte ich auch sein.

Dennoch hatte ich nicht wirklich Lust auf einen derartigen Job. Allein die Vorstellung machte mir Angst. Gleichzeitig faszinierte mich diese Idee aber auch. Es war also wahrscheinlich eine gute Sache, die ausprobiert werden sollte.
In Perth angekommen, setzte ich mich an meinen Laptop, suchte gezielt nach Stellenanzeigen im Bereich Marketing und Promotion und schickte noch am selben Tag eine gute Handvoll Bewerbungen ab.

Wie man eine Woche bei Drogendealern wohnt

Noch wesentlich wichtiger war aber erst mal die Suche nach einem Schlafplatz, bis ich denn wirklich einen Job in der Tasche hatte. Ich war nicht anspruchsvoll, wollte möglichst weiterhin nichts bezahlen und versuchte daher erneut, was in Sydney schon so gut funktioniert hatte. Auch in Perth gab es zahlreiche interessante Facebook-Gruppen und ich wusste, dass bei meinem Post die Wortwahl entscheidend war. Mit einer Mitteilung wie: „Hey, ich suche einen Schlafplatz. Kennt einer jemanden?", waren meine Erfolgschancen eher gering. Meine Beschreibung musste freundlich und hilfsbedürftig, dabei aber gleichzeitig lustig und selbstbewusst wirken. Am Ende schrieb ich in etwa: „Hey, ich bin Marcel, ein 20-jähriger Backpacker. Ich bin gerade nach einem zweiwöchigen Roadtrip in Perth angekommen und suche nun jemanden, dem ich eine gute Gesellschaft bieten und den ich vielleicht etwas im Haushalt unterstützen kann. Ich brauche für ein paar Tage einen Ort zum Schlafen und eine Dusche. Nach zwei Wochen im Freien wäre ich sogar über einen Platz im Vorgarten oder auf dem Fußboden dankbar. Wenn jemand Lust hat, einen müffelnden deutschen Backpacker bei sich aufzunehmen, dann meldet euch bitte bei mir." Diese Anzeige teilte ich in allen Gruppen, die ich gerade so finden konnte. Darunter waren natürlich auch einige Flops. So erwiesen sich die älteren Herren in der Gruppe „Perth Biertrinker" als falsche Zielgruppe. Hier erntete ich lediglich einen Kommentar mit dem Inhalt: „Und was hat das mit Bier zu tun, du Dumpfbacke?"
Insgesamt erhielt ich aber im Laufe des Tages unglaubliche sechs Nachrichten von Menschen, die mich alle gerne für ein paar Tage aufnehmen wollten. Schließlich entschied ich mich für einen Kerl namens Reece. Er war nur wenig älter als ich, wohnte mit seiner Familie in einem Haus in der nördlichen Vorstadt Hocking und erklärte, seine Familie habe ein Gästezimmer zur Verfügung, in dem sie des Öfteren Reisende aus aller Welt aufnehmen. Zusätzlich versicherte er mir, er könne mich während meines Aufenthaltes fortwährend

mit genügend „grünem Stoff" versorgen. Alles in allem bot Reece damit das beste Gesamtpaket und wir verabredeten uns für den nächsten Tag.
Schließlich machte ich mich am Mittag des 17. Januar mit dem Bus und all meinem Krempel auf die umständliche Busfahrt zu Reece in den Norden Perths. Mit meinem tonnenschweren Backpack auf dem Rücken, dem Tagesrucksack auf der Brust und meinem Zelt in den Händen schaffte ich es tatsächlich, auf dem Skateboard unfallfrei durch die ruhigen Straßen des beschaulichen Wohngebietes zu rollen, bis ich schließlich vor dem Haus mit der genannten Adresse eintraf. Es war ein gewöhnliches Einfamilienhaus, das von außen keinen besonders schicken, aber auch keinen zu heruntergekommenen Eindruck machte. Ich stand noch auf dem Fußweg, als Reece ein paar Meter vor mir die Tür öffnete. Nach den netten und vielversprechenden Unterhaltungen via Facebook hatte ich mir einen intelligenten, sportlichen jungen Mann vorgestellt. Vor mir stand nun allerdings ein blasser, dürrer Kerl mit einer schmalen Brille, eingefallenen Augen und fettigen, kurzen Haare. Er trug ein weites Gangster-T-Shirt und eine Jogginghose. Insgesamt sah der Kerl ziemlich dümmlich, irgendwie ungesund und nicht gerade wie ein Typ aus, den ich auf der Straße nach dem Bus fragen würde. „Heeey Bro!", rief er mir zu. Durch die geöffnete Haustür war aggressives Hundegebell zu vernehmen. Reece drehte sich zur Tür und schrie: „Halt's Maul, Fia!" Verlegen grinsend wandte er sich dann wieder mir zu: „Sorry, der Hund." Mir rutschte das Herz in die Hose. Oh Mann, dachte ich, wo bin ich hier denn gelandet? Allerdings wollte ich mir nichts anmerken lassen, begrüßte Reece freundlich lächelnd und folgte ihm ins Haus. Drinnen lief ein großer Schäferhund aufgeregt mit dem Schwanz wedelnd umher, attackierte mich jedoch freundlicherweise nicht.
Das Innere des Hauses war überraschend schick. Durch einen kleinen Flur gelangte man ein einen geräumigen, offenen Wohn- und Essbereich mit einer kleinen Bar, einem gemütlichem Sofa und einem großen Flachbildfernseher. Sogar einen Billardtisch gab es. Allerdings war es hier extrem unordentlich. Der Billardtisch war komplett mit Klamottenbergen bedeckt, in der Küche stapelte sich dreckiges Geschirr und auch sonst lag überall Unrat herum.
Positiv war, dass ich ein eigenes Zimmer bekam. Weniger positiv war der Zustand desselbigen. In dem kleinen, dunklen Raum gab es bis auf einen fipsigen Ventilator keinerlei Einrichtung. Auf dem Boden lag ein rauer, verdreckter Teppich und von der Wand löste sich an einigen Stellen die braune Tapete. Außerdem lagen, wie auch im übrigen Haus, überall Hundehaare herum.

„Mann, hier wollten wir auch mal renovieren", stellte Reece beiläufig fest, als wir wenig später gemeinsam eine kleine Matratze in die Mitte des Raumes legten. Aus dem Nebenzimmer ertönten tiefe Bässe. Während Reece an die Tür klopfte, rief er: „Hey Jayden, wir haben Besuch!", und fügte dann erklärend hinzu: „Hier wohnt mein Bruder Jayden. Er hat immer massig Stoff am Start, also mach dir darüber keine Sorgen." Als sich die Tür öffnete, strömte mir tatsächlich zunächst eine interessant riechende Rauchwolke entgegen. Nachdem sich das Bild geklärt hatte, schockierte mich zunächst der Anblick des vor mir stehenden Jungen. Jayden war ein verhältnismäßig kleiner, 18-jähriger Teenager mit extrem fettigen, schulterlangen Haaren. Er trug ein weites T-Shirt, das nicht über seinen ausgemergelten Körperzustand hinwegtäuschen konnte. Tatsächlich wirkte er so dürr und ungesund, dass ich zunächst dachte, der Junge hätte Krebs oder so etwas. Jayden hatte ein schmales Gesicht mit einer großen, spitzen Nase und tief eingefallenen Augen mit dunklen Schatten. „Hey Bro, was geht? Schön, dich kennenzulernen." Nach kurzem Small Talk streckte er mir eine Bong entgegen und fragte grinsend: „Willst du 'nen Zug, Bro?" Etwas unsicher erwiderte ich sein Grinsen und lehnte höflich ab: „Danke, Bro, vielleicht heute Abend. Ich muss mich erst mal einrichten." Jayden blickte mich verständnisvoll nickend an und sagte: „Oh ja, na klar, Bro! Fühl dich ganz wie zu Hause. Und denk dran, wenn du was brauchst: Ich kann dich immer versorgen, habe laufend guten Stoff am Start. Ich verkaufe das Zeug, aber für dich ist es natürlich umsonst." Mit einer kernigen Ghetto-Faust verabschiedete ich mich zunächst in mein Zimmer, schloss die Tür und ließ mich auf die Matratze fallen. In meinem Kopf schossen Gedanken umher: Verdammt, was ist das denn?! Ich muss hier weg! Ich war ja nun wirklich anspruchslos und zudem flexibel, aber auf dem Boden in einem verdreckten Haus mit Drogenjunkies zu schlafen – das war kein erstrebenswerter Zustand.

Zunächst einmal musste ich aus dieser bedrückenden Umgebung heraus. Also schnappte ich mir mein Skateboard und fuhr in der Gegend herum. Ich überlegte, was ich tun konnte. Allerdings wollte ich auch nicht direkt aufgeben und zumindest versuchen, mich auch auf diese Erfahrung einzulassen. Wenigstens eine Nacht würde ich bleiben müssen, um mir dann möglichst morgen eine andere Unterkunft zu suchen. Das Haus befand sich durchaus in einer netten Gegend, und so entspannte ich am Nachmittag in einem anliegenden Park. Ich wollte meine Rückkehr so lange wie möglich hinauszögern, bis Reece schließlich schrieb: „Hey Bro, wo bist du? Magst du Hühnchen?!"

Inzwischen war die Mutter der beiden von der Arbeit zurückgekommen und es ergab sich ein etwas angenehmeres Bild. Lyn war eine intelligente, liebenswerte Frau Anfang 40. Sie war hübsch, blond, trug auffälliges Make-up und hatte einen ordentlichen Vorbau. Direkt nach meiner Ankunft entschuldigte sie sich mehrfach für den unordentlichen Zustand des Hauses. „Ich weiß, hier sieht es schlimm aus. Ich arbeite momentan fast 100 Stunden pro Woche und komme einfach zu nichts. Mit zwei Kindern ist es schwierig, und wie du siehst, machen sie einfach nichts im Haushalt. Wenig später setzte sie uns ein köstliches Abendessen mit gebratenem Hähnchenfleisch vor. Sicherlich bekam auch Lyn mit, dass jeden Abend etwa drei bis vier mysteriöse, fremde Männer vor der Tür standen, die daraufhin alle in Jaydens Zimmer verschwanden und das Haus nach einigen Minuten wieder verließen. Dass ihr jüngerer Sohn ganz offensichtlich Drogen verkaufte und diese auch reichlich selbst konsumierte, wollte sie wohl nicht wahrhaben: „Ach, Jayden hat immer so viele Freunde zu Besuch“, begann sie seufzend. „Das ist so spät abends schon manchmal etwas nervig.“

Nachdem ich am Abend die Einladung in Jaydens Räucherstube erneut ausschlagen konnte, analysierte ich meine Situation noch einmal neu. Zwar war das Haus ziemlich dreckig und unordentlich, allerdings konnte ich mich wohl für ein paar Tage daran gewöhnen. Selbst die Matratze auf dem Fußboden war immer noch wesentlich bequemer als die vergangenen Nächte im Zelt. Tagsüber müsste ich mich außerdem kaum im Haus aufhalten, da die Gegend eine schöne Nachbarschaft mit vielen Parks zu bieten hatte. Jayden saß den ganzen Tag rauchend in seinem Zimmer und spielte Computerspiele. Er war eher schüchtern, ging großzügig mit seinem Drogenbesitz um und war auch sonst recht freundlich. Reece tat seinem etwas minderbemittelten Äußeren sogar gänzlich unrecht. Er war stets besorgt und freundlich, dabei durchaus intelligent und hatte sogar studiert. Wenn auch im Haus dubiose Aktivitäten vonstattengingen, waren die beiden Jungs offensichtlich harmlos. Ein großer Pluspunkt war außerdem die reizende Mutter, die bald darauf begann, mich liebevoll zu versorgen. Ich wohnte also kostenlos und wurde sogar lecker bekocht. Für ein paar Tage konnte man das durchaus mal mitnehmen, so mein Gedankengang.

Als ich am Abend Philip von meinen neuen Lebensumständen berichtete, reagierte er wie folgt: „Mann, du bist wirklich komisch. Was ist denn bei dir los?! Du hast einen Haufen Kohle und pennst bei irgendwelchen Drogendealern auf dem Boden?!" Na ja. Ehrlich gesagt hatte er da schon recht. Trotzdem wusste ich, dass ich jeden Dollar gebrauchen konnte. Ich wollte so lange bei Reece und Jayden verharren, bis ich eine neue Einkommensquelle gefunden hatte. Und so motivierte mich die aktuelle Wohnsituation zur noch intensiveren Jobsuche.

Nach einem ersten, erfolglosen Bewerbungsgespräch konnte ich mir schon am nächsten Tag einen Eindruck vom Stadtzentrum machen.
Die weniger dicht besiedelte australische Westküste hatte den Ruf, gegenüber dem fortschrittlichen Osten mit seinen Mega-Metropolen Sydney und Melbourne, der Hauptstadt Canberra und einigen beliebten Urlaubszielen etwas zurückgeblieben zu sein. Mir allerdings gefiel die lockere und entspannte Atmosphäre in der Stadt schon vom ersten Tag an. Gerade im Vergleich zu Sydney und Melbourne ging hier alles etwas gemütlicher zu. Die Menschen wirkten entspannter und freundlicher, und insgesamt vermittelte Perth trotz seiner 1,7 Millionen Einwohner weniger den Eindruck einer Millionenstadt. Dazu lag die Stadt am Meer, der breite Swan River prägte das Stadtbild und es gab unzählige grüne Parks und andere Entspannungsmöglichkeiten.

Wie man zum Straßenverkäufer wird

Am nächsten Morgen setzte ich die Jobsuche fort und sollte aufs Neue in einer Facebook-Gruppe fündig werden. Hier stieß ich unter anderem auf die Anzeige eines jungen Mannes, der begeistert für einen Promotions- und Verkaufsjob bei der International Paintball Group (kurz: IPG) warb. Darin schrieb er:

„Arbeitssuchend? 18–30? Super im Umgang mit Menschen?
Meine PAINTBALL-Firma hat drei offene Stellen und stellt JETZT ein:
- wöchentliche Bezahlung
- großartiges Firmenhaus mit Einzugsmöglichkeit, 5 Min. vom Crown Casino
- spaßige Unternehmungen, Partys, junges und lebendiges Team
- Reisemöglichkeit (Büros auch an Ostküste und in NZ)

Wenn du fließend Englisch sprichst und über exzellente soziale Fähigkeiten verfügst, dann ruf mich an und ich vereinbare ein Jobinterview."

Unterlegt war das Ganze mit einem Bild, auf dem eine strahlende Gruppe junger Menschen in schwarzen Poloshirts zu sehen war.

Ich war etwas zögerlich, wenn es darum ging, fremde Menschen anzurufen, und schickte Dan lieber eine Nachricht mit meinem Lebenslauf. Kurz darauf erhielt ich eine Antwort, in der er mich einlud, am nächsten Tag um die Mittagszeit zu einem Interview im Stadtteil Burswood in der Nähe des berühmten Crown Casino zu kommen.

Das IPG-Büro lag etwas südlich des Stadtzentrums auf der anderen Flussseite im schicken Stadtviertel Burswood. Die spektakuläre Straßenbezeichnung „The Circus" erschloss sich mir bereits beim ersten Blick auf die Umgebung. In der Mitte des vor mir liegenden Platzes befand sich ein kreisrunder Park mit einem Durchmesser von etwa 200 Metern. Darum führte eine einspurige Straße wie ein überdimensionaler Kreisverkehr. Ringsherum waren extrem schicke, dreistöckige, gläserne Appartementfronten angeordnet, die alle im selben Design gestaltet waren. Mit meinem Skateboard unter dem Arm klingelte ich an der Tür mit der Nummer 42. Wenige Sekunden später öffnete mir ein etwa 30-jähriger Mann mit Glatzkopf, Dreitagebart und energiegeladenen Augen die Tür. Er trug weite Army-Shorts und begrüßte mich mit einem kräftigen Händedruck und den Worten: „Hey Kumpel, gut, dich zu sehen! Na komm mal rein. Ich bin Mark, der Office-Manager von IPG hier in Perth." Zu seinen Shorts trug der Kerl Flipflops und ein ärmelloses Shirt. Allgemein war die Atmosphäre hier wesentlich entspannter als bei meinem ersten Interview am Montag. Ich gewann sogar zunehmend den Eindruck, dass Mark mich zu sich nach Hause eingeladen hatte. Das Erdgeschoss bezeichnete er als „Office". Hier trat man auf einen rauen, hellbraunen Jute-Teppich und blickte auf weiße Wände sowie auf eine Puppe mit Helm und tarnfarbenem Schutzanzug. Allerhand Paintball-Ausrüstung lag verstreut herum. In dem großen, offenen Raum neben dem Eingangsbereich befand sich ein weißer Konferenztisch, auf dem einige Kaffeetassen standen und Paintball-Material bereitlag. Die aus Glas bestehende Außenwand war mit braunen Jalousien bestückt, die vor neugierigen Blicken schützten. Davor war ein großes, unbeschriebenes Whiteboard aufgestellt. Links davon befand sich ein Schreibtisch mit einigen verstreut herumliegenden Dokumenten und einem PC. Hinter dem Tisch stand ein noch größeres, zweites Whiteboard, auf dem in einer Tabelle untereinander ordentlich die Namen Mark, Bino, Fred, Ross, KT und JD und dazugehörige Punktzahlen eingetragen waren.

Zunächst legte Mark mir einen Fragebogen vor, den ich in den ersten Minuten ausfüllen sollte: „Was ist das Größte, das Sie in Ihrem Leben bisher erreicht haben?" Oder: „Welche Ziele haben Sie sich in Ihrem Leben gesteckt und warum möchten Sie diese erreichen?" Noch bevor ich mit dem Beantworten fertig war, rief Mark plötzlich: „Okay, okay, das wird reichen." Er schnappte sich den Zettel und fragte: „Kumpel, wie viel würdest du pro Woche gerne verdienen?" Ich hatte mir darüber vorher noch keine Gedanken gemacht, überlegte kurz und sagte dann: „Na ja, ich denke, 600 Dollar wären ganz gut." Er nickte und setzte zu einer leidenschaftlichen Präsentation des IPG-Modells an. Bei IPG war ich theoretisch selbstständig und wurde nur auf Kommissionsbasis bezahlt. Ich sollte Paintball-Gruppentickets im Wert von 90 bis 540 Dollar verkaufen. 90 Dollar stellten dabei eine Verkaufseinheit dar. Pro Verkaufseinheit sollte ich unglaubliche 63 Dollar erhalten. Mark erklärte, dass ich also nur 18 Verkäufe pro Woche tätigen müsse, um mehr als 1000 Dollar einzustreichen. Wie das funktionieren sollte und was genau ich zu tun hatte, sollte ich später lernen. Tatsächlich gab es eine Menge zu lernen, und zunächst sollte ich sogar für vier Wochen ein Trainingsprogramm durchlaufen und einen eigenen Mentor bekommen. Mark war Ire, sprach sehr schnell und recht salopp. Als er zum Ende hin immer aufgeregter das grandiose System und die Möglichkeiten des Jobs bei IPG predigte und dazu Skizzen am Whiteboard erstellte, konnte ich kaum noch folgen. Außerdem war ich zunehmend frustriert, da ich kaum zu Wort kam. Was für eine Art Bewerbungsgespräch war das denn?!
Insgesamt klang dieser Job aber tatsächlich nach einer tollen Chance, nach etwas, wonach ich gesucht hatte. Allerdings war ich mit dem Verlauf des Gespräches nicht zufrieden. Ich zweifelte stark daran, dass Mark sich ein aussagekräftiges Bild von mir machen konnte. Zudem erfuhr ich, dass er insgesamt 12 Interviews angesetzt hatte und es nur drei freie Stellen gab.

Am Freitagmorgen klingelte mein Handy. Es war erst kurz nach acht und bis gerade eben hatte ich noch friedlich auf meiner haarigen Matratze vor mich hingedöst. Während ich mich sammelte, schallte bereits ein vertrauter, irischer Akzent durchs Telefon. „Hey Kumpel, wie schaut's aus bei dir? Kannst du heute zum Probearbeiten kommen? Bist du bereit?"
Ich war gerade in einem nach Marihuana riechenden Abstellzimmer aufgewacht und natürlich alles andere als bereit. Dementsprechend sparsam fiel meine erste Reaktion aus: „Ähm, na ja ..." Dann berappelte ich mich und fügte

eilig hinzu: „Klar. Wann denn?“ Marks Antwort kam sofort. „Wie wäre es jetzt? Hör zu, Kumpel. Ich hatte für heute noch einen anderen Bewerber, aber die Schwuchtel hat gerade abgesagt. Du solltest eigentlich erst am Montag kommen. Also, wie sieht's aus? Wenn du kommst, bist du dabei.“ Ich erklärte Mark, dass ich durchaus gern kommen wolle, allerdings allein anderthalb Stunden brauche, um von meiner noblen Unterkunft ins Stadtzentrum zu gelangen. „Verdammt Kumpel“, sagte er, „was machst du auch im verdammten Hocking? Na schön, hör zu. Einer von meinen Jungs, Fred, trifft sich um 10.30 Uhr mit dir im Stadtzentrum. Mach dich schon mal auf den Weg. Er kontaktiert dich dann noch mal. Viel Erfolg!“

Aufgeregt sprang ich auf, schlang eine Schüssel Haferflocken herunter und eilte zum Bus.

Schon kurz darauf erhielt ich eine SMS von Fred: „Hey Kumpel, wir treffen uns an der Kirche Hay Str., Ecke William Str.“

Schließlich stieg Fred mit zwei dicken Taschen über dem Arm aus einem Auto, verabschiedete sich von seinem Fahrer und kam grinsend auf mich zu. „Hey, ich bin Fred, aber du kannst mich Wombat nennen.“ Der Kollege war in meinem Alter, hatte kurzes, dunkles Haar, war etwas kräftiger als ich und gut gebräunt. Fred hatte ein freundliches, rundes Gesicht mit leicht asiatischen Zügen, dunklen Augen, Sommersprossen und einer kleinen Stupsnase. Alles in allem hatte wohl sein äußeres Erscheinungsbild ihm den durchaus berechtigten Spitznamen „Wombat“ eingebracht. Er begrüßte mich, erklärte, dass wir heute auf der Straße arbeiten würden und zunächst einen Stand und zwei Banner aufbauen mussten, die er aus den großen Taschen herausholte. Darauf waren spektakuläre Paintball-Bilder mit Überschriften wie „Paintball – 9 $ pro Person“ oder „Kindergeburtstag? – nur 9 $“ abgebildet. Außerdem warf Wombat mir ein schwarzes Poloshirt mit dickem IPG-Logo auf der Brust zu. „Hier, das ist jetzt deins!“ Inzwischen steigerte sich meine Nervosität sekündlich. „Was denkst du, wie viele Verkäufe wir heute machen?“, fragte ich aufgeregt. „Mann, um ehrlich zu sein wäre ich froh, wenn du heute einen bekommst. Das wäre gut für den ersten Tag.“ Ich wusste bisher so ziemlich gar nichts und wurde nun komplett ins kalte Wasser geschmissen. „Yo Marcel, während ich den Rest hier fertig mache, kannst du ja schon mal versuchen, ein paar Leute zum Stand zu bringen.“ – „Ähm, wie soll ich das denn machen?“, fragte ich nervös.

„Na ja, du weißt schon: Sei positiv, Blickkontakt und sprich einfach jeden an, den du so siehst."

Wir befanden uns auf dem Fußweg an einer belebten Kreuzung. Hier liefen quasi ständig Menschen vorbei. Eine ganze Weile stand ich unglaublich nervös herum und trat von einem Fuß auf den anderen. Wie gelähmt brachte ich einfach kein Wort heraus. Menschen liefen vorbei, ohne dass ich zu einer Regung imstande war. Dann begann ich, vereinzelt Blickkontakt aufzunehmen und Leute anzulächeln. Das war einfacher, als jemanden direkt anzusprechen. Als einige zurücklächelten, gab mir das etwas mehr Mut. Schließlich konnte ich mich überwinden, lief lächelnd auf einen jüngeren Mann zu und rief: „Hey, wie geht's?" Er nickte mir zu, antwortete: „Ja, ganz gut, und dir?", und lief einfach weiter. Die ganze Sache war ungefähr genauso unangenehm, wie man sie sich vorstellte. Bei jeder einzelnen Person musste ich mich aufs Neue zur Kontaktaufnahme zwingen. Nach einigen Minuten gelang es mir endlich, einen alten Großvater dazu zu bringen, vor unserem Stand zu stoppen. Während ich unsicher mit ihm neben dem kleinen Pult Small Talk führte, schaute ich Hilfe suchend zu Fred hinüber. Wombat übernahm mit kräftiger Stimme und einem Dauergrinsen im Gesicht. Ich trat einen Schritt zurück und lauschte gespannt. Freddy erzählte von einem abgebrannten Paintball-Feld, einer Neueröffnung und streng limitierten Rabatttickets. Während er die Bilder in den Ticketmappen zeigte und die dazugehörigen Spielfelder und Missionen erklärte, wurde er immer aufgeregter und gestikulierte wild. Schließlich erklärte er dem Mann, er könne heute 10 Tickets für den unschlagbaren Preis von 90 Dollar erwerben, und legte ihm diese vor die Nase. Dieser schien angetan, erklärte jedoch, er wohne an der Ostküste und müsse zunächst mit seinen Enkelkindern über die Sache sprechen. Dann verabschiedete er sich. Fred nahm mich zur Seite und fragte: „Sag mal, hat Bretto – Marks Spitzname – mit dir überhaupt schon über deinen Pitch gesprochen?" Das hatte er natürlich nicht. „Oh, verdammt! Na dann pass mal auf."

Wie man Leuten für 540 Dollar Paintball-Tickets verkauft

Freddy erklärte mir kurz unsere Materialien und das Angebot, welches Mark zuvor schon angesprochen hatte. Wir verkauften also Gruppentickets für den bekannten Freizeitsport Paintball. Dabei ging es darum, seine Freunde mithilfe

von mit Farbkugeln bestückten Waffen abzuschießen. Das Angebot umfasste folgende Fakten:
Online konnte man ein Tagesticket für 45 Dollar pro Person erwerben. Inbegriffen war sämtliche Ausrüstung mit Ausnahme der eigentlichen Munition, der Farbkugeln. Das heutige Sonderangebot bestand aus einem 80-prozentigen Preisnachlass auf Gruppentickets. Eine Ticketmappe stellte dabei jeweils ein 10er Set dar. Man konnte also wahlweise 10, 20, 30, 40, 50 oder 60 Tickets für 90 bis 540 Dollar erwerben.
Für mich stellten dabei 10 Tickets zu 90 Dollar einen Verkauf dar, von dem ich eine Kommission in Höhe von 63 Dollar erhielt. Verkaufte ich einem Kunden ein 20er-Set Tickets, so erhielt ich dementsprechend 126 Dollar.
Die Tickets, die während der Präsentation unser wichtigstes Werkzeug waren, bestanden aus einer hochwertigen, etwa DIN A4 großen Mappe aus dünnem, glänzend schwarzem Karton. Während meiner Präsentation würde ich diese Mappe nach und nach öffnen und mit wilden, einstudierten Gesten meine Worte und Informationen bildhaft untermalen. War alles geklärt, musste der glückliche Käufer nur noch unterschreiben, seine persönlichen Daten in eine separate Karte eintragen und bekam vom noch glücklicheren Verkäufer eine Tracking-Nummer in seine Tickets eingetragen.
Als Nächstes gab Fred mir einen Crashkurs, indem er die fünf Bestandteile der als „Pitch" bezeichneten Verkaufspräsentation in mein Notizbuch kritzelte und sie kurz erläuterte.

Der Pitch (Verkaufsgespräch)

1 INTRODUCTION (Einführung)

Zunächst einmal ging es natürlich darum, vorbeilaufende Menschen zu stoppen und mit ihnen ins Gespräch zu kommen. Blickkontakt und eine positive Ausstrahlung waren hier der Schlüssel. Durch eine leichte Schrägstellung des Kopfes, kurzes Anheben der Augenbrauen und breites Lächeln ließ sich das eigentliche Ansprechen möglichst effektiv mit freundschaftlichen Signalen untermauern. Dann konnte man besonders die Arme sehr effektiv einsetzen, indem man diese jeweils nach außen streckte und gegebenenfalls jemanden bei bestehendem Blickkontakt zu sich heranwinkte oder auf den Stand deutete. Die Konversation leitete man am besten mit einer Frage wie „Hey, hast du schon mal Paintball gespielt?" ein. Im Anschluss musste ich es nur noch schaffen, mit geschicktem Small Talk und unzähligen Fragen innerhalb einer Minute möglichst viel Sympathie aufzubauen.

2 SHORT STORY (Kurzgeschichte)

Natürlich musste man den Leuten auch einen plausiblen Grund für die unfassbaren 80 Prozent Rabatt geben. Hier war man herzlich eingeladen, seiner Fantasie freien Lauf zu lassen und den Leuten eine nette, kleine Geschichte aufzutischen. An unserem ersten Tag verwendeten wir die Version, dass vor zwei Monaten das komplette Paintballfeld in der Stadt abgebrannt war und wir nun nach der Neueröffnung nach Gruppen suchten, die die neuen Spielfelder austesteten. Es ging vor allem darum, ein Gefühl von Dringlichkeit und Verlustangst zu erzeugen. Meine Verkaufschance erhöhte sich beispielsweise stark, wenn ich den Leuten zu verstehen gab, dass ich nur noch 30 der reduzierten Tickets übrig hatte.

3 PRESENTATION (Präsentation)

Nun ging man zum eigentlichen Herzstück des Verkaufsgespräches über. Dieser Teil war mit all seinen Bestandteilen und deren Verknüpfung bis hin zur exakten Wortwahl perfekt ausgeklügelt. Hier mussten zunächst alle wichtigen Fakten wie Preis, Gültigkeit und Ausrüstung etc. zum Angebot vermittelt werden. Der Zuhörer sollte sich durch unsere Beschreibungen letztlich selbst als Spieler in der Paintball-Arena sehen. Dazu berichtete ich im Laufe der Präsentation immer aufgeregter von den Spielfeldern und Missionen, gestikulierte wild und zeigte die actionreichen Bilder. Jetzt ging es also darum, die Aufregung der Leute so weit in die Höhe zu treiben, dass es zu einem Impulskauf kam.

4 CLOSE (Abschluss)

Dann folgte der Schlüsselmoment des ganzen Pitch: Der potenzielle Kunde musste zum tatsächlichen Käufer werden. Fred kritzelte dazu treffend in mein Heft: „Finish off the Deal. Get their money." Der Abschluss des Geschäftes war definitiv der heikelste Moment der gesamten Präsentation. Hier mussten Wortwahl, Gestik und vor allem Timing perfekt passen. Ziel war es, den Zuhörer schon während der Präsentation immer wieder zum Nicken, Lächeln und Jasagen zu bringen. Anschließend konnte man einfach so vorgehen, als wäre der Kauf bereits beschlossene Sache. „Super, jetzt brauche ich nur noch ein paar

Informationen von dir, und dann können wir es in bar oder per Karte machen, gerade wie es für dich am einfachsten ist …" Anschließend war Klappehalten angesagt. An dieser Stelle sollte man seinem Gegenüber nur noch mit einem freundlichen Lächeln erwartungsvoll in die Augen schauen und dessen Antwort abwarten.

Kam der Deal aus irgendwelchen Gründen nicht sofort zum Abschluss, was fast immer der Fall war, so musste man diese herausfinden, Verständnis zeigen und eine Lösung vor Augen führen oder das Angebot verbessern.

5 REHASH (wörtlich: wiederaufbereiten, wiederaufwärmen)

Eine Grundregel besagte, dass man jedem, der einmal etwas gekauft hatte, im Anschluss auch noch mehr verkaufen konnte. Dazu musste man nur einen ausreichend guten Grund liefern. Konkret ging es also darum, einem Kunden, der sich gerade für 20 Tickets entschieden hatte, 10 weitere aufzuschwatzen, indem man ihn beispielsweise mit einer längeren Laufzeit lockte. Eine gute Möglichkeit für einen REHASH war beispielsweise die folgende: „Hey Kumpel, mir fällt da gerade noch was ein. Du hast jetzt das 20er-Pack gekauft. Ich habe da noch ein 30er-Pack mit zwei Jahren Laufzeit in meiner Tasche. Wenn ich diese restlichen Tickets losbekomme, kann ich nach Hause gehen und mir ein kühles Bier gönnen. Du bist ein guter Typ, und wenn du einfach noch zehn Tickets dazukaufst, schenke ich dir meine letzten 30 und packe zusammen. Wie wär's?"

Natürlich hatte ich noch die ganze Tasche voller Tickets und würde mir kein Bier gönnen.

In der Theorie war das alles schön und gut. Wie lief es nun aber in der Praxis?

Nun, Paintball war eine coole Sache. Dennoch war es selbst bei perfekt aufgebauter Aufregungskurve schwer, einen vernünftigen Menschen auf der Straße zu einer Investition im dreistelligen Bereich zu bewegen.

Es erübrigt sich wohl auch zu sagen, dass mir Fred hier an meinem ersten Tag auf der Straße keine so detaillierte Erklärung geben konnte und ich meilenweit von einem guten und sicheren Pitch entfernt war. Um die Mittagszeit hatten wir immer noch keinen Verkauf zu vermelden. Durch meinen Kopf schwirrte nur noch ein Gedanke: Oh Mann, lass mich heute bitte wenigstens nicht mit null nach Hause gehen! Dennoch stellte ich mit der Zeit durchaus interessante Fortschritte fest. Tatsächlich wurde ich im Laufe des Tages zumindest im ersten

Schritt wirklich gut. Augenkontakt fiel mir nicht schwer und ich wusste, dass ich Menschen mit meinem Lächeln gewinnen konnte. Wegen meiner starken Nervosität wirkte ich ungemein energiegeladen, was mich in Kombination mit meinem merkwürdigen Akzent wohl zu einem ziemlich interessanten Gesprächspartner machte. Jedenfalls stoppten auf dem überaus belebten Fußweg mit der Zeit immer wieder Menschen, um auf meine aufgeregten Fragen zu antworten. Nach kurzem Small Talk erzählte ich, dass ich aus Deutschland komme, Backpacker sei und gerade meinen ersten Arbeitstag in diesem herausfordernden Job verrichte. Dies führte in der Regel dazu, dass Menschen mit mir sympathisierten und jeder, der auch nur das leiseste Interesse an Paintball hatte, sich von mir unsere Ticketmappe zeigen ließ. Während ich die Story mit dem abgebrannten Paintballfeld inzwischen beherrschte, musste meine Präsentation im Anschluss zunehmend improvisiert und chaotisch wirken. Ich geriet mit der Schrittfolge durcheinander, gab einfach das wieder, was mir von Freddys Worten gerade einfiel, und wiederholte mich dabei oft. Fred, der sich das meist eine Weile anhörte, klinkte sich schließlich geschickt ins Gespräch ein und übernahm den Rest der Präsentation. Der Kerl war genial. Wie dieser dickliche Halb-Philippino mit Menschen umging, beeindruckte mich wirklich zutiefst. Er war selbstbewusst, locker, witzig und ungemein charmant. Wombat musste man einfach mögen. Bei all den verschiedenen Leuten wusste er genau, wie er mit ihnen zu reden hatte. Trotzdem gelang es natürlich bei Weitem nicht, mit jedem Verkaufsgespräch einen Verkauf zu erzielen. Nach schleppendem Beginn erzielten wir als Team schließlich bis zum Ende des Tages ganze fünf Verkäufe, dazu noch zwei für Freddy allein. Nun war es die eiserne IPG-Regel, dass immer derjenige den Verkauf gutgeschrieben bekam, der den Kunden zum Stoppen gebracht und das Gespräch eingeleitet hatte. Fred, der an diesem Tag jeden meiner fünf Verkäufe abgeschlossen hatte, ging dabei also leer aus. Auch wenn mir das nicht fair erschien, bestand er strikt auf die Einhaltung dieser Regel. So kam es, dass ich am Abend unglaubliche fünf Verkäufe auf meinem Konto und damit in sieben Stunden mehr als 300 Dollar verdient hatte.

Wie man von Drogendealern ins Luxusappartement zieht

Während ich am Abend erschöpft und berauscht zugleich auf den Bus zurück nach Hocking wartete, erhielt ich einen Anruf von Mark. „Heeeeey Kumpel!“, rief er begeistert durch den Hörer. „Großartige Arbeit heute! Ich bin wirklich beeindruckt." Ich bedankte mich grinsend. „Hör zu, Kumpel", sagte er, „wir wissen beide, dass es da oben in Hocking beschissen ist. Anderthalb Stunden bis zum Office – das geht sowieso nicht. Ich mache das normalerweise nicht direkt bei Neuen, aber du hast mich wirklich beeindruckt und ich möchte dich in unser IPG-Haus einladen. Du ziehst hier am besten so schnell wie möglich ein. Am Sonntagabend machen wir ein BBQ mit dem Team, das würde doch super passen. Was meinst du?"

Begeistert stellte ich fest, dass das IPG-Haus, das für gewöhnlich als „Office" bezeichnet wurde, dasselbe schicke Appartementhaus war, in dem ich Mark zum Vorstellungsgespräch getroffen hatte.

Während sich hier im Eingangsbereich Marks tatsächliches „Office" mit dem großen Konferenztisch und den Whiteboards befand, glich der Rest des dreistöckigen Hausblocks eher einem Paradies für einen Backpacker. Ebenfalls im Erdgeschoss befand sich noch ein riesiger Raum, der als geteiltes Schlafzimmer für Teammitglieder fungierte. Der Rest des Hauses war sehr modern und komplett offen gestaltet, sodass man vom Eingangsbereich bis ganz nach oben schauen konnte. Eine frei stehende Treppe führte ins mittlere Geschoss. Hier befand sich mit Blick auf die Straße ein großer Wohnbereich mit Tischtennisplatte, auf der anderen Seite eine elegante Küche. Im oberen Geschoss gab es drei Schlafzimmer und ein weiteres schickes Badezimmer. Das größte, zur Straße gerichtete Zimmer teilte sich Mark mit seiner Freundin Ashley. Im zweiten Zimmer wohnte der langjährige IPG-Verkäufer und Marks bester Freund Bino. Als ich am Sonntagnachmittag mit all meinem Gepäck an „42, The Circus" in Burswood eintraf, begrüßte mich Mark mit einem dicken High five. „Weißt du, Kumpel, hier unten im geteilten Zimmer wohnen zurzeit schon Ross und JD. Das wird ein bisschen eng. Ganz oben ist aber gerade ein Zimmer frei. Da kannst du erst mal rein!"

Nach sechs Nächten auf dem Boden im Haus eines Drogendealers war ich nun in Perth verdammt noch mal angekommen! In einem millionenteuren gläsernen Appartementblock in der besten Gegend der Stadt wohnte ich ganz oben in einem eigenen Schlafzimmer mit himmlischem Bett und einem prächtigen Kleiderschrank. Sogar einen verdammten Balkon hatte ich! Um dem Ganzen die Krone aufzusetzen, befand sich hinter den Appartements ein großer, von eleganten Glaswänden umgebener Pool. Dieser war mit schicken Liegen ausge-

stattet und für alle Bewohner der umliegenden Appartementhäuser gemeinschaftlich nutzbar. Cool!
Nach der ersten, ziemlich schwierigen Woche, die ich allein und planlos in dieser neuen, großen Stadt verbracht und in der ich mich unwohl gefühlt hatte, war ich nun endgültig am Start!
Bei einem köstlichen BBQ auf dem Balkon lernte ich am Abend nach meinem Einzug dann auch noch den Rest des IPG-Teams kennen. Neben Mark (alias Bretto) und Fred (alias Wombat) wies dieses folgende Mitglieder auf: der knapp 30-jährige Brite Ross (alias Rosco/Roscolini), Kieron Thomas (alias KT), der Ende 20 und Australier war, und der Mitte 30-jährige Neuseeländer Bino (alias Bino). Außerdem gehörte nun der 20-jährige deutsche Backpacker Marcel (alias Marcy) zum Club der coolen Händler. Schon nach kurzer Zeit bemerkte ich, dass ich mich hier als Delfin in einem Haifischbecken befand. Die Männer im IPG-Team waren der charismatischste und selbstbewussteste Haufen, den man sich vorstellen konnte. Der Job brachte es mit sich, dass außerdem alle ungemein schlagfertig und stark egozentrisch waren. Dabei waren die Jungs nicht unbedingt unhöflich und ich war auch nicht besonders schüchtern. Dennoch erreichte ich mit den meisten nie ein wirklich freundschaftliches Verhältnis auf Augenhöhe und musste permanent strampeln, um zwischen all den dicken Fischen nicht unterzugehen.

Wie man in Perth als Sales Agent lebt

Während in den ersten Tagen alles noch unfassbar aufregend war, versank ich schon nach kurzer Zeit völlig in meinem neuen Alltag und vertiefte mich ganz in meine Mission als Paintball-Verkäufer. Besonders faszinierten mich dabei am Anfang die regelmäßig vor Arbeitsbeginn abgehaltenen Morgenmeetings. Dabei sprach Mark am Whiteboard stehend meist irgendeine theoretische Grundlage an und die anderen diskutierten diese anschließend am Konferenztisch. Außerdem sollte jeder morgens seine anvisierte Verkaufszahl nennen, die daraufhin von Mark in die Tabelle auf dem größeren Whiteboard eingetragen und am nächsten Morgen ausgewertet wurde. Hier neigten alle tendenziell stark zur Selbstüberschätzung. Außerdem übten wir regelmäßig vor allen anderen unseren Pitch ein. Diese Übung machte mich anfangs ungemein nervös. Da war es hilfreich, dass im Team eine sehr positive Stimmung herrschte, sich alle gegenseitig pushten und gute Leistungen gefeiert wurden.

Mark stellte einen charismatischen Teamleiter dar, der leidenschaftliche Ansprachen hielt und alles perfekt organisierte. Als ein selbstbewusster, unglaublich schlagfertiger Typ strahlte er Autorität aus und stellte gleichzeitig einen Kumpel dar, über den man sich mit einer Flasche Bier in der Hand auch mal als Niete im Tischtennis lustig machen konnte. Nach seinem zu Beginn übermäßigen Lob stellte ich mit der Zeit fest, wie wichtig es mir war, Marks Erwartungen zu erfüllen und einen guten Eindruck zu machen.
Schließlich teilte er mir den Australier KT als Mentor zu. KT war selbst erst seit wenigen Monaten bei IPG, ein paar Jahre älter als ich, etwa 1 Meter 90 groß, sportlich, hatte dunkles Haar und trug eine schwarze Brille. Trotz seiner natürlichen Schlagfertigkeit hatte KT von allen Männern bei IPG die ruhigste Natur und war ein etwas nachdenklicher Typ. Als wir uns am 24. Januar gemeinsam auf den Weg zu unserem ersten gemeinsamen Arbeitstag begaben, kamen wir auf Anhieb gut miteinander klar. Zum ersten Mal bei IPG interessierte sich mit ihm jemand für meine Hintergründe und Erlebnisse. In dieser Woche hatte Mark das Center in Kwinana, ein kleineres Einkaufszentrum weit südlich von Perth, gebucht. Nach meinem euphorischen ersten Arbeitstag schlug ich hier nun wieder hart auf dem Boden der Realität auf. Das Center befand sich in einem armen Stadtteil und am Dienstagvormittag war es hier wie ausgestorben. Wir standen mitten in der großen Haupthalle vor einem Woolworths-Supermarkt und zwischen einigen anderen kleinen Geschäften. Umgeben waren wir zunächst fast ausschließlich von Rentnern mit Rollatoren und Männern, die mit einer Flasche Bier in der Hand über das Leben schimpften. Das war nicht gerade unsere Zielgruppe.
Insgesamt verlief die erste Woche denkbar bescheiden. Abend für Abend kehrte ich mit müden Beinen und schmerzendem Rücken ins IPG-Haus zurück und widmete mich dem Studium meiner Trainingsbücher. Während ich am ersten Tag einer freundlichen Mutter mit KTs Hilfe immerhin ein Silver-Pack verkaufen und damit zwei Verkäufe erzielen konnte, erlebte ich am Dienstag gemeinsam mit dem mürrischen Bino ein absolutes Fiasko. Trotz größter Mühe brachte ich keinen einzigen Verkauf zustande, und da wir in den Shoppingcentern zunächst noch Miete für unseren Stand zahlen mussten, hatte ich somit in acht Stunden harter Arbeit etwa 70 Dollar Minus gemacht. Dementsprechend schlecht gelaunt fiel ich am Abend in mein Bett.

Den nächsten Tag verbrachte ich mit Fred im zweiten in dieser Woche gebuchten Center in Maddington. Freddy war immer lustig und gut gelaunt und damit ein wesentlich angenehmerer Partner als der reizbare Bino. Wombat verbrachte außerdem immer so viel Zeit faul am Handy oder an einer Imbissbude, dass ich fast alle interessierten Kunden bekam. Dennoch war auch Maddington leider ein ziemlich schwer zu handhabendes Pflaster. Bis zum frühen Nachmittag hatte ich immerhin einen mühsamen Verkauf zustande gebracht. Dann geschah ein kleines Wunder. Um die Mittagszeit hatte ich einen hageren Mann Mitte 40 gepitcht. Dieser hatte sich recht merkwürdig verhalten, kaum etwas gesagt und schließlich mit der Begründung, er wolle zunächst seine Freunde fragen, den Stand verlassen. Das war die Standardausrede Nummer 1. In 90 Prozent der Fälle kamen die Leute niemals zurück. Umso überraschter reagierte ich, als ebendieser Mann am Nachmittag auf einmal mit den Worten „Okay, ich nehme das Angebot" wie aus heiterem Himmel vor mir auftauchte. So etwas geschah normalerweise nur in meinen feuchten Paintball-Träumen. So fragte ich zunächst nur völlig verdutzt, welches Angebot er denn genau meine. Als ich ihm den Zettel vorlegte, auf dem alle sechs Ticketpakete aufgelistet waren, überlegte er kurz und tippte schließlich mit dem Finger auf das Ruby-Pack. „Na, dieses hier. Das nehme ich." Damit hatte sich dieser merkwürdige Kerl soeben zum Kauf von sage und schreibe 40 Paintball-Tickets zu 360 Dollar bereit erklärt. Für mich bedeutete das einen Verdienst von sagenhaften 252 Dollar nur mit diesem einen Geschäft. Entsprechend nervös reagierte ich, brachte den Deal aber letztlich mit zittrigen Fingern irgendwie über die Bühne. Kurz vor Schluss verkaufte ich dann sogar noch ein weiteres Single-Pack an einen älteren, schwarzen Herrn. Diesem hatte ich zunächst erklären müssen, worum es bei „diesem Paintball" eigentlich ging. Dennoch schien er von mir und dem Angebot so angetan, dass er sich zum Kauf von zehn Tickets für sich und seinen Sohn entschied. Damit hatte ich an diesem Tag sechs Verkäufe getätigt und damit mal eben 378 Dollar einkassiert.

Der Rest der Woche und auch das folgende Wochenende verlief dann aber wieder reichlich bescheiden. So beendete ich die Woche mit 12 Verkäufen, was keinesfalls eine beeindruckende Performance darstellte. Wie Mark allerdings im folgenden Morgenmeeting analysierte, hatten die anderen Männer eine noch unglücklichere Figur abgegeben. Somit hatte mir der eine glückliche Tag in Maddington tatsächlich Platz 1 im Wochenranking eingebracht, wovon ich mir nun eine goldene Ananas kaufen konnte.

Wegen der längeren Autofahrten mit KT in die Center kehrten wir meist erst nach 18 Uhr ins Office zurück. Hier kamen nach der Arbeit meist alle nochmals zusammen, tranken Bier und spielten Tischtennis. Dies war die einzige Disziplin, in der ich meinen Kollegen ebenbürtig gegenüberstand und mich wirklich voll entfalten konnte.
Meine Einkäufe konnte ich praktischerweise während der Arbeit verrichten und musste das Haus nach Feierabend faktisch nie verlassen. Meine Zeit bei IPG bestand somit aus Arbeiten, nach Hause kommen, Bier trinken, Tischtennis spielen, Nudeln kochen, Manuals lesen und ins Bett gehen. Die Arbeitstage waren ungemein energieraubend, weshalb ich meistens schon gegen 21 Uhr schlafen ging. Das führte allerdings auch dazu, dass sich mein Leben komplett um IPG drehte und ich mich immer mehr in die Arbeit hineinsteigerte. Schon nach wenigen Tagen verlor ich zunehmend die Relation und erachtete die Anzahl meiner Verkäufe als Zentrum meiner Existenz. Paradoxerweise war meine Motivation dabei weniger das Geldverdienen, sondern vielmehr die Anerkennung in der Gruppe und das Bestreben, Marks Erwartungen gerecht zu werden. Am Whiteboard konnte jeder ständig die Scores der anderen sehen. Mit der Zeit bildete ich mir ein, als Mensch hier vornehmlich nach meinen Verkaufszahlen beurteilt zu werden. Dabei hatte ich durchaus Spaß an der Sache, verlor aber auch zunehmend den Bezug zu meiner eigentlichen Mission. IPG konsumierte inzwischen so viel von meiner Energie, dass außerhalb diese Rolle nicht viel übrig blieb. Ich hatte das Französischlernen eingestellt, las keine Bücher mehr und unternahm auch sonst keinerlei Trips oder Erkundungstouren.
Insgesamt erfüllte ich meine Rolle als Paintball-Verkäufer trotzdem gerne. Ich steckte in einer großen Herausforderung, befand mich in einem hoch kompetitiven Umfeld und merkte, wie ich täglich etwas Neues im Umgang mit Menschen lernte. So machte es mir mittlerweile nichts mehr aus, jeden Tag Hunderte von wildfremden Menschen anzuquatschen. Zumindest bei der Arbeit war es mir nun völlig egal, was andere von mir dachten. Trug ich das schwarze IPG-Shirt, strotzte ich nur so vor Selbstbewusstsein, grinste locker allen Leuten ins Gesicht und trieb meinen Spaß mit den Mädels. Zumindest mit einem Verkauf in der Tasche hatte ich zwischendurch wirklich Freude an der Arbeit.
Letztlich verdiente ich in meinem Job als Paintball-Verkäufer aber nie wirklich Geld. Insgesamt reichten meine Einnahmen meist gerade so, um die Kosten für die Center, Unterkunft und in guten Wochen noch für ein paar Lebensmittel zu decken.

Trotzdem empfinde ich die Wochen bei IPG als überwiegend positiv. In dieser Zeit durfte ich mit einigen ungemein charismatischen Männern zusammenleben und arbeiten, mein Englisch weiter aufwerten und vor allem im Umgang mit Menschen enorm viel lernen.

Wie man in einer Tiefgarage übernachtet

Am Ende meiner dritten Woche bei IPG ereignete sich dann noch eine Geschichte, die zu den weniger rühmlichen Momenten meines Auslandsjahres zählt. Freunde, aus Gründen der allgemeinen Unterhaltung kann ich euch diese natürlich trotzdem nicht vorenthalten.

Vielleicht erinnert sich noch jemand an die reizende und ziemlich gut aussehende Mutter von Reece und Jayden in Hocking. Nun, in dieser Woche trug es sich zu, dass ich auf einen ihrer Facebook-Posts aufmerksam wurde. So schrieb sie, dass sie sich für das Wochenende endlich einmal freigenommen und für ein paar Tage ein schickes Hotel gebucht hatte. Passenderweise suchte die nette Dame nun noch eine unterhaltsame Begleitperson zum abendlichen Kabarett. Mit dem Gedanken, dass mir ein Abend mit einer älteren Frau meinen Kumpels gegenüber sicher eine gute Story liefern würde, meldete ich mich bei ihr. Und siehe da, wir verabredeten uns an einem Freitagabend zum Kabarett. Ich sollte recht behalten: Eine Story würde dieser Abend tatsächlich liefern. Allerdings keine gute. So kam es, dass ich mich kurz nach der Ankunft in ihrem Hotelzimmer bereits fragte, was ich mir bei dieser Sache eigentlich gedacht hatte. Zugegebenermaßen sah Lyn für ihr Alter wirklich gut aus und wir führten ein nettes Gespräch. Allerdings fühlte ich mich dabei alles andere als wohl. So versuchte ich letztlich, meine Nervosität mithilfe der von der reizenden Lady reichlich angebotenen Spirituosen zu beseitigen. Schließlich war ich so betrunken, dass ich später auf dem Weg zum Kabarett tatsächlich mit meiner verzückenden Begleitung Händchen haltend und uns gegenseitig betätschelnd durch die Straßen lief. Nun hatte ich schon seit Monaten nicht mehr wirklich getrunken und meinen Körper mit dem zünftigen Alkoholgenuss offensichtlich überfordert. Freunde, es kam, wie es kommen musste. Schon kurz nach Beginn der Kabarettvorstellung sprang ich auf, faselte irgendetwas von „frische Luft schnappen“ und taumelte nach draußen. Nachdem ich eine Weile benommen im Freien herumgetorkelt war, konnte ich zumindest meiner Übelkeit etwas Luft machen. Auf der Suche nach einem friedvollen Rückzugsort entdeckte ich im Dunkeln irgendwann irgendwie irgendwo eine Treppe, die mich in eine Tiefgarage führte. Während es in meinem Kopf aus allen Kolben donnerte, bewegte ich mich nun ähnlich schlurfend wie die Untoten in der Serie „The Walking Dead" ins Innere der Tiefgarage. Auf dem Betonboden hinter einem Audi hatte ich ein besonders einladendes Plätzchen ausgemacht und legte mich kurz zur Ruhe. Wenig später störte allerdings ein reichlich schief blickender Herr meine friedliche Nachtruhe. „Hey Kumpel, alles in Ordnung? Hör zu, ich fahre das Auto jetzt weg, vielleicht suchst du dir lieber einen anderen Platz." Was für eine Unverschämtheit! „Ja, ja. Klar", murmelte ich nur und schlurfte ein paar Meter weiter, wo ich hinter einem anderen Gefährt ein weiteres, besonders komfortables Stück Beton entdeckt hatte. Hier döste ich nun endlich ungestört noch ein wenig vor mich hin. Irgendwann konnte ich mich wieder aufrappeln. Ich nahm mir vor, in meinem Leben nie wieder so tief zu sinken, und verließ die Tiefgarage. Ein Blick aufs Handy sagte mir, dass es gerade einmal 1:30 Uhr morgens war und dass meine charmante Begleitung sich vermutlich ziemliche Sorgen machte. Die Situation war mir so unangenehm, dass ich am liebsten auf direktem Weg zurück zum IPG-Haus gegangen und in mein Bett gefallen wäre. Aber Freunde, ich hatte keine Wahl. Schließlich hatte ich meine große Liebe im Hotel zurückgelassen: mein Skateboard. Nach dem kurzen Tiefgaragenschlummer machte ich nun vermutlich einen ziemlich zerknitterten Eindruck, denn Lyn empfing mich wenig später mit reichlich besorgtem Blick am Eingang. Für das kleine Malheur bat ich aufrichtig um Verzeihung und nickte schon kurz darauf im wesentlich komfortableren Hotelbett ein. Am nächsten Morgen brachte ich die für beide Seiten einprägsame Erfahrung dann noch halbwegs würdevoll zu Ende und verabschiedete mich mit einer freundlichen Umarmung. Im Magen trug ich nach wie vor ein ziemlich flaues Gefühl mit mir herum. Aber nein, Freunde, da kann ich euch beruhigen. Dieses stammte keineswegs von den Schmetterlingen der Liebe. Amors Pfeil hatte mich erneut verschont. Stattdessen sprang ich auf mein Skateboard, machte mich so schnell wie möglich aus dem Staub und überlegte, ob ich diese Geschichte wohl jemals jemandem erzählen konnte.

Wie man Mama am Flughafen überrascht

Nach drei Wochen IPG war es mittlerweile Februar und Mamas Besuch stand an. In den nunmehr fünf Monaten in Down Under hatte ich mich an die unend-

lichen Freiheiten als Alleinreisender gewöhnt. Noch dazu hatte ich mich zu diesem Zeitpunkt so sehr in meine IPG-Karriere hineingesteigert, dass ich tatsächlich am liebsten weiterhin arbeiten wollte. Glücklicherweise hatte ich aber auch zu diesem Zeitpunkt immer noch ein klein wenig klaren Verstand in der Birne. So gelangte ich letztlich doch noch zu der Einsicht, dass die gemeinsame Zeit mit Mama hier wohl ein wenig kostbarer sein würde als die 8-Stunden-Tage im Einkaufszentrum, und so nahm ich mir eine 2-wöchige Auszeit.
Mit pochendem Herzen und breitem Grinsen schnappte ich mir mein Skateboard und machte mich am Nachmittag des 11. Februar mit dem Bus auf den Weg zum Flughafen. Da es inzwischen zu einer meiner Lieblingsbeschäftigungen geworden war, Elternteile nach mehreren Monaten im Terminal zu überraschen, sollte natürlich auch Mama vorher nichts von meiner Anwesenheit wissen. Gemeinsam mit ihrem Partner Dirk würde sie gegen 18:30 in Perth landen.
Ähnlich wie schon im November in Brisbane gab es auch hier eine Empfangshalle mit einer Tür, durch die die gelandeten Passagiere nach und nach hindurchströmten. Ich suchte mir eine Bank und beobachtete, wie eine Stunde lang quasi permanent Menschen an mir vorbeiliefen und ihren Liebsten in die Arme fielen. Mama war allerdings nicht dabei. Langsam befürchtete ich schon, die beiden in dem Trubel verpasst zu haben. Ich konnte mich nicht mehr auf dem Sitz halten, stand auf und stellte mich seitlich neben die breite Schiebetür, sodass mich die ankommenden Passagiere nicht sehen konnten. Und tatsächlich liefen wenig später Mama und Dirk mit dickem Gepäckwagen einige Meter vor mir vorbei. Die beiden hatten mich nicht bemerkt. Aufgeregt kämpfte ich mich durch die Menschenmenge und erreichte schließlich zunächst Dirk. Ich schlug ihm auf den Rücken und rief mit frechem Grinsen: „Welcome!" Er drehte sich um, schaute mich verdutzt an. „Oh!", entfuhr es ihm und er begann zu lachen. Ebenso wie Mama war ich mit der Situation nun etwas überfordert. Wir umarmten uns zur Begrüßung und anschließend lief ich breit grinsend neben den beiden her. Irgendwie brachte ich kein vernünftiges Wort heraus. Das lag wohl auch daran, dass ich nicht mehr richtig Deutsch sprechen konnte. Besonders seit ich bei IPG war, hatte ich sämtliche Menschen, denen ich begegnet war, nahezu ununterbrochen auf Englisch zugetextet.
Für die zwei Wochen hatten Mama und Dirk ganz routiniert via Airbnb eine Ferienwohnung im südlichen Stadtteil Cottesloe gebucht. Von dort konnten wir in der Ferne das Meeresrauschen hören. In diesem Moment wurde mir bewusst, dass ich, obwohl ich nunmehr schon seit über vier Wochen in Perth

lebte, bisher noch keinen einzigen Tag am Strand verbracht hatte. Bereits wenige Stunden nach der Ankunft saßen wir zu dritt bei Tony am Esstisch und aßen Pizza. Auf einmal war alles, als wäre ich nie weg gewesen. Nachdem ich mir anfangs noch eingebildet hatte, eine reifere Version meiner selbst voller Lebensweisheit abgeben zu müssen, blödelte ich schon nach kurzer Zeit wieder wie gewohnt herum. Mama und Dirk waren noch genau dieselben wie vor meiner Abreise, und irgendwie war ich in dieser Umgebung auch wieder ein Stück mehr Kind und weniger der erwachsene Weltreisende. Gleichzeitig fühlte ich mich so wohl und gemütlich wie schon ewig nicht mehr. Mit einem Schlag war ich zurück in meiner Komfortzone. Und es war ein tolles Gefühl. Mama war da, Dirk fuhr mit dem Auto herum und wir hatten eine schöne Wohnung. Auf einmal musste ich mir nicht mehr um alles alleine Gedanken machen und brauchte mich für die nächsten Wochen um nichts zu sorgen.
In Perth klapperten wir wirklich alle Highlights ab, besuchten Kängurus und Koalas, machten eine Fahrradtour bei den lustigen Quokkas auf Rottnest Island und starteten sogar einen kleinen Roadtrip bis in den berühmten Kalbarri Nationalpark an der Küste.
Neben all diesen actionreichen Programmpunkten sollte für mich aber ein ganz anderes Erlebnis den Höhepunkt unserer gemeinsamen Zeit darstellen. Ich nenne es „Die Entdeckung des Bundaberg-Schlüpfers". Meine liebe Mama begeisterte sich nämlich leidenschaftlich für die in Perth weitverbreiteten Second-Hand-Läden. Und Freunde, ich sage euch, hier konnte auch ich mit meinem mittlerweile doch recht exklusiven Modegeschmack noch das ein oder andere skurrile Teil abstauben. Dazu zählten unter anderem ein weiteres ästhetisches Hawaiihemd – davon konnte man hier nicht genug haben – und ein schwarzer Seidenschlüpfer, auf dessen Vorderseite im Großformat das gelbe Logo der australischen Bierfirma Bundaberg prangte. Als ich dieses auf den ersten Blick zugegebenermaßen etwas gewagte Teil für einen Dollar mitgehen ließ, wusste ich noch nicht, dass das schnittige Textil bald zu einem meiner wichtigsten Reiseutensilien werden würde. Im weiteren Verlauf der Reise würde ich den formschönen Schlüpfer nämlich zur Badehose umfunktionieren und diese beinahe täglich mit großem Stolz tragen.
Unseren letzten gemeinsamen Abend verbrachten wir dann noch mal gemeinsam bei einem grandiosen Sonnenuntergang am Cottesloe Beach.

Wohl wissend, dass wir uns nun wieder für mindestens vier Monate nicht sehen würden, begleitete ich die beiden noch zu einem emotionalen Abschied am Flughafen, der wohl besonders Mama sehr mitnahm.

Wie man auf dem richtigen Pfad bleibt

Die beiden Wochen mit Mama und Dirk hatten auch für mich so etwas wie Urlaub vom normalen Backpacker-Leben dargestellt. Dennoch reagierte ich nach dem schweren Abschied erleichtert, wieder in mein großes Abenteuer zurückkehren zu können. Ich hatte es mir in den gemeinsam verbrachten Tagen gemütlich gemacht und spürte, dass es Zeit für neue Herausforderungen war.
Ganz ähnlich wie schon der Trip mit Jonas an der Gold Coast hatten mir nun auch die beiden Wochen mit Mama ein Stück weit die Augen geöffnet. Ich denke, dass es wirklich wichtig war, regelmäßig aus seinem Alltagsleben herauszukommen. Es tat gut, alles einmal von außen zu betrachten und seine täglichen Angewohnheiten und Lebensumstände kritisch zu hinterfragen. Nur so ließ es sich vermeiden, dass man sich in zunehmendem Trott von Gewohnheiten und Bequemlichkeiten leiten ließ und nur noch mehr oder weniger vor sich hinlebte. Das waren dann die Momente, in denen man einfach offen und ehrlich in sich hineinhören musste. Mit etwas Abstand spürte ich immer relativ schnell, ob ich noch auf dem richtigen Weg war.
So hatte ich jetzt endlich erkannt, wie sehr ich mich zuvor in die Arbeit bei IPG hineingesteigert und es mir mit übermäßigem Ehrgeiz selbst schwer gemacht hatte. In meinem Alltag hatte es zu dieser Zeit nichts als Paintball gegeben. Nur die Verkaufszahlen hatten darüber entschieden, ob es für mich ein guter oder ein schlechter Tag gewesen war. Nach zwei Wochen Abstand hatte sich diese Haltung gehörig relativiert. Mir war bewusst geworden, dass verdammte Paintballverkäufe nicht mal annähernd so wichtig waren, wie ich es mir zuvor oft eingebildet hatte. Dass ich trotzdem zu IPG zurückkehren würde, stand für mich außer Frage. Ich wollte nicht nach drei Wochen das Handtuch werfen, und dann gab es hier auch immer noch viel zu lernen. Gleichzeitig legte ich aber fest, Perth in spätestens vier Wochen zu verlassen.
Am Tag nach meiner Rückkehr machte ich mich mit neuem Elan an meine Zukunftsplanung. Ich hatte eine neue Auserwählte: Neuseeland. Zu diesem Zeitpunkt gab es keinen Ort auf der Welt, der mich mehr faszinierte als das Land, in dem die „Herr der Ringe“-Trilogie gedreht worden war. Während ich

im Netz Reiseberichte überflog und spektakuläre Fotos bestaunte, wurde ich immer begeisterter. Letztendlich buchte ich den Flug noch am selben Tag. Mit Air New Zealand würde ich schon am 13. März von Perth nach Christchurch fliegen.
Das bedeutete, dass ich nur noch für zwei Wochen Paintball-Tickets im Einkaufszentrum verklingeln würde. Als ich Mark wenig später etwas nervös von meinen Plänen berichtete, reagierte er zum Glück ziemlich cool. Mit einer Flasche Bier in der Hand rief er mir zu: „Kumpel, wenn ich jetzt die Wahl hätte, hier weiter scheiß Paintball zu verkaufen oder lieber einen Roadtrip in Neuseeland zu machen – ich würde verdammt noch mal nach Neuseeland fliegen!"

Wie man einen Roadtrip in Neuseeland plant

Wo zur Hölle lagen eigentlich diese Cookinseln? Es war ein freier Sonntag im legendären Paintball-Office in Perth und die Traveller-Synapsen in meinem Kopf feuerten mal wieder auf Hochtouren. Ich hatte es mir mit meinem Laptop auf der Couch bequem gemacht und steckte mitten in der Reiseplanung für mein bislang größtes Abenteuer. Eine Sache stand fest: Um nach Neuseeland einreisen zu können, müsste ich dem dortigen Airport-Officer zumindest ein gültiges Weiterflugticket präsentieren können. Das war aber gar nicht so einfach, denn von Auckland aus, wo mein Roadtrip Anfang April enden würde, stand einem quasi ganz Ozeanien offen. Fidschi, Samoa oder Tonga? Wie sollte man sich da entscheiden?
Zur Lösung der verzwickten Sachlage wendete ich zunächst Diegos Skyscanner-Taktik an. Diese App zeigte einem an, in welche Länder man von seinem aktuellen Standpunkt am günstigsten fliegen konnte. Dazu tippte man einfach den gewünschten Abflugort ein und wählte als Ziel die Option „Alle Orte". Die Seite listete daraufhin sämtliche Destinationen auf, die von hier aus entweder besonders günstig oder sehr einfach zu erreichen waren. Und genau hier wurden mir nun eben jene mysteriösen Cookinseln vorgeschlagen. Deren Hauptinsel Rarotonga war von Auckland aus schon für etwa 100 Euro zu erreichen. Eine detailliertere Prüfung machte mir allerdings relativ schnell einen Strich durch die Rechnung. Das kleine Inselparadies war in gewisser Weise eine One-Way-Endstation, von der aus es keinerlei Weiterflugmöglichkeiten gab. Die einzige Option bestand darin, im Anschluss wieder zurück nach Neuseeland zu fliegen. Für den ambitionierten Rucksackreisenden war das natürlich nichts.

Nachdem ich zwischenzeitlich sogar eine völlig verrückte Route über Bora Bora, Hawaii und Mexiko durchgespielt hatte, entschied ich mich letztlich doch für die vom spanischen Reiseguru Diego vorgeschlagene Option. Am 2. April würde ich für schlappe 160 Euro von Auckland auf die Fidschi-Inseln fliegen. Hier war die Stadt Nadi so etwas wie der Knotenpunkt Ozeaniens. Von dort aus gab es viele günstige Flüge auf alle umliegenden Inselstaaten, unter anderem auch nach Vanuatu, das definitiv mein anschließendes Ziel sein würde. Wer brauchte da schon die Cookinseln?

Nachdem dieses Ding geklärt war, konnte ich mich ganz der Neuseeland-Planung widmen. Auf jeden Fall wollte ich ein Auto mieten und für mehrere Wochen einen Roadtrip über beide Inseln unternehmen. Priorität Nummer 1 war hier zunächst, eine möglichst gut aussehende weibliche Reisebegleiterin zu finden, um Kosten und gemütliche Nächte im Auto zu teilen – ist doch ganz klar. Wie ließ sich das nun am besten bewerkstelligen? Freunde, ich kann euch sagen, mein Plan war raffiniert! In diverse Facebook-Backpacker-Gruppen postete ich eine Reihe schicker Bilder von mir und der neuseeländischen Landschaft sowie eine detaillierte und möglichst coole Beschreibung der geplanten Unternehmung. Da würden die Mädels doch nur so Schlange stehen, richtig? Nun, insgesamt erhielt ich sechs Anfragen. Allesamt von männlichen Aspiranten. Darunter waren vier deutsche Backpacker und ein merkwürdiger Schweizer ohne Profilbild.
Schließlich entschied ich mich zähneknirschend für Nummer sechs: den 26-jährigen Kanadier Steven. Gut war, dass der Kollege sich bereits im verregneten Christchurch aufhielt und einen recht sympathischen Eindruck machte. Schlecht war, dass er eben kein süßes Mädel war und seine mehrmonatige Reise aufgrund von Heimweh eigentlich gerade abbrechen wollte. Durch meinen Roadtrip-Plan hatte Steven sich nun doch noch mal vom Abenteuergeist packen lassen. Für uns beide war das trotz einiger freundlicher Gespräche im Facebook-Chat ein absoluter Schuss ins Blaue. Schon in wenigen Tagen würde sich jeder von uns mit einem völlig Fremden ins Auto setzen und auf einer dreiwöchigen Reise jede Minute teilen.
Was gab es nun also noch alles zu planen?

Das Budget: Zunächst einmal benötigte jeder noch so bescheidene Backpacker natürlich ein gewisses Budget. Im Nachhinein kann ich sagen, dass man einen dreiwöchigen Roadtrip in Neuseeland zu zweit schon für etwa 1500 Euro ohne Flüge umsetzen kann. Bei mir würde es letztlich aus bestimmten Gründen auf deutlich mehr als 2000 Euro hinauslaufen.

Route und Zeitplan: Auch mein – schon etwas verrückter – Papa wollte mich unbedingt noch einmal besuchen kommen und hatte sich anhand meiner neuen Reisepläne nun kurzerhand entschieden, Anfang April mal eben nach Fidschi zu fliegen. Das war natürlich der Hammer. Gleichzeitig war damit in Stein gemeißelt, dass ich Neuseeland am 4. April verlassen würde und somit exakt 20 Tage für den Trip mit Steven zur Verfügung standen. Aus dieser Zeit musste das absolute Maximum herausgeholt werden! So informierte ich mich online stundenlang über alle sehenswerten Orte, Landschaften und Aktivitäten des Landes und fertigte dann ganz nach Diegos Vorbild eine formschöne Skizze der Südinsel, auf der mein Hauptaugenmerk liegen sollte. Zu den Highlights sollten der höchste Berg Mount Cook, ein Besuch am berühmten Fjord Milford Sound, ein Bungeesprung in Queenstown, der Franz-Josef-Gletscher und der Abel Tasman Nationalpark im Norden der Insel zählen. Auf der Skizze der Nordinsel, mit der ich mich weniger intensiv beschäftigte, zeichnete ich lediglich die Punkte Tongariro-Nationalpark, Hobbiton, die Geysire in Rotorua und die ganz nördlich gelegene Bay of Islands ein. Da auch Stevinho wenige Tage später von Auckland zurück nach Kanada fliegen würde, war die Stadt der perfekte Endpunkt unseres Trips.
Von Christchurch ausgehend würden wir zuerst die gesamte Südinsel umrunden. Dafür kalkulierte ich etwa zwei Wochen ein. Die verbleibende Zeit wollten wir nutzen, um mit der Fähre nach Wellington überzusetzen und in den restlichen Tagen mehr oder weniger spontan die etwas kleinere Nordinsel zu erkunden. Beide Inseln waren zusammengenommen flächenmäßig etwas kleiner als Deutschland. Gleichzeitig gab es in dem Land mit gerade mal gut drei Millionen Einwohnern außerhalb der wenigen Städte ein nur wenig ausgebautes Straßennetz. Weite Teile der Inseln waren von der außergewöhnlichen Natur geprägt. Meist schlängelten sich schmale, holprige Landstraßen zwischen den Gebirgen, Regenwäldern und Seen durch die Landschaft. Tatsächlich gab es in Neuseeland wohl so viel zu sehen und zu erleben, dass sämtliche Menschen, denen ich von meinem Plan erzählte, die Hände über dem Kopf zusammenschlugen und mein Vorhaben für unmöglich erklärten. Davon wollte ich aller-

dings nichts hören. Ich war davon überzeugt, dass mit guter Planung alles möglich war.

Die Ausrüstung: Da ich mein Zelt, den Schlafsack und die Schlafmatte unmöglich im Flugzeug nach Christchurch mitnehmen konnte, würde ich ohne jegliche Campingausrüstung in Neuseeland ankommen. Tatsächlich verfügte ich nach einem halben Jahr in Australien nicht mal mehr über eine lange Hose. Dafür hatte ich allerhand Badehosen und lustige Hemden im Handgepäck. Das war zwar schick, für den Neuseelandtrip allerdings eher ungeeignet. Dafür hatte ich aber jetzt Steven. Der Kollege erklärte sich bereit, die Zeit bis zu meiner Ankunft zu nutzen, um den Großteil der benötigten Utensilien zu beschaffen. So setzte er sich über Facebook mit anderen Backpackern in Verbindung und organisierte für nur 30 Dollar einen Wäschekorb voller nützlicher Dinge. Was für ein brillanter Mann! Noch bevor ich überhaupt da war, verfügten wir schon über Gaskocher, Topf, Pfanne, Schüsseln, Besteck, Spülmittel, Campingstühle, einen alten Schlafsack, eine Schlafmatte, Öl, Salz und Pfeffer, Wanderschuhe und zwei Kopfkissen. Vor allem Gaskocher, Topf und Campingstühle erwiesen sich im Laufe des Trips als unersetzlich. Außerdem verfügte Steven selbst schon über einen eigenen Schlafsack und ein Zelt, das uns später noch von großem Nutzen sein würde. Der Plan bestand zunächst darin, im Auto zu schlafen, und so besorgten wir bei einer Einkaufstour in Christchurch eine große Luftmatratze und eine Pumpe sowie zwei große Brotbüchsen. Das war alles.

Das Auto: Nun würde sich ein solcher Roadtrip ohne passendes Vehikel natürlich eher als schwierig erweisen. Das Unternehmen „NZ Rent A Car" bot auf der eigenen Internetseite vor allem ältere Gebrauchtwagen zur Miete an und bestach mit einem unschlagbar günstigen Tarif. Außerdem ermöglichten uns die 18 Filialen, das Auto bequem in Christchurch abzuholen und es drei Wochen später am Flughafen von Auckland abzugeben – perfekt! Letztlich entschied ich mich für einen grauen Subaru Legacy, einen älteren, aber schicken Kombi mit stolzen 260.000 Kilometern auf der Uhr. Mit Versicherung und zusätzlichem Campingstuhl bezahlte ich für 21 Tage insgesamt etwa 700 Euro. Sofern der Wagen unterwegs nicht zusammenbrach, war das definitiv ein Top-Deal!

Teil 3 – 03 - 06 / 2017

Christchurch, NZ

Wie man 15 Grad und Nieselregen meistert

Es war ein grauer Dienstagvormittag in Christchurch, als sich die Glastür des Flughafenterminals vor mir öffnete und ich zum ersten Mal einen Fuß auf neuseeländischen Boden setzte. Und es war ein einziger Schock. In Christchurch regnete es bei unfassbar kalten 15 Grad. Nach einem halben Jahr bei Temperaturen um die 30 Grad und Sonnenschein fühlte ich mich nun wie in einer längst vergessenen, furchtbaren Welt. Mein Körper war ganz offensichtlich noch im Hawaiihemd-Modus unterwegs und rebellierte bei jedem Schritt. Ich spürte fast augenblicklich, wie sich eine Erkältung anbahnte. Erst in diesem Moment wurde mir klar, dass ich mein Leben wohl nicht ewig in seidenen Bierschlüpfern und bunten Hemden mit Palmenmotiv weiterführen konnte.

Mit Steven würde ich mich noch am Nachmittag im Hostel treffen, wo wir uns für eine Nacht eingemietet hatten.

Mit Einkaufstüten und kurzer Hose stolperte ich in den Gemeinschaftsraum und übersah den großen Kanadier zunächst komplett. Erst als er meinen Blick mit den Worten „Hey, Marcel?" auf sich zog, bemerkte ich den Kollegen, der neben der Tür auf einer bequemen Couch saß. Steven hatte kurze, hellbraune Haare, trug eine schmale Brille und lächelte freundlich. Wir waren wohl beide ziemlich aufgeregt und begannen, uns etwas nervös über den bevorstehenden Trip auszutauschen. Stolz präsentierte Steven seine riesige Ansammlung nützlicher Dinge, die er inzwischen zusammengetragen hatte. Wahnsinn! Ich war regelrecht begeistert und bemerkte, dass ich die Hälfte davon wahrscheinlich vergessen hätte.

Der Kanadier hatte in seiner Heimatstadt Edmonton als Physiotherapeut gearbeitet, diesen Job aber nach einem Streit mit seiner Chefin gekündigt und war daraufhin zu einer längeren Reise aufgebrochen. Nach etwas mehr als zwei Monaten in Australien und einigen Tagen im verregneten Christchurch hatte ihn allerdings das Heimweh gepackt. Und so hatte er sich gerade darüber Gedanken gemacht, seinen Trip vorzeitig abzubrechen, als ihn meine eigentlich an eine andere Zielgruppe adressierte Roadtrip-Anzeige begeistern konnte. Der Kerl war mir augenblicklich sympathisch.

Mount Cook, NZ

Wie man die erste Nacht am Mount Cook überlebt

Unsere ersten Fahrtstunden führten uns schon bald durch eine phänomenale Berglandschaft vorbei am riesigen Lake Tekapo, mitten hinein ins Zentralmassiv bis an den Fuß des 3700 Meter hohen Mount Cook. Für die bevorstehende Übernachtung hatten wir den am Fuße des Berges gelegenen „White Horse Hill"-Campingplatz herausgesucht. Die Szenerie hier war einfach phänomenal. Am Ende des Tales reckten sich steile, mit Schnee bedeckte Felswände in den Himmel, hinter denen allmählich die Sonne verschwand. Nachdem ich mir mangels fließenden Wassers mithilfe einer Wasserflasche provisorisch die Zähne geputzt hatte, zwängten wir uns schließlich erstmals ins Heck unseres Subaru. Unsere komfortable, etwa 130 cm breite Luftmatratze passte bei umgeklappten Rücksitzen gerade so hinein. Allerdings war der Platz für zwei große Jungs doch etwas knapp. So konnte ich meine Beine nicht richtig ausstrecken und war mittlerweile auch recht stark erkältet. Noch bevor ich zum ersten Mal einschlief, machte mir allerdings ein anderer Gedanke zu schaffen. Aufgrund der kalten Temperaturen hatten wir die Fenster geschlossen. Schnell waren die Scheiben von innen heftig beschlagen. Konnte man aufgrund mangelnder Sauerstoffzufuhr über Nacht im Inneren eines Fahrzeugs ersticken? Mich überkam Panik und ich öffnete augenblicklich alle Fenster. Etwa zwei Stunden später wachte ich zum ersten Mal auf. Mittlerweile herrschten im Wageninneren arktische Temperaturen. Trotzdem wagte ich es nicht, die Fenster wieder zu schließen. Ich zog mir meinen Pullover über und wickelte mich in den alten Schlafsack, den ich wegen des kaputten Reißverschlusses nur als bessere Decke nutzen konnte. Gegen vier Uhr morgens trug ich dann schon zwei T-Shirts, Sweatshirt, Pullover und Weste und fragte mich, wie ich die drei Wochen hier lebendig überstehen sollte. Die Stunden schleppten sich dahin. Auch Steven fluchte im Halbschlaf immer wieder unverständlich vor sich hin und wälzte sich von einer Seite auf die andere. Letztlich waren wir am nächsten Morgen heilfroh, als wir bei strahlendem Sonnenschein die Kofferraumklappe öffnen konnten. Nach dieser Horrornacht kitzelten die wärmenden Sonnenstrahlen in Verbindung mit der frischen Luft und der beeindruckenden Szenerie eine wirklich euphorische Stimmung aus mir heraus. Ich erinnere mich noch gut, wie ich meinen kleinen Lautsprecher herausholte und wir zu Calvin Harris' Song

„Summer" auf den Campingstühlen mit Haferflocken, Mandelmilch, Banane und Nüssen unser erstes Roadtrip-Frühstück genossen.
Nach einer Wanderung am Mount Cook ging es am Nachmittag zurück an die Küste, wo wir uns über die Southern Scenic Route bis zum Slope Point, dem südlichsten Punkt der Südinsel Neuseelands, vorarbeiteten. Nach zwei Tagen im unbeschreiblich wilden und wunderschönen Fjordland und einer atemberaubenden Kajaktour im Fjord Milford Sound erreichten wir bereits am sechsten Tag unseres Trips das legendäre Queenstown.

Queenstown, NZ

Wie man Bungee- und Fallschirmsprung an einem Tag macht

Viele hatten mir die Kleinstadt mit ihren 12.000 Einwohnern zuvor schon aufgrund der besonderen Lage am Rande des riesigen Lake Wakatipu inmitten einer massiven Berglandschaft als spektakulärsten Ort Neuseelands angepriesen. Außerdem war Queenstown als Action- und Adrenalinzentrum des Landes berühmt und berüchtigt. Warum das so war, wurde mir bereits kurz nach der Ankunft in dem kleinen, aber ausgesprochen gut besuchten Städtchen bewusst. Beim obligatorischen Gang ins Besucherzentrum stieß einem sofort eine riesige Wand aus Flyern, Postern und Prospekten ins Auge, die einem diverseste actiongeladene Angebote unterbreiteten. Vom klassischen Bungeesprung über Wildwasser-Rafting und Speedboat-Fahren konnte man bis zum Fallschirmspringen alle vorstellbaren und unvorstellbaren Aktivitäten buchen. Selbst einen steilen Berghang konnte man sich in einem Go-Kart ohne Bremsen hinabstürzen, wenn man denn auf so etwas Lust hatte. Queenstown galt als Heimat des Bungeespringens. Somit verfügte die Stadt natürlich auch über zwei der berühmtesten Bungee-Locations der Welt. Ich war noch nie zuvor gesprungen. Nun ja. Ein Roadtrip in Neuseeland und ein Abstecher ins berühmte Queenstown stellten wohl die perfekten Umstände dar, um auch diese verrückte Sache endlich von der Liste zu streichen. Während ich mich also im Gewusel des Besucherzentrums aufgeregt nach dem passenden Angebot umschaute, fielen mir auch noch sämtliche andere Flyer in die Finger. Und so kam es, dass ich wenig später nicht mit einem Bungeeprospekt, sondern auch mit einer Broschüre zum Skydiving in der Hand unschlüssig von einem Bein aufs andere tappte.

In meiner Gedankenwelt spielte sich Folgendes ab: Bungeespringen würde ich sowieso und hatte mich eigentlich auch schon dafür entschieden. Man konnte sich entweder ganz klassisch von der berühmten, 43 Meter hohen Kawarau Bridge stürzen oder aber mit dem 134 Meter hohen Nevis Bungy den höchsten Bungeesprung in ganz Australien auf sich nehmen. An dieser Stelle können gerne Tipps abgegeben werden, für welche der beiden Optionen ich mich wohl entschied. So viel sei gesagt: Go big or go home! Dasselbe Motto hatten sich die Anbieter offenbar bei ihrer Preiskalkulation ebenfalls zu Herzen genommen, und so kostete schon der von mir auserwählten Bungeesprung 275 Dollar. Nun war es aber so, dass die Leute im Besucherzentrum natürlich wussten, was die meisten Menschen nach Queenstown brachte. Aus diesem Grund gab es eine bunte Auswahl verschiedenster Kombitickets und Spezialangebote. Während ich also der netten Dame am Infoschalter meine wilden Gedankengänge schilderte, ratterte es scheinbar gewaltig in ihrem Kopf, und so lag mir bereits kurze Zeit später ein unterschriftsreifes Angebot vor. Innerhalb weniger Sekunden ließ ich mir alles durch den Kopf gehen, nickte dann und stellte nüchtern fest: „Okay, ich mache das." Der genaue Betrag, der wenig später von meiner Kreditkarte abging, ist mir auf wundersame Weise entfallen, lag aber irgendwo zwischen 500 und 600 Dollar. Als ich mich wenig später mit wohl etwas errötetem Kopf vom Ticketschalter abwendete, schaute mich Steven schief an und fragte: „Ähm, was hast du da eigentlich gerade gemacht?" – „Ach so, ich habe soeben meinen Bungeesprung und gleich noch Skydiving dazugebucht." Steven runzelte merklich die Stirn. „Mann, das war ein echt guter Deal", fügte ich fast schon entschuldigend hinzu. „Skydiving allein hätte bereits 500 Dollar gekostet und sie hat mir das in der Kombi für nur so 580 Dollar verkauft. Kann man machen." Klar. Kann man machen.

Da in Queenstown aufgrund diverser Aktivitäten ohnehin zwei Übernachtungen eingeplant waren, ließ sich diese spontane Aktion sogar mit unserem Zeitplan vereinbaren. Am nächsten Tag würde es für mich mit dem Bus zum Skydiving gehen und tags darauf stand direkt am Morgen mein Bungeesprung an. Ja, zugegeben, diese ganze Nummer war schon etwas bekloppt.

Und ab die wilde Fahrt!

Ich war früh wach und richtete meinen Blick gen Himmel. Grau. Auch als ich mich gegen 10 Uhr im Büro des Skydive-Unternehmens meldete, trübte nach wie vor eine dichte Wolkenfront meine Stimmung. Steven, der weder von der

Idee, aus einem einwandfrei funktionierenden Flugzeug zu springen, noch von der Vorstellung, sich an einem Gummiseil befestigt von einer Plattform zu stürzen, besonders angetan war, hatte sich an diesem Tag für das Alternativprogramm entschieden und würde eine beschauliche Wanderung antreten.
Offensichtlich hatten auch die Servicemitarbeiter der Skydive-Firma die ungünstige Wetterlage bemerkt und waren sich nicht mal sicher, ob unter diesen Bedingungen überhaupt gesprungen wurde. Allerdings konnte ich es mir nicht leisten, hier gemütlich auf Besserung zu warten, da am nächsten Tag bereits der Bungeesprung anstand und wir uns einen dritten Tag in Queenstown zeitlich – und wohl auch finanziell – nicht leisten konnten. Nun arbeiteten aber scheinbar sämtliche Eventfirmen der Stadt in einer mafiaähnlichen Struktur zusammen, was auch das Zustandekommen der zahlreichen dubiosen Pakete und Sonderangebote erklärte. Die Tatsache, dass hier offenbar jeder jeden kannte und die Skydive-Mitarbeiter wohl auch bei der Bungeefirma irgendwie mit drinsteckten, sollte nun aber meinen Tag retten. Tatsächlich offerierten sie mir aufgrund der misslichen Wetterlage ganz einfach, meine Termine für Fallschirmsprung und Bungee zu tauschen. Beim Bungeespringen konnte man getrost auf den Bewölkungsgrad pfeifen – sofern man denn überlebte –, und so fand ich mich wenig später in der großen Eingangshalle von A.J. Hackett Bungy New Zealand wieder. Während ich in der Schlange zwischen Dutzenden anderer aufgeregter Kandidaten auf das obligatorische Wiegen – um sicherzugehen, dass das Seil nicht riss – wartete, kam ich mit einem enorm haarigen Mann hinter mir ins Gespräch. Tatsächlich war der etwa 30-jährige Amerikaner Mo mit seinen langen, braunen Locken und seinem dichten Vollbart so behaart, dass ich kaum sein Gesicht ausmachen konnte. Ebenso wie ich hatte er für seinen ersten Bungeesprung den Ort Queenstown ausgewählt und war mindestens genauso aufgeregt. Als wir wenig später gemeinsam in einem vollgepackten Bus saßen, erzählte er mir, dass er vor einigen Monaten den lästigen Job zu Hause hingeschmissen habe, sich seitdem nicht mehr rasiere und nun auf unbestimmte Zeit allein um die Welt reise.
Etwa 20 Fahrminuten außerhalb von Queenstown gelangten wir an die Kawarau Bridge, die 1988 von A.J. Hackett zum ersten kommerziellen Bungeesprung unserer Galaxie genutzt worden war. Damit nun auch zur Auflösung der sicher heiß diskutierten Rätselfrage: Ich gehörte NICHT zu dem Großteil der Menschen, die sich nun aufgeregt tuschelnd aus dem Bus verabschiedeten, sondern hatte mich selbstverständlich für den 134 Meter hohen Nevis Bungy

entschieden. Nachdem ich also gemeinsam mit Mo und nur einem knappen Dutzend anderer Menschen in dem jetzt fast leeren Bus zurückgeblieben war, wurde mir bewusst, dass ich wohl wirklich eine recht gewagte Entscheidung getroffen hatte. Nach weiteren 20 Minuten bogen wir schließlich auf eine hügelige Schotterstraße, die uns bis tief in die schroffe Landschaft des Gibbston Valley führte. Hier befand sich an einem kargen Felshang die „Nevis Bungy"-Station. Mit Verlassen des Busses meldete sich auch meine Aufregung in dem zu erwartenden Ausmaß zurück. Der Sprung war nun wirklich greifbar und stand kurz bevor. Erstmals erblickte ich jetzt auch die Plattform, von der aus ich mich in wenigen Minuten in die Tiefe stürzen sollte. Über einer fast 200 Meter tiefen Felsschlucht hing zentral eine an mehreren Drahtseilen befestigte Kapsel, die ein wenig den Eindruck einer etwas überdimensionalen Seilbahn vermittelte. In Fünfergruppen sollten wir nacheinander in einer kleinen Gondel zur Sprungstation übersetzen. Um den Spaß noch zu verdoppeln, wurde ich selbstverständlich als erster Springer der ersten Gruppe genannt. In der rechteckigen Sprungkapsel dröhnte laute Hip-Hop-Musik. Lässige Typen in Tank-Tops gaben uns noch eine letzte Einweisung. Durch den gläsernen Boden konnte man schon den Fluss erkennen, der sich unter uns durch die Schlucht schlängelte. Noch ein letztes Mal sollte ich lässig in die Kamera grinsen. Dann war der finale Moment gekommen. Mit zusammengebundenen Füßen tippelte ich in kleinen Schritten auf die etwa 50 Zentimeter hervorstehende Planke. In diesem Moment überschlug sich alles. Das Adrenalin in meinem Blut multiplizierte sich noch einmal um ein Vielfaches. Mein ganzer Körper kribbelte. Gleichzeitig fühlte ich mich so lebendig wie wahrscheinlich noch nie zuvor. Es war brutal, aber irgendwie auch großartig. Erstmals hatte ich jetzt völlig freie Sicht auf die unendlich weit unter mir liegende Schlucht. Auch wenn ich völliges Vertrauen in die Sicherheit der Anlage hatte, musste ich einige Windungen in meinem Kopf gewaltsam umlegen. Ja, ein bisschen bekloppt musste man sein, um seine Beine tatsächlich zum Absprung in ein Szenario zu bewegen, das ohne Seil den sicheren Tod verhieß. Als plötzlich der Typ hinter mir zu schreien begann, nahm ich die dröhnende Musik schon nicht mehr wahr. „Three, two, one, BUNGY!" Ich sprang ab. Und wie ich sprang, Freunde! Mit weit gestreckten Armen hechtete ich mit dem Kopf zuerst nach vorn. Das war ein astreiner Becker-Hecht! Tatsächlich lieferte ich hier wohl einen formschönen, feinästhetischen Bungeesprung erster Güteklasse ab. Alles, was ich davon mitbekam, war allerdings, wie mir kalte Luft ins Gesicht preschte, während ich mit weit aufgerissenen Augen und Mund nach unten schoss. Das schroffe Felsental kam immer näher. Für unendlich erscheinende 8,5 Sekunden befand ich mich im freien Fall. Zeit zum Nachdenken kam hier trotzdem nicht auf. Mein Körper war ein einziger Schock. Im Voraus hatte ich mich auf ein ruckartiges Abstoppen eingestellt. Tatsächlich merkte ich irgendwann aber nur, wie ich ganz geschmeidig immer langsamer wurde, dann für einen kurzen Moment in der Luft stillstand und schließlich wie ein Gummimännchen nach oben schoss. Wahnsinn! Dieser Vorgang wiederholte sich drei Mal, und schon während des zweiten Falls brach ich in verrücktes Lachen aus. Tatsächlich konnte ich diesen Wahnsinn langsam sogar genießen. Nachdem man mich wieder nach oben auf die Plattform gezogen hatte, fühlte ich mich wie befreit und gab zuerst meinem Bungee-Bro Mo, der den Sprung noch vor sich hatte, ein ausgelassenes High five. Breit grinsend und euphorisiert lief ich in der Sprungkapsel umher und wusste nicht so recht, was ich mit mir anfangen sollte.

Etwas ausgelaugt, jedoch inzwischen ungemein stolz kehrten wir am frühen Nachmittag nach Queenstown zurück. Steven war wohl auch noch während der nächsten Stunden auf seiner sicher genauso aufregenden Wandertour. Also beschloss ich, dem Skydive-Büro einen weiteren Besuch abzustatten. Mein neuer Termin war für den nächsten Tag um 11 Uhr morgens festgesetzt und ich wollte versuchen, eine etwas frühere Sprungzeit zu bekommen. Das folgende Gespräch lief dann allerdings etwas anders als erwartet. „Morgen ist es leider schon sehr voll, weil wir heute viele Sprünge verschieben mussten. Moment. Wie wäre es heute? Die Kollegen in Wanaka führen im Laufe des Tages noch eine Reihe Sprünge durch. Die haben auch besseres Wetter dort oben." Ich hatte mich noch nicht ganz von meinem Bungeesprung erholt und konnte diesen Vorschlag nicht richtig verarbeiten. „Ähm. Heute? Ja … ja klar, wieso nicht?" – „Okay, super, der Bus fährt in zehn Minuten." Der Bus fuhr also in zehn Minuten. Ich ging also nach meinem Bungeesprung jetzt direkt noch Fallschirmspringen. Na schön. Alles klar. Am Auto hinterließ ich eilig eine Notiz für Steven, schnappte mir ein Subway-Sandwich und stieg dann eilig in den Kleinbus, der mich gemeinsam mit einem Dutzend anderer Fallschirmspringer nach Wanaka brachte. Auf der anderthalbstündigen Busfahrt bekam ich allmählich wieder einen halbwegs klaren Kopf und realisierte, was hier eigentlich gerade passierte. Offenbar erstreckte sich die Queenstown-Event-Mafia bis hinauf nach Wanaka und hatte mir deshalb soeben dort einen Termin zum

Skydiving vermitteln können. Für mich hatte das zur Folge, dass ich nun zwei Dinge, die die meisten Menschen wahrscheinlich in ihrem ganzen Leben nicht machten, an einem einzigen Tag abhaken würde. Mannomann! Und ehe ich michs versah, stand ich auf einmal in einem kleinen Flugzeughangar. Ohne dass ich es wirklich mitbekommen hatte, steckte mein Körper bereits in einem strahlend roten Ganzkörperanzug mit der Aufschrift „Skydive Wanaka". Die kleine, orange leuchtende Propellermaschine stand schon bereit und auch meine erfahrene Flugbegleiterin hatte sich mir längst vorgestellt. Die nette Dame würde sich später an meinen Rücken gurten. Hoffentlich hatte sie einen Fallschirm dabei. Während sich die Wolkendecke inzwischen etwas aufgelockert hatte, wehte nach wie vor eine recht steife Brise. Letztlich wurde unser Sprung daher immer wieder verschoben. Nervös tigerte ich im Hangar auf und ab. Zu diesem Zeitpunkt wusste ich schon nicht mehr so recht, wie ich mich überhaupt fühlen sollte.

Nach mehr als einer halben Stunde stieg ich endlich in den Flieger. In der engen Maschine saßen zusammengequetscht auf dem Boden insgesamt etwa acht Sprungpaare. Selbstverständlich saß ich ungewollt wieder ganz vorne, direkt an der dünnen, durchsichtigen Schiebetür. Auch hier musste ich also wieder der Erste sein, der sich kurz darauf ins Nichts stürzen sollte. Während sich die kleine Propellermaschine wie ein Korkenzieher kreiselnd in den Himmel schraubte, gefror mir beim Blick hinunter zunehmend die Mimik. Was zur Hölle machte ich eigentlich hier?! Plötzlich schob irgendjemand in einer Höhe von 12.000 Fuß krachend die Schiebetür auf. Und das genau vor meinem verdammten Gesicht! In diesem Moment wurde mir klar, dass ich noch nie zuvor in einem Flugzeug gesessen hatte, während die verdammte Tür offen war! Und das auch noch gerade mal einen Meter vor mir entfernt! Was zur Hölle machte ich eigentlich hier?! Natürlich gab es kein Zurück. Die inzwischen fest an meinen Rücken gebundene Begleiterin gab mir zu verstehen, ich solle doch möglichst noch ein Stück nach vorne rutschen – na klar, kein Problem, gerne doch. Jetzt baumelten meine Füße schon frei nach draußen. Weiter schaffte ich es nicht. Doch als wäre das nicht genug, half die nette Dame nun etwas nach und schob meinen Hintern mit einem kräftigen Ruck so weit an die Kante, dass ich mich nicht mal mehr selbst festhalten konnte. Das war zu viel. Inzwischen hatte ich die Kontrolle längst abgegeben. Wie ein Marienkäfer hing ich hilflos mit allen vieren nach draußen. Das Einzige, was mich noch im Flugzeug hielt, waren die Gurte, die meinen Rücken am Bauch meiner Begleitung festmachten.

Während ich schon beim Öffnen der Tür einen mittelschweren Schock erlitten hatte, verschlimmerte sich meine Situation in dieser überaus misslichen Lage noch um ein Vielfaches. Glücklicherweise war ich aber hier nicht selbst für den Absprung verantwortlich. Das hätte ich wohl auch nicht fertiggebracht. Wenige Augenblicke später wurde ich aus der Maschine gestoßen, ohne dass ich es mir anders hätte überlegen können. So fiel ich nun also. Aus einem fliegenden Flugzeug. Freunde! Nachdem wir uns zunächst wild überschlagen hatten, erreichten wir nach etwa fünf Sekunden unsere Flugposition. Im Gegensatz zum Bungee war der Flug hier nicht ein einziger Schock, der schon nach wenigen Sekunden von einem Seil abgefangen wurde. Man flog einfach weiter, insgesamt wohl fast eine Minute. Und so kam es, dass ich mich nach einer kurzen Schockphase zunächst mehr schlecht als recht an die neuen Umstände gewöhnte. „Mann, das ist gar nicht so übel!", dachte ich nach einigen weiteren Sekunden und begann den Flug fast schon zu genießen. Beim Bungee hatte man keine Zeit zum Denken. Hier schon. Man fiel eben einfach. Ich wusste nicht, wie ich mich zu verhalten hatte, streckte Arme und Füße weit von mir, lachte hysterisch und versuchte mit einigen coolen Gesten Eindruck auf meinen Kameramann zu machen.
Irgendwann öffnete sich dann der Fallschirm, und schon wenig später stand ich mit schmerzenden Ohren plötzlich wieder auf dem Boden. Jetzt hätte ich erwartet, nach einer solchen Aktion auch hier wieder völlig euphorisch durch die Gegend zu springen. Tatsächlich war ich aber in einer sehr merkwürdigen Stimmung. Die anschließende Euphorie blieb diesmal größtenteils aus. Stattdessen fühlte ich mich nur unglaublich erschöpft und etwas benebelt in der Rübe.
Auch später am Abend war ich noch nicht wirklich in der Lage, meinem Kumpel von meinen Erlebnissen zu berichten. Der übermäßige Adrenalinschock hatte mein Gehirn wohl in eine Art Dämmerzustand versetzt. Meine Erinnerung an den freien Fall in Wanaka waren wesentlich trüber und verschleierter als die an den vorherigen Bungeesprung, den ich im Nachhinein auch wesentlich mehr genießen konnte. Bungy und Skydiving an einem Tag – das war wohl doch etwas zu viel für mich. Aber hey, was für ein Tag!

Wie man den Roadtrip-Lifestyle lebt

Insgesamt hatte ich in Queenstown aufgrund gewisser Aktivitäten und vor allem des sündhaft teuren Bild- und Videomaterials letztlich fast 1000 Dollar verpulvert und damit an einem Tag so viel ausgegeben wie zuvor in ... ach, lassen wir das.

Zum ersten und einzigen Mal auf dem gesamten Trip hatten wir außerdem zwei Nächte am selben Ort verbracht. Zusammen hatten wir dabei jedoch einmal mehr durch gnadenlose Effektivität bestochen. Als Team hatten wir es nämlich fertiggebracht, innerhalb eines einzigen Tages Bungee und Fallschirm zu springen und dazu noch eine sechsstündige Bergwanderung zu absolvieren. Somit hatten wir einen weiteren Tag eingespart und konnten schon am nächsten Morgen nach nicht einmal 48 Stunden in Queenstown direkt wieder losstarten.

Nach nun einer Woche auf der Straße hatten wir uns mit der Planung und dem Roadtrip-Lifestyle richtig gut eingegrooved. Steven, der zum Glück noch ein eigenes Zelt dabeihatte, zog es mittlerweile vor, die Nächte im Freien zu verbringen. Das war für uns beide eine klare Win-win-Situation. Wir gingen früh schlafen, standen früh auf, spulten Kilometer von der Uhr, wanderten viel und erlebten die grandiose Natur in vollen Zügen. Ab und zu gab es sogar einen Campingplatz mit warmer Dusche. Eine warme Dusche, Freunde! Wahnsinn! Aller zwei bis drei Tage fanden wir den Weg zurück in die Zivilisation und stoppten bei einem Supermarkt. Mit Topf und Pfanne waren wir bestens ausgestattet und bereiteten unsere Mahlzeiten jeden Abend gemeinsam auf dem Gaskocher zu.

Während wir am Anfang des Trips noch etwas euphorischer und variabler eingekauft hatten, erschien uns die Idee einer ausgewogenen Ernährung inzwischen wie ein schlechter Treppenwitz. Mit der Zeit hatten wir ohnehin eine ziemlich feste und gut funktionierende Nahrungsliste aufgestellt. Stevens und Marcels NZ-Roadtrip-Ernährungsplan beinhaltete folgende kulinarische Höhepunkte:

Frühstück – eine Schüssel Haferflocken mit Schokomilch und einer Banane, dazu zwei Scheiben Vollkorntoast mit Nugatcreme und etwas Orangensaft

Mittag – abwechselnd günstige Pizza vom Bäckerstand oder Karotten mit Humus und Toastbrot

Abendessen – Nudeln. Immer. Dabei konnte sich der jeweilige Chefkoch allerdings frei entfalten und wahlweise noch Fertigsoßen, Käse, Zwiebeln, Thunfisch oder Dosenmais hinzuzaubern.
Als **Snack** zwischendurch standen auf längeren Wanderungen oder auch einfach so für besonders hungrige Truppenteile – um genau zu sein: mich – jederzeit noch ein Beutel Äpfel und Müsliriegel bereit.
Wie anhand dieser Auflistung zu erkennen ist, mussten wir inzwischen ziemlich auf die Kostenbremse treten.

Da wir auf unserer Tour fast nirgends Radioempfang hatten, wurde vor allem die CD von Ed Sheeran, die wir uns an Tag 10 zulegten, zu einem ungemein wichtigen Begleiter. An jenem Tag fuhren wir gerade die Westküste hinauf in Richtung Nelson, als wir für eine ganze Weile die vorerst letzten Sonnenstrahlen erblicken sollten. Zu diesem Zeitpunkt wussten wir noch nicht, dass wir es nun mit einer massiven Regenfront zu tun bekommen würden, die für einige Tage über der gesamten Südinsel hängen sollte. Als wir am späten Nachmittag am Besucherzentrum des Lake Rotoroa eintrafen, hatten wir Eds CD bereits dreimal durchgehört. Der riesige See sollte eigentlich eine spektakuläre Kulisse bieten, erschien uns aber aufgrund der inzwischen wirklich dichten, tief hängenden Wolkendecke wortwörtlich schleierhaft.
Als wir am Abend auf dem Campground ankamen, hatte es leicht zu nieseln begonnen. Unbeirrt zogen wir trotzdem unsere gewohnte und inzwischen perfekt eingespielte Abendroutine durch. Auch im Wagen herrschte zu diesem Zeitpunkt bereits eine gut strukturierte Unordnung. Tagsüber stapelten sich unsere beiden Rucksäcke, Campingausrüstung und sämtlicher anderer Krempel auf der Luftmatratze im Heck. Hinter den beiden Vordersitzen war unsere Speisekammer eingerichtet. Dort befanden sich die Einkaufsbeutel mit unseren vollwertigen Lebensmitteln, eine Packung Toastbrot, Müsliriegel, eine riesige Flasche Orangensaft, Stevens Wanderschuhe, ein 10-Liter-Wasserkanister, Gaskartuschen und eine schicke, gelbe Luftpumpe. Wenn wir täglich zwischen 18 und 20 Uhr auf den Campingplätzen eingetroffen waren, spielte sich folgendes Schema ab: Nach der Ankunft suchte ich zunächst einen geeigneten Parkplatz. Dann sprangen wir aus dem Wagen und öffneten die Heckklappe. Steven schnappte sich sein Zelt, suchte ein geeignetes Plätzchen in der Nähe des Wagens und richtete seinen Schlafplatz. Währenddessen zog ich die Campingstühle aus dem Wagen und gestaltete damit hinter dem Kofferraum eine gemütliche

Sitzecke. Als Nächstes schnappte ich mir die große Kiste mit sämtlichem – hoffentlich sauberem – Geschirr und den Kochutensilien. Dann zog ich den schwarzen Plastikkoffer mit unserem heiligen Gaskocher aus dem Wagen, um selbigen unter strengsten Sicherheitsvorkehrungen auf dem Boden zu entzünden, den Kochtopf mit Wasser aus dem Kanister zu befüllen, ihn auf dem Gaskocher abzustellen und provisorisch mit unserer Bratpfanne abzudecken. Zu diesem Zeitpunkt hatte Steven dann in der Regel seine Schlafzimmereinrichtung abgeschlossen und übernahm die anspruchsvolle Kocharbeit, indem er etwas Salz – ja, wir hatten sogar Salz! – zum Wasser gab. Anschließend warteten wir fluchend und mit kalten Händen, bis die Suppe auf der kümmerlichen Flamme endlich kochte. War dies der Fall, gaben wir eine ganze Packung Nudeln – das waren auch in NZ 500 Gramm – hinzu. An diesem Tag in Nelson Lakes färbte sich das kochende Wasser schon nach kurzer Zeit merkwürdig orange. „Hey Steven, hast du dir eine neue Soßenkreation überlegt oder was ist das?", fragte ich. Tatsächlich war es Rost, der sich im Laufe der Zeit am Boden des alten Topfes abgesetzt hatte. „Hm. Denkst du, wir können das noch essen?", fragte er zweifelnd. Messerscharf analysierte ich die Sachlage. „Na ja, wir haben nichts anderes." Ich überlegte kurz und kramte dann mit erhobenem Zeigefinger die Kenntnisse aus dem Chemieunterricht hervor: „Eigentlich ist Rost ja auch nur oxidiertes Eisen. Wird schon nicht so schlimm sein."
Und so gab es an diesem Abend Pasta aus einer interessanten, schaumig orangefarbenen Brühe – please don't try this at home! Wir überlebten. Nachdem wir unsere Riesenportion Nudeln im Anschluss unter Zugabe einer Fertigsoße aus dem Glas und wahlweise Bohnen oder Thunfisch genüsslich verzehrt hatten, wurden Topf und Schüsseln zunächst in einen Beutel gesteckt, um sie am nächsten Tag bei passender Gelegenheit provisorisch zu säubern. Gab es auf dem Campingplatz ein Toilettenhäuschen, was meist der Fall war, verrichteten wir anschließend noch ein Geschäft und wuschen uns die Hände und manchmal sogar das Gesicht. Meist war es so kalt und wir so erschöpft, dass wir uns bereits nach Einbruch der Dunkelheit in den Kofferraum beziehungsweise ins Zelt verabschiedeten. An freundlicheren Abenden saßen wir meist noch eine Weile unter dem Sternenhimmel, hörten Musik und sprachen über unsere Zukunftspläne, die Heimat und warme Duschen.

Cape Farewell, NZ

Wie man eine Reifenpanne am Cape Farewell überlebt

An Tag 11 hatte sich dann zusätzlich zu den dichten Wolken noch ein permanenter, wirklich unangenehmer Nieselregen eingestellt. Nach längerer Überlegung sahen wir ein, dass die eigentlich geplante Wanderung um den Lake Rotorua unter diesen Bedingungen keinen Sinn machte. So verließen wir Nelson Lakes in Richtung Norden, wo wir auf besseres Wetter hofften.

Was nun folgte, war der in vielerlei Hinsicht bemerkenswerteste Tag unseres Neuseelandtrips. Inzwischen steuerten wir bereits die Nordküste der Insel an und näherten uns damit dem berühmten Abel Tasman-Nationalpark, der mit tollen Wanderwegen zwischen Palmen und Stränden sowie Kajakfahrten in türkisblauem Wasser lockte. Allerdings ging der Niesel schon bald in beständigen Dauerregen und schließlich in endzeitliche Wolkenbrüche über. Bei einer derartigen Wetterlage auf einem Roadtrip war man gelinde gesagt reichlich angeschmiert.

Auch an den ursprünglich geplanten Besuch im Abel-Tasman-Nationalpark war an diesem Tag nicht mehr zu denken. Das Beste und so ziemlich Einzige, was wir unter diesen Bedingungen tun konnten, war, uns einfach weiter in Richtung Norden zu halten. So entschieden wir, bis ganz hinauf zum Cape Farewell weiterzufahren und damit den nördlichsten Punkt der Insel zu besuchen.

Dieser unglaublich düstere Tag führte zu einer ganz besonderen, irgendwie apokalyptischen Atmosphäre. Es war natürlich beklemmend, aber auch aufregend und abenteuerlich. Nichts prägte die Zeit so sehr wie die Fahrten auf den engen Landstraßen, bei denen Ed Sheerans Stimme aus den Lautsprechern tönte, während wir uns durch die dichten Nordwälder schlängelten und der Regen unaufhörlich auf die Windschutzscheibe trommelte.

Nachdem wir uns kurz hinter Motueka über einen letzten, steilen Bergkamm, den Takaka Hill, geschlängelt hatten, lag nun auch Abel Tasman hinter uns. In dieser abgeschiedenen Gegend gewannen wir zunehmend den Eindruck, die einzigen Menschen weit und breit zu sein. Wir durchquerten immer spärlicher werdende Siedlungen mit skurrilen Namen wie „Onekaka“ oder „Parapara“. Inzwischen bewegten wir uns nahe an der Küste. Und so waren die dichten Wälder weiten Wiesenlandschaften gewichen, während sich zu dem unaufhörlichen Regen nun auch noch starke Windböen gesellt hatten. In dieser Gegend wurde nun irgendwie auch die Straße schlagartig immer holpriger. Tatsächlich dröhnte und holperte es mit der Zeit so sehr, dass ich immer langsamer fahren musste. Während ich mich zunehmend fragte, ob die inzwischen stark rumpelnden Bodenschläge wirklich von der eigentlich solide aussehenden Fahrbahn kommen konnten, unterstrich Steven meine Gedanken mit besorgter Stimme: „Hey Mann, hörst du das? Was zur Hölle ist das?" Hilflos fuhr ich rechts ran und öffnete die Tür. Und tatsächlich. Direkt links hinter mir konnte ich die Rumpelursache erkennen. Freunde, wir hatten einen verdammten Platten! Als ich mit nun leicht benässtem Haupthaar die Tür wieder schloss und Steven die Nachricht übermittelte, musste ich ein Grinsen unterdrücken. Ich kam mir vor wie in einer schlechten Komödie. Wir, zwei Typen, die von Autos absolut keinen Schimmer hatten, befanden uns in strömendem Regen im wirklich entlegensten Gebiet Neuseelands und hatten einen verdammten Platten! Steven schaute mich ratlos an: „Was machen wir denn jetzt?" Diesmal musste ich wirklich grinsen. „Mann, ich habe absolut keine Ahnung!" Allerdings lag es als Kopf der Unternehmung wohl nun an mir, eine Lösung für diese überaus unerquickliche Situation zu finden. Meine ADAC-Mitgliedschaft würde uns hier wohl nicht weit bringen. Schließlich stieg ich hinaus nach Waterworld und öffnete die Kofferraumklappe. Hier konnte ich schließlich unter all unserem Krempel tatsächlich ein Fach mit einem Ersatzrad finden. Na immerhin! Zwar wäre ich durchaus in der Lage gewesen, ein Rad zu wechseln, allerdings verfügten wir über keinerlei Werkzeug oder Ausrüstung. Reichlich durchnässt stieg ich zurück in den Wagen, wo wir für die nächsten Minuten grübelnd sitzen blieben. Der Regen verstärkte sich eher noch. Von allein würde sich unser Problem ohnehin nicht beheben. Wir brauchten Hilfe. Genau genommen brauchten wir eine Person, die über das nötige Fachwissen verfügte und uns bei strömendem Regen bereitwillig beim Radwechsel assistierte. Tatsächlich war es aber bereits eine ziemliche Mission, hier am nördlichsten Zipfel der Insel überhaupt auf einen Menschen zu treffen. Nun schon kurz vor dem Cape Farewell hatten wir seit einer halben Stunde kein anderes Fahrzeug mehr gesehen. Allerdings konnte ich in unserem weiteren Umfeld genau zwei Häuser ausmachen. Es gab also Hoffnung. Die Chance, jemanden zu finden, der uns bei diesem Wetter die Tür öffnete und dann auch noch über passendes Werkzeug und einen Wagenheber verfügte, war natürlich trotzdem eher beschränkt.

Ich lief zum nächstgelegenen Haus und klingelte. Nichts. Ich klingelte ein zweites Mal. Nichts. Offenbar war niemand zu Hause.
Das zweite Gebäude lag etwas weiter die Straße hinunter auf einer großen Grünfläche und war über eine längere Schottereinfahrt zu erreichen. Nachdem ich hier nicht mal eine Klingel hatte finden können, lief ich hilflos noch etwas weiter um das Haus herum. Durch eine gläserne Hintertür konnte ich schließlich in ein gedimmt beleuchtetes Wohnzimmer blicken. Hier lag ein älterer Mann gemeinsam mit seinem Hund friedlich schlafend in eine Decke gewickelt auf dem Sofa. Ich zögerte. Allerdings hatte ich keine Wahl und klopfte vorsichtig gegen die Scheibe. Wie vom Blitz getroffen schreckte der Alte auf, während sein Hund erschrocken vom Sofa sprang. Mit reichlich verwirrtem Blick kam der Mann zur Tür geschlurft. Der kräftige Kerl war etwa Ende 50 und machte in seiner Wollmütze, den wirren, weißen Haaren und den grauen Bartstoppeln den Eindruck eines alten Seefahrers. In meinen durchnässten Klamotten wirkte ich wohl ziemlich bemitleidenswert, als ich mich zunächst drei Mal für die Störung entschuldigte und unsere missliche Lage erklärte. Der alte Veteran lauschte wortlos, grunzte dann etwas Unverständliches und verschwand für einen kurzen Moment im Inneren des Hauses. Schließlich kehrte er in Gummistiefeln und Regenjacke zurück und bedeutete mir, ihm hinters Haus zu folgen. Hier führte er mich in einen alten Holzschuppen, in dem sich Unmengen an verschiedenstem Werkzeug nur so stapelten. Während ich etwas unsicher herumstand, schlurfte der Mann zwischen Werkbänken und jahrzehntealten Kommoden umher, offenbar auf der Suche nach etwas ganz Bestimmtem. Schließlich kehrte er mit einem Radkreuz und einem merkwürdigen, abgenutzten Metallteil, das offensichtlich eine Art Wagenheber aus einer vergangenen Generation war, zurück zur Tür. Während ich mich schon fragte, wie ich dieses antike Gerät bedienen sollte, warf der Alte die Ausrüstung wortlos auf die Ladefläche seines verschlissenen Jeeps und erkundigte sich nach der Position unseres Wagens. Aufgeregt rannte ich zurück zum Subaru, gab dem verdutzten Steven einen Daumen nach oben und machte mich hektisch daran, das Ersatzrad aus dem Kofferraum zu bergen. Während ich Steven und mich noch als kanadische und deutsche Reisende vorstellen wollte und wiederholt erklärte, welche Rettung er für uns darstellte, kniete der Mann schon auf der Straße und machte sich an unserem Auto zu schaffen. In strömendem Regen konnten wir nicht viel tun, außer hilflos daneben zu stehen und zu beobachten, wie es dem Kerl gelang, unseren Wagen nach oben zu schrauben und diesen dann mit

Holzkeilen und einem dicken Jeepreifen abzusichern. Während der ganzen Aktion hatte der Alte außer einigen unverständlichen Grunzgeräuschen kein Wort von sich gegeben. Innerhalb weniger Minuten war es dem Mann mit seiner steinzeitlichen Ausrüstung gelungen, einen absolut astreinen Radwechsel durchzuziehen. Schließlich wies er uns noch darauf hin, dass wir uns ein Metallteil eingefahren hatten. Nur widerwillig ließ er sich davon überzeugen, zum Dank zumindest einen vom Regen durchweichten 20-Dollar-Schein anzunehmen. „You saved our ass, mate!“ Ohne uns die Gelegenheit einer Verabschiedung zu geben, stieg der Alte schließlich wortlos in seinen Jeep und fuhr zurück zum Haus. Dieser Mann war eine absolute Legende!

Nun war unser erlebnisreicher Tag allerdings noch längst nicht zu Ende. Nach diesem Vorfall waren wir nur umso überzeugter, es letztlich bis ans nicht mehr weit entfernte Cape Farewell zu schaffen. Nachdem wir den letzten Rest des Weges bei unverändertem Dauerregen über teils stark überschwemmte Schotterstraßen fortgesetzt hatten, fanden wir uns schließlich, wie so oft in Neuseeland, vor einer eingezäunten Schafkoppel wieder. An einem breiten Holztor war hier der Hinweis „Cape Farewell 400 m. Tor unbedingt schließen!“ angebracht. Zwischen den gleichgültig im Regen stehenden Schafen stapften wir also in eiserner Entschlossenheit die letzten Meter zu Fuß durch den brausenden Sturm. Am Ende der Koppel erreichten wir schließlich eine Art Aussichtspunkt am Rande eines steilen Felskliffs. Etwa 20 Meter unter uns schlugen meterhohe Wellen gegen die Klippen. Zwischen all den Schafen stand hier auf der aufgeweichten Wiese tatsächlich eine große Holztafel. Diese präsentierte die einmalige Inschrift: „Welcome to: Cape Farewell – the northernmost part oft he South Island“. Allen Schwierigkeiten zum Trotz hatten wir es geschafft, innerhalb von acht Tagen sowohl den südlichsten als auch den nördlichsten Punkt der Südinsel Neuseelands zu besuchen. Ich war mächtig stolz!

Egmont Nationalpark, NZ

Wie man einen Vulkan besteigt

Dennoch konnte es letztlich nur eine vernünftige Entscheidung geben. Nachdem die Vorhersage auch für die kommenden Tage kein Ende der endzeitlichen Regenfälle aufzeigen konnte, beschlossen wir, die Insel am nächsten Tag zu verlassen.

Die dreieinhalbstündige Fährfahrt nach Wellington kostete uns zusammen 226 Dollar. Das schmerzte.
Hier hatten wir nun aber die Zeit, uns erstmals wirklich über unser weiteres Vorgehen auf der Nordinsel Gedanken zu machen. Etwas unerwartet hatten wir nun noch mehr als eine Woche Zeit, um auch den zweiten, nur unwesentlich kleineren Teil dieses magischen Landes zu erkunden. Der größte Höhepunkt hier sollte das Tongariro Crossing werden, eine ganztägige Bergwanderung durch eine einmalige Vulkanlandschaft, die weithin als spektakulärste Tour des Landes galt. Zur Nordinsel hatten wir im Vorfeld längst nicht so ausführliche Recherche betrieben, und so waren die einzigen, weiteren Punkte in meiner Skizze die Stadt Rotorua, die für ihre heißen Quellen und Geysire bekannt war, ein Besuch in Hobbiton, der berühmten Kulisse aus den „Herr der Ringe"-Filmen, und die Bay of Islands am nördlichsten Zipfel der Insel. Während wir ganz im Süden in Wellington ankommen würden, lag der Tongariro-Nationalpark im Zentrum der Insel, Rotorua und Hobbiton etwas weiter nördlich und unser Endziel Auckland ganz im Norden unterhalb der Bay of Islands. Ein logischer erster Stopp wäre also das mit Spannung erwartete Tongariro Crossing. Nun war auch für diese Expedition eine gute Wetterlage Voraussetzung. Freunde, es kam, wie es kommen musste. Offenbar hatte sich auch über der Nordinsel eine mittelschwere Sturmfront zusammengebraut. Sämtliche Wanderungen in dem Gebiet waren sogar für die nächsten beiden Tage aus Sicherheitsgründen gänzlich untersagt.
Wir brauchten also ein Ausweichprogramm und hatten dazu noch eine Menge an zusätzlicher Zeit gewonnen. Nach Betrachtung einiger spektakulärer Bilder entschieden wir uns für einen Abstecher zum Mount Taranaki an der Westküste der Insel. Hierbei handelte es sich um einen 2518 Meter hohen inaktiven Vulkan, der in einer perfekt runden Spitzkegelform über der sonst flachen Umgebung thronte.
Nachdem wir Wellington am späten Nachmittag hinter uns gelassen hatten, erblickten wir für kurze Zeit Sonnenstrahlen. Die Freude war jedoch nur von kurzer Dauer, denn während wir weiter der Westküste folgten, zog es sich schon kurz darauf wieder zu und es begann zu regnen. Das war doch wirklich unfassbar!
Im Gegensatz zur Südinsel war die Nordinsel nicht nur wärmer, sondern auch wesentlich erschlossener, dichter besiedelt und von einer größtenteils flachen, weniger wilden Landschaft geprägt. Allerdings gab es eine nicht unwesentliche

Gemeinsamkeit: Das Wetter war absolut bescheiden. Mit kurzen, mysteriösen Unterbrechungen schüttete es auch hier und auch am nächsten Tag unerlässlich. Während Mount Taranaki als einzige Erhebung in einem Umkreis von über 100 Kilometern im Normalfall wie ein jamaikanischer Bobfahrer aus der Umgebung herausstach, war er bei unserer Ankunft in eine dichte Wolkendecke gehüllt. So blieb uns nichts weiter übrig, als Ed Sheeran zu hören und die Gegend zunächst im Auto zu erkunden.

Als wir am Morgen von Tag 14 dann wahrhaftig erste Sonnenstrahlen erblickten, gab es kein Halten mehr. Erstmals konnten wir den vor uns liegenden Berg etwas genauer erkennen. Denn während dessen Spitze nach wie vor in einen Ring aus Wolken gehüllt war, tauchte die Morgensonne die untere Hälfte des kolossalen Vulkankraters in tieforanges Licht. Nachdem wir nun schon seit Tagen im Auto gefangen gewesen waren, entschieden wir uns augenblicklich und voller Euphorie, den Vulkankegel zu besteigen. Tatsächlich gab es eine Art Wanderroute, über die der Berg auch ohne Bergsteigerausrüstung erklommen werden konnte. Diese war nur in der Zeit zwischen Januar und März passierbar und laut Informationstafel in 5 bis 6 Stunden zu bewältigen.
Insgesamt war diese Klettertour vielleicht gar nicht ganz so gefährlich, wie man vermuten konnte. Dafür gerieten wir aber gerade während der letzten Passage, in der man sich mit Händen und Füßen an steilen Felsen immer weiter nach oben arbeitete, immer wieder an unsere Belastungsgrenze. Schließlich erreichten wir völlig erschöpft und durchnässt den schneebedeckten, etwa 100 Meter breiten Krater des Mount Taranaki. Zum ersten Mal seit über einem Jahr bekam ich nun Schnee zu Gesicht. Das war irgendwie interessant. Nach einem letzten, steilen Stück hinauf zum Kraterrand waren wir endlich an der Spitze! Neben etwa 20 anderen begeisterten Kletterern hatten wir es um etwa 9:50 Uhr bis auf den Teriyaki-Gipfel geschafft. Wie ich erst jetzt feststelle, bedeutete das eine sensationelle Zeit von nur dreieinhalb Stunden vom Besucherzentrum bis hinauf zum Gipfel. Bis kurz vor Schluss waren wir noch gänzlich in helle Wolken gehüllt. Genau in diesen Minuten lockerte es fast blitzartig auf. Plötzlich strahlte die Sonne in unsere ausgezehrten Gesichter. Zu unseren Füßen konnten wir beobachten, wie weiße Wolkentürme in die Ferne zogen und einen atemberaubenden Blick über die gesamte Küstenlinie und bis weit ins Landesinnere ermöglichten – ein wirklich magisches Gefühl.

Letztlich erreichten wir nach dreieinhalb Stunden Aufstieg, 40 Minuten auf dem Gipfel und dreieinhalb Stunden Abstieg gegen 14 Uhr mit schmerzenden Füßen und Knien und völlig erschöpft und hungrig, aber unglaublich zufrieden und stolz wieder unseren Subaru.

Tongariro, NZ

Wie man den großartigsten Tag seines Lebens erlebt

Am nächsten Morgen gab es zunächst eine tolle Überraschung: Der Regen war zurück!
Ein Blick auf den Wetterbericht bereitete uns starkes Kopfzerbrechen. Für die nächsten beiden Tage war über der kompletten Nordinsel Regen gemeldet. Erst ab Donnerstag, dem 31. März sah es wieder freundlicher aus. Wir mussten umplanen. Das Tongariro Crossing, auf das Steven und ich keinesfalls verzichten wollten, war auch in den nächsten Tagen nicht möglich. Ich kam zu dem Schluss, dass der Besuch in Hobbiton wohl auch unter den gegebenen Bedingungen machbar und vielleicht gar nicht so übel wäre. Somit wichen wir also erstmals von unserer hocheffizienten Routenplanung ab und fuhren an diesem Tag unter stetigem Dauerregen bis in den Norden nach Matamata. Damit befanden wir uns nur noch 170 Kilometer von Auckland entfernt.
Die 79-Dollar-Tour in der berühmten Hobbiton-Filmkulisse war auch bei strömendem Dauerregen eine magische Erfahrung. Noch magischer sollte allerdings der Moment werden, den ich einige Stunden darauf im ebenso verregneten Rotorua erleben durfte. Hier trug es sich nämlich zu, dass ich am Abend in einer verdreckten Jogginghose und mit wüsten, ungewaschenen Haaren mitten auf dem McDonald's-Parkplatz meine Zähne putzte. Dabei machte ich mir nicht auch nur für eine Sekunde Gedanken, was ich hier eigentlich tat und wie ich möglicherweise gerade auf andere wirkte. Erst später wurde mir bewusst, wie sehr ich mich inzwischen vom „normalen", zivilisierten Stadtleben entfernt hatte.
Nachdem es im Laufe des nächsten Vormittags tatsächlich aufgehört hatte zu regnen, besuchten wir das Wai-O-Tapu Thermal Wonderland in Rotorua. Hier konnte man auf einem schmalen Steg etwa zwei Stunden lang durch ein Waldgebiet wandern und allerlei skurrile Naturschauspiele beobachten. Von blubbernden Schlammpfützen über dampfende Seen in verschiedensten merkwür-

digen Farben bis hin zu deutschen Touristen in Sandalen und Tennissocken war hier für jeden etwas dabei. Zum Highlight dieses Tages wurde ein Moment um die Mittagszeit, als ich zum ersten Mal seit zwei Tagen wieder ein Stück blauen Himmel entdecken konnte!

Schließlich machten wir uns wieder auf den weiten Weg in Richtung Süden, passierten Lake Taupo, umkurvten den Tongariro-Nationalpark und kamen endlich am Tongariro-Besucherzentrum an.

Hier gab es neben einigen Schwarz-Weiß-Videos über frühere Vulkanausbrüche auch alle nötigen Informationen zu unserer bevorstehenden Wanderung. Die „Basistrecke" des Tongariro Crossing war 19,4 Kilometer lang und führte vom 1100 Meter hoch gelegenen Mangatepopo Car Park durch eine einmalige Vulkanlandschaft. Dabei erreichte man zunächst auf 1650 Metern Höhe den riesigen Südkrater mit einem Durchmesser von über einem Kilometer. An dessen Seiten erstreckten sich der namensgebende Mount Tongariro (1967 m) und der Mount Ngauruhoe (2287 m, Aussprache unbekannt), deren Besteigung aber nicht vorgesehen war. Weiterhin steigend gelangte man auf dem Pfad in den Roten Krater, passierte drei Emerald Lakes und den riesigen Blue Lake, um sich anschließend wieder bis hinab ins weniger als 800 Meter hoch gelegene Ketetahi zu begeben. Es ist wohl offensichtlich, warum diese Expedition für uns ein letztes, riesiges Highlight darstellte. Insgesamt war für die ambitionierte Unternehmung ein kompletter Tag einzuplanen. Zusätzlich sollte es wohl auch möglich sein, die beiden Bergspitzen des Mount Tongariro und des Mount Ngauruhdjfnja (wie auch immer) zu erklimmen. Der ältere Mann im Besucherzentrum bezeichnete hier besonders den Aufstieg zu Zweiterem als recht gefährlich, da an dem steilen Berghang wohl des Öfteren mal Gesteinsbrocken von oben herabstürzten. Außerdem war es seiner Meinung nach sowohl zeitlich als auch körperlich ohnehin nicht zu schaffen, die allein schon sehr anspruchsvolle, fast 20 Kilometer lange Basisstrecke und den Aufstieg zum Mount Ngauruhudhgq an einem Tag zu bewältigen.

Diese Aussagen führten natürlich dazu, dass mein kanadischer Weggefährte einer solchen Aktion mehr als skeptisch gegenüberstand. Für mich hingegen klang das alles nach einem netten kleinen Zusatzabenteuer. Letztlich konnte ich Steven zumindest dazu bewegen, den Aufstieg nicht von vornherein auszuschließen. Wir wollten am nächsten Tag spontan entscheiden.

Um alles überhaupt an einem Tag zu schaffen, war es unter den Wanderern gängige Praxis, das Auto am Morgen am Endpunkt der Strecke abzustellen und sich dann mit einem der Shuttlebusse zum Mangatepopo Car Park bringen zu lassen. Wir buchten daher vorab zwei Sitze in einem Bus, der uns am nächsten Morgen schon um die absolut unchristliche Zeit von 5:30 Uhr in Ketetahi am Ende der Strecke einsammeln würde.

Als wir noch vor 6 Uhr am Startpunkt der Wanderung ankamen, setzte das Morgengrauen gerade erst ein. Allerdings war es schon hell genug, um zu erkennen, dass sich neben uns noch etwa 127 andere Wanderer verschiedenster Alters- und Fitnessstufen auf den Weg machen wollten. So fühlten wir uns auf dem ersten, noch recht flach verlaufenden Abschnitt ein wenig wie in einer Herde Schafe gefangen, konnten aber mit verschärftem Tempo die meisten anderen schnell hinter uns lassen. Vor dem Hintergrund der langsam aufgehenden Sonne konnten wir nunmehr auch das Relief des vor uns liegenden Südkraters und des monumentalen Mount Ngauruhoe erkennen. Zwischen Lavabrocken hindurch stapfend erreichten wir nach über einer Stunde den ersten, wirklich steilen Anstieg des Tages. Über Devil's Staircase ging es etwa 300 Höhenmeter hinauf zum Südkrater. Die aufgehende Sonne offenbarte einen magischen Ausblick bis weit über das hinter uns liegende Tal. Das Beste an diesem Anblick war aber, dass wir jetzt auch den Himmel erkennen konnten. Und was für einen Himmel, Freunde! Bis weit an den Horizont blickten wir auf strahlendes Blau. Keine einzige Wolke war zu sehen! Seit meiner Ankunft in Neuseeland vor fast drei Wochen war uns kein so makelloses Wetter vergönnt gewesen. Tatsächlich jubelten wir regelrecht über die Aussicht eines so perfekten Tages. Wir waren im Südkrater angekommen und standen bei strahlendem Sonnenschein am Fuße des Mount Ngauruhoe. Auf einmal schien es gar keine Frage mehr zu sein, dass wir diesen bei solch herausragenden Bedingungen nun auch erklimmen würden. Die zurückliegenden, von harten Wanderungen geprägten Wochen hatten unsere Körper gut in Form gebracht. Wir waren fit, und auch Devil's Staircase hatte uns kaum mehr als ein mühevolles Lächeln abverlangt. Wir waren zwei Gladiatoren vor ihrer letzten, ultimativen Herausforderung – stellt euch an dieser Stelle epische Musik vor.

Der perfekt geformte Vulkankegel lag nun direkt vor uns. Der karge, rotbraune Berghang verlief glatt in einem handvermessenen 45-Grad-Winkel steil nach oben und war ausschließlich von Steinen und Geröll bedeckt. Während der Großteil der Wanderer dem Pfad weiter folgte, hatte sich eine Handvoll Auserwählter bereits abgewandt und begann vor uns gerade den Aufstieg in den steilen Felshang. Ein kleiner Wegweiser verkündete eine geschätzte Zeit für

Auf- und Abstieg von drei Stunden. Der Gipfel war klar zu sehen und wirkte irgendwie gar nicht so fern. Der Eindruck täuschte. Auch wenn die Bergspitze von der reinen Wegstrecke her tatsächlich nicht übermäßig weit entfernt war, mussten wir vom Südkrater (1650 m) bis nach oben (2287 m) zusätzliche 637 Höhenmeter zurücklegen. Dabei gab es keinen vorgegebenen Weg, und nicht einmal Markierungen wiesen auf eine bestimmte Route hin. Da wir zu den ersten zehn Menschen zählten, die seit vier Tagen den Aufstieg angingen, gab es auch keinerlei Spuren eines Pfades. Man musste seinen Weg nach oben selbst finden. Der Hang ähnelte dabei den letzten beiden Abschnitten des Mount Taranaki und war auch noch deutlich steiler. Die unteren beiden Drittel waren von losem Vulkangestein und feinem Geröll bedeckt und boten keinerlei Halt. Vielmehr löste man mit seinen Schritten gerne mal eine kleine Kieslawine aus. Gelegentlich schrie jemand von weiter oben „ROCK!", wenn sich gerade ein etwas größerer Stein gelöst hatte und nun unkontrolliert nach unten schoss. Während wir den Geröllhang des Mount Taranaki noch aufrecht hatten zurücklegen können, war es hier so steil, dass wir uns auf allen vieren nach oben kämpfen mussten. Dabei kam ich recht zügig voran und setzte mir zwischendurch sogar das ehrgeizige Ziel, als Allerersteroben anzukommen. Im letzten und steilsten Drittel ging das lockere Geröll dann auch hier in rotbraunes Vulkangestein über, sodass wir uns erneut von Fels zu Fels nach oben arbeiten mussten. Hierbei hatten wir zwar besseren Halt, mühten uns aber umso mehr ab und mussten einige Pausen einlegen.

An dieser Stelle eine kleine Randinformation für Filmliebhaber: Der Mount Ngauruhoe hatte in den „Herr der Ringe"-Filmen als Kulisse für Mount Doom in Mordor gedient. Wir kletterten also gerade auf den Schicksalsberg und quälten uns dabei möglicherweise genau an den Felsen ab, zwischen denen Frodo im Film bereits zusammengebrochen war. Im Gegensatz zum Filmheld schafften wir es aber letztlich aus eigener Kraft bis ganz nach oben. Tatsächlich standen wir auf knapp 2300 Metern Höhe an einem schroffen Kraterrand. Nachdem ich schon während des Aufstiegs immer wieder staunend innegehalten und mich umgeschaut hatte, war der sich nun von ganz oben bietende Anblick wirklich überwältigend. Wir blickten hinunter in den riesigen, kilometerbreiten Südkrater und die umliegende Vulkanlandschaft. Am faszinierendsten war jedoch der Anblick des Blue Lake, der noch hinter dem gegenüberliegenden Mount Tongariro hoch oben in einem weiteren, weiten Kraterkessel thronte. In der schroffen, von grauschwarzem Vulkangestein geprägten Landschaft verlieh

der tiefblau strahlende und von leichten Wolkenschwaden umgebene See dem Bild ein fantastisches, fast unwirkliches Antlitz.
Nun zu dem weniger Erfreulichen: Wie wir inzwischen längst bemerkt hatten, hatten wir es tatsächlich fertiggebracht, die riesige Pizza, die an diesem Tag unsere Hauptmahlzeit hätte werden sollen, im Auto zu vergessen. Damit hatten wir uns mit nichts als je zwei Äpfeln und Müsliriegeln auf eine 10-stündige Wanderung gemacht. Felicitaciones und Congratulations!
Auch wenn es sich nach unserem galaktischen Aufstieg nicht so anfühlte, hatten wir immer noch erst ein knappes Drittel der eigentlichen Strecke hinter uns gebracht. Durch den flachen Südkrater ging es nun allerdings zwischen zahlreichen „Sonntagswanderern" zunächst etwas gemütlicher weiter, ehe wir am Kraterrand noch einmal 236 Meter Höhenunterschied bis hinauf zum Roten Krater zurückzulegen hatten. Dabei merkte ich schon, dass ich mich unglaublich energiegeladen fühlte und wir die anderen Wanderer reihenweise hinter uns lassen konnten. An der Spitze des Kraterrandes bemerkte ich dann einen weiteren, unscheinbaren Wegweiser. Während der normale Pfad gerade hinunter in den nächsten Krater führte, zeigte dieser mit der Aufschrift „Tongariro Summit – 1,5 hours return" nach links. In einer geradezu lächerlichen Zeit von anderthalb Stunden sollte es also möglich sein, auch noch den 1967 Meter hohen Mount Tongariro zu erklimmen und wieder zur ursprünglichen Route zurückzukehren. Ich zeigte auf den Wegweiser, schaute Steven an und musste nicht einmal etwas sagen. „Ach scheiß drauf, lass es uns einfach machen!" Und genau das taten wir. Nun war es natürlich ein recht ambitioniertes Vorhaben, zusätzlich zu der allein schon recht anspruchsvollen, 19,4 Kilometer langen Basistrecke an einem Tag auch noch zwei derartige Berggipfel zu erklimmen. Allerdings fühlte ich mich nicht nur anhand des großartigen Wetters unglaublich motiviert, sondern war darüber hinaus auf mir bis dahin gänzlich unbekannte Energiequellen gestoßen. Steven ging es wohl ähnlich, und so pfiffen wir einfach drauf und zogen es durch.
Ein paar Stunden später wies uns am Rande der Emerald Lakes ein Wegweiser darauf hin, dass immer noch etwas mehr als 10 Kilometer vor uns lagen. Damit war noch nicht einmal die Hälfte geschafft. Inzwischen dröhnten über uns schon zum vierten oder fünften Mal die Rotorblätter eines Rettungshubschraubers, der immer wieder Menschen vom Mount Ngauruhoe oder vom Roten Krater retten musste.

Für die verbleibenden gut 9 Kilometer ging es wenig später ausschließlich bergab bis zum Ketetahi-Parkplatz.
Während wir uns also an den Abstieg machten und damit die harte und hochspektakuläre Wanderung langsam ausklingen ließen, platzte folgende Aussage aus mir heraus: „Mann, ich glaube, das heute ist das Beste, was ich in meinem Leben bisher gemacht habe!" Steven grinste, schaute aber etwas ungläubig. Das Beste im Leben, na das war mal ein Statement! Aber ich meinte es ernst. Die heutige Expedition war definitiv meine bisher körperlich härteste Herausforderung gewesen. Dennoch hatte ich mich so energiegeladen gefühlt wie nie zuvor. Auch mental hatten wir im Laufe des Tages mehrmals an unsere Grenzen gehen und uns immer weiter pushen müssen. Mir gefiel es, Risiken einzugehen und etwas zu wagen. Gerade die Tour hinauf zum Schicksalsberg hatte uns definitiv guten Nervenkitzel geboten. Zudem befand ich mich bei herrlichem Sonnenschein mit einem guten Freund in einer einmaligen Natur am anderen Ende der Welt und konnte mich von der spektakulären Kulisse ein ums andere Mal in Bewunderung versetzen und mich damit für die Strapazen belohnen lassen. In diesen Momenten fühlte ich mich absolut frei und erkannte, wie viele unendlich vielfältige Möglichkeiten sich einem auf der Welt boten, wenn man sie denn überhaupt erst mal in seinen Kopf hineinbekam und daran glaubte.

Nach dem Tag im Tongariro-Nationalpark war der Neuseeland-Roadtrip für mich innerlich abgeschlossen. Ich hatte das Gefühl, die Zeit optimal genutzt und alles gesehen zu haben. Nach den Erlebnissen des Vortages konnte nun ohnehin nichts Großartigeres mehr kommen. Da es Steven ähnlich erging, ließen wir den vorletzten Tag gemütlich ausklingen, stoppten für ein paar Stunden bei einem lokalen Rugby-Match und machten uns schließlich an Tag 19 auf den Weg in Richtung Auckland.
Als ich an unserem letzten gemeinsamen Morgen noch einmal den geschätzten Subaru inspizierte, fiel mir auf, dass wir uns nun schon seit über einer Woche mit dem schmalen Ersatzreifen durch halb Neuseeland bewegt hatten. Und das ohne einen Zwischenfall! Noch nie hatte es in der Geschichte des Landes einen solideren Reifenwechsel gegeben.

Auckland, NZ

Wie man sich nach drei Wochen auf der Straße wieder in die Gesellschaft eingliedert

Schon kurz vor Auckland wurden die Straßen plötzlich zu dichten, mehrspurigen Highways. Wenig später hätte mich beinahe eine Panikattacke ereilt, als ich mich auf einmal inmitten von Hochhäusern und vierspurigen Ampelkreuzungen durchs Stadtzentrum bewegte. Diese Umgebung traf mich völlig unerwartet. Nachdem wir uns nun seit drei Wochen in der Natur ausschließlich über schmale Landstraßen und durch verschlafene Kleinstädte bewegt hatten, passte dieser krasse Bruch überhaupt nicht in mein Bild von Neuseeland. Steven, der noch ein paar Tage in Auckland verbringen würde, ehe sein Flug zurück in die Heimat ging, hatte sich für die kommende Nacht ein Hostel im Stadtzentrum gemietet, auf dessen Suche wir uns nun in der hektischen Verkehrssituation begaben. Nachdem wir einige vergebliche Runden durchs Zentrum gedreht hatten, war ich schließlich fix und fertig und fuhr leicht verzweifelt in eine beliebige Tiefgarage. An der Schranke dann die böse Überraschung: Schon eine Stunde kostete hier unglaubliche 20 Dollar. Nun machte es sich allerdings eher schlecht, rückwärts wieder aus einer Tiefgarage herauszufahren, vor allem wenn hinter einem weitere Autos warteten. Und so parkte unser vom Roadtrip gezeichneter Subaru zum Abschluss noch einmal zwischen schicken BMWs und Mercedes. Unbekümmert entluden wir zunächst den Wagen und machten uns zu Fuß auf den Weg zu Stevens Hostel. In dem auf Hochglanz polierten Fahrstuhl drückte ich auf die Erdgeschoss-Taste. Nachdem sich die Tür geschlossen hatte, hatte ich etwas Zeit, unseren Anblick im Spiegel zu begutachten. Mit schmutziger Jogginghose, schwarzem Pullover und wüster Frisur gab ich einen lustigen Anblick ab. In den Händen hielt ich eine große Plastikbox mit Kochtopf, Bratpfanne, Spülmittel, Salz, Geschirr und einer angefangenen Nudelpackung. Auf dem Arm trug ich einen angeknacksten Campingstuhl. Auch Steven war mit Schlafsäcken, Kopfkissen, Rucksack und Gaskocher gut beladen. Während ich noch über unseren Anblick schmunzelte, öffnete sich plötzlich die Aufzugtür. In diesem Augenblick kam ich mir einmal mehr vor wie in einer schlechten Komödie. Sofort wurde mir nun auch der Grund für die astronomischen Parkgebühren klar. Die von uns ausgewählte Tiefgarage befand sich ausgerechnet direkt unter dem SKYCITY Casino, dem schicksten und teuersten

Gebäude der Stadt. So kam es, dass sich die Geschäftsmänner in Anzügen und die Damen mit Absatzschuhen wenig später verdutzt umschauten, als zwei schmuddelige Backpacker, die seit Tagen kein fließendes Wasser gesehen hatten, mit großen Augen durch die auf Hochglanz polierte, marmorne Lobby des Casinogebäudes schritten. Für mich war das alles viel zu viel. Nach drei Wochen in der Wildnis Neuseelands war ich mit dieser neuen Situation völlig überfordert. Immerhin konnte Steven bald darauf endlich sein Hostel ausfindig machen. Immerhin.
Nun befanden wir uns allerdings immer noch mit all unserem Krempel in der Tiefgarage unter dem verdammten Casino. Mein kanadischer Wegbegleiter fasste die folgende Szene in seinen Notizen mit einem kurzen Stichpunkt zusammen: „Carry all of our shit looking like shit to the hostel through the fancy casino building." Diese Beschreibung war so treffend, dass er mich damit ziemlich zum Lachen brachte. Tatsächlich transportierten wir im Anschluss in mehreren Touren all unsere Ausrüstung und diversesten Unrat mitten durch die schicke Lobby des Casinogebäudes zu Stevens Hostel und zogen dabei jedes Mal mehr fragende Blicke auf uns. Als reicher Geschäftsmann hätte ich mich wohl auch verwundert umgeschaut, wenn vor meinen Augen auf einmal ein junger Mann mit wüsten Haaren in einer verdreckten Jogginghose und beladen mit zerschlissenen Campingstühlen, Kopfkissen, einer Packung Toastbrot und einer großen Kiste mit einem Gaskocher, schmutzigem Geschirr und einem rostigen Kochtopf durch die schillernde Eingangshalle geschlendert wäre.

Man konnte mit Fug und Recht behaupten, dass unser Neuseeland-Roadtrip nun offiziell beendet war. Aber, Freunde, natürlich nicht ohne gebührenden Ausklang! Zunächst musste natürlich sämtlicher Krempel irgendwie in Stevens Hostelzimmer gestapelt werden. Unter den argwöhnischen Blicken der Mitbewohner blockierte schon bald unser Turm aus teilweise bis zur Unkenntlichkeit verdreckter Campingausrüstung fast den kompletten Raum.
Eine Sache ließen wir uns nicht nehmen. Auf den Straßen Aucklands sollte es noch ein letztes, gemeinsames Festmahl geben. Dazu suchten wir uns vor einem noblen Restaurant mitten in der Innenstadt eine nette Sitzmöglichkeit und packten unseren Verpflegungsbeutel aus. Und während im gegenüber liegenden SKYCITY Grand Hotel im Minutentakt Männer in Anzügen von Limousinen vorgefahren wurden, schnitten wir nur wenige Meter entfernt auf einer

Holzbank mit einem Taschenmesser Tomaten und Avocados und belegten uns in aller Ruhe ein paar leckere Brötchen.
Wie schon so oft in den letzten Monaten musste ich mich nun erneut von einem Menschen verabschieden und wusste, dass ich ihn wahrscheinlich nie wiedersehen würde. Auch wenn ich mich mit der Zeit an diese Momente gewöhnt hatte, war es bei Steven besonders. Noch nie zuvor hatte ich eine so intensive Zeit mit einem anderen Menschen geteilt. Nach ein paar letzten, netten Worten liefen wir in der Fußgängerzone in entgegengesetzte Richtungen weiter: Steven ins Hostel – ich in die Tiefgarage.

Wie ging es für mich jetzt eigentlich weiter? Am frühen Nachmittag des nächsten Tages würde mein Flug nach Fidschi gehen. Und bis dahin? Das Hostel war ausgebucht. Ohnehin wollte ich kein Geld mehr für eine Unterkunft ausgeben. Was machte man also in einer solchen Situation als routinierter Backpacker mitten in einer fremden Großstadt? Nun, mir stand ja immer noch unser Subaru zur Verfügung, den ich in weiser Voraussicht erst zwei Stunden vor Abflug am Flughafen abgeben musste. Auch wenn Steven unsere Campingausrüstung mitgenommen hatte, befanden sich darin nach wie vor unsere Luftmatratze und mein kaputter Schlafsack. Ich öffnete also Google Maps auf meinem Smartphone und suchte in der Satellitenansicht nach einem Wohngebiet in der Nähe des Flughafens. Was ich brauchte, war ein Ort, an dem ich unbemerkt eine Nacht im Auto verbringen konnte – was in weiten Teilen Neuseelands außerhalb von klar deklarierten Campingplätzen verboten war. Schließlich stieß mein geschultes Auge auf ein Vorstadtviertel. Dieses schien wie gemacht für meine letzte Nacht in Neuseeland. Hier gab es ein kleines Einkaufszentrum mit großem Parkplatz, Tankstelle und McDonald's. Direkt auf der anderen Seite der Hauptstraße befand sich ein beschauliches Wohngebiet.
Nachdem ich mir mühsam einen Weg aus dem Stadtzentrum gebahnt hatte, inspizierte ich zunächst die ausgewählte Gegend. Das Wohngebiet wurde für gut befunden und der Wagen ein letztes Mal vollgetankt. Schließlich fand ich mich gegen 18 Uhr im schicken Burgerrestaurant ein. Als es dunkel war, fuhr ich noch einmal das kleine Wohngebiet ab, suchte mir den besten Platz und machte es mir ein letztes Mal im Heck des grauen Subaru Legacy bequem.

Am nächsten Morgen benutzte ich die McDonald's-Toiletten, um mich frisch zu machen, und frühstückte Haferflocken aus einem alten McFlurry-Becher, den ich vom Vortag aufgehoben hatte. Was vielleicht weniger vornehm klang, machte mir überhaupt nichts aus. Vielmehr ließ ich mir die geschätzten Haferflocken gut schmecken und freute mich über die Schokoreste, die noch im Becher klebten. Anschließend war der Moment der Wahrheit gekommen. Nun musste ich mich auch von unserem geliebten Subaru verabschieden. Als ich diesen im Büro der Autovermietung ablieferte, hatte ich schon etwas Bammel. Ich hielt es für cleverer, der älteren Dame nicht zu offenbaren, dass wir mit dem winzigen Ersatzreifen die ganze Nordinsel umfahren hatten. Stattdessen spielte ich den Vorfall mit den Worten „Ach, das ist vor ein paar Tagen erst passiert. Wir haben das Rad einfach gewechselt (haha!) und wollten Sie nicht erst noch damit bekümmern" herunter. Schon nach dieser Information schlug die Dame allerdings die Hände über dem Kopf zusammen. „Was, damit sind Sie herumgefahren?! Dieses Rad ist eigentlich nur dafür gedacht, Sie im Notfall bis zur nächsten Werkstatt zu bringen." Soso. Tatsächlich frage ich mich sogar heute noch, ob sich das von dem alten Seefahrer im Regensturm festgezogene Ersatzrad überhaupt jemals wieder vom Wagen lösen ließ.

Nadi, Fiji

Wie man Papa am Ende der Welt wiederfindet

Und schon wieder begann ein neues Kapitel. Fidschi.

Am 3. April 2017 landete ich um kurz nach 17 Uhr als Passagier des Fiji-Airways-Fluges FJ 416 auf dem Nadi International Airport.

Schon am Flughafen wurde ich zum ersten Mal vom einzigartigen Fidschi-Spirit angesteckt. „Fidschianer" waren eher kleine Menschen mit dunkler Haut, schwarzen Haaren, rundlichen Gesichtern und meist ebenso rundlichem Körperbau. Sie trugen gern lässige Ledersandalen und liefen immerzu grinsend herum. So begrüßte mich selbst der Zollbeamte mit einem freundlichen Lächeln und drückte mir ohne weitere Prüfung seinen Stempel in den Pass. Wenngleich es auch einige schlanke Frauen gab, waren die meisten doch von recht stattlicher Statur. Viele schmückten ihre Haare mit bunten Orchideen. Selbst einige Männer trugen Blumen in den Haaren. Der Höhepunkt war allerdings das lustige Empfangskomitee in der Flughafenhalle. Drei kleine, kräftige Männer im klassischen Fidschi-Herrengewand – buntes Hemd, Fidschi-Sandalette und schwarzer Rock – mit Ukulele trällerten ein fröhliches Willkommenslied und riefen dabei wiederholt laut „Bula!". Wie ich schon kurz darauf lernen sollte, war „Bula" sowohl „Hallo" und „Guten Tag" als auch „Tschüss", „Wie geht's?", „gut" und „super". Hier war alles „Bula, Bula".

Es war bereits dunkel, als ich ins Taxi stieg, und so konnte ich auf der etwa 40-minütigen Fahrt kaum etwas erkennen. Schließlich erreichten wir ein kleines Pförtnerhäuschen. Auch der freundliche Sicherheitsmann nahm es hier etwas entspannter, begrüßte uns mit breitem Grinsen und kräftigem „Bula!" und öffnete die Schranke. Schließlich wurde ich an einem Holzsteg von zwei Hotelmitarbeitern in bunten Hemden in Empfang genommen: „Bulaaaa Sir, Welcome!"
Papa war schon einige Stunden vor mir angekommen. Der gute Mann hatte sich erneut nicht lumpen lassen und erwartete mich in Bungalow 007 des Hilton Double Tree Resort. Zuvor hatte er mir bereits mysteriöse Anspielungen auf eine abenteuerliche Bootsfahrt zukommen lassen. Augenblicklich wurde mir nun klar, worum es dabei ging. Um das Hotel zu erreichen, mussten wir tatsächlich erst mit einem kleinen Motorboot eine Wasserfläche überqueren. Nach etwa zweiminütiger Fahrt wurde ich auf der anderen Seite herzlich begrüßt und bekam einen Cocktail in die Hand gedrückt. Als mir der Portier meinen schweren Backpack abnehmen wollte, wusste ich zunächst gar nicht, was los war. Ich brauchte einen Moment, um zu realisieren, dass ich nicht mehr im Auto wohnte. Ganz im Gegenteil – auf einmal befand ich mich inmitten einer superschicken Hotelanlage. Während ich mich noch an die neue Umgebung gewöhnte, stand ich wenig später vor einer schweren Holztür. Der kräftige Portier, der noch immer meinen Rucksack trug, klopfte schwungvoll an die Tür, und im nächsten Augenblick stand auf einmal mein Vater vor mir. Was für ein Moment! Es kam schon einem kleinen Wunder gleich, dass wir, zwei Kerle aus der sächsischen Provinz, uns nun auf einmal in der Hauptstadt der Fidschi-Inseln gegenüberstanden. Erneut hatten wir uns am anderen Ende der Welt gefunden.
Ungläubig schaute ich mich im Inneren meines neuen Heims um. Schon ein einfaches Bett und eine Dusche hätten mich zu diesem Zeitpunkt in Begeisterung versetzt. Das war ja Wahnsinn!
Zum Abendessen gingen wir ins Hotelrestaurant am Pool, wo wir von kräftigen, herzlich lächelnden Fidschi-Damen mit Blüten im Haar in Empfang ge-

nommen wurden. Freie Auswahl aus der Speisekarte – zum ersten Mal seit Wochen gab es keine Nudeln vom Gaskocher zum Abendessen!
Am Morgen war ich noch inmitten eines Wohngebietes im Randbezirk von Auckland aus dem Kofferraum eines Autos geklettert, hatte mir auf der Straße mit einer Flasche Wasser die Haare gewaschen, bei McDonald's die Zähne geputzt und aus einem alten McFlurry-Becher vom Vorabend meinen letzten Rest Haferflocken gegessen. Und nun saß ich hier. In einem 5-Sterne-Resort auf den Fidschi-Inseln.
Wahnsinn!

Wie man sich Fidschi vorstellen kann

Was erwartete einen nun also in der pazifischen Inselwelt?
Zunächst zu den Formalitäten: Um ein Visum musste man sich hier als Bewohner der westlichen Welt keine Gedanken machen. Am Flughafen bekam man von einem freundlich grinsenden Grenzbeamten in klassischer Fidschi-Sandalette mal eben ein Touristenvisum für ganze vier Monate ausgestellt, um kurz darauf vom lustigen Empfangschor unter lauten „Bula!"-Rufen willkommen geheißen zu werden. Allgemein waren die Leute hier einfach super drauf. In ihrer strahlend türkisblauen Arbeitskleidung grinsten sie uns pausenlos an, waren immer gut gelaunt und verbreiteten einfach eine lockere und freundliche Atmosphäre. Dabei kam allerdings mit der Zeit die Frage auf, wie es denn überhaupt möglich war, den ganzen Tag bei der Arbeit so gut drauf zu sein. Egal wo man hinschaute, hier liefen alle grinsend durch die Gegend. Nun ja, viele waren wohl wortwörtlich „gut drauf". Ganz offen sprachen die Leute immer wieder begeistert von ihrem Kava. Das aus der Wurzel der Kava-Pflanze gewonnene Extrakt brauten die Menschen im Westpazifik zu ihrem traditionellen Kava-Getränk zusammen und gönnten sich davon reichlich.

Natürlich hatte ich mich nicht gänzlich unvorbereitet in die unbekannte Pazifikwelt aufgemacht und beispielsweise bei Reiseguru Diego einige Informationen eingeholt. Diego bezeichnete Fidschi weithin als „Paradise". Das war schon mal gut. Allerdings legte er mir auch nahe, die Hauptinsel Viti Levu möglichst schnell hinter mir zu lassen und mich stattdessen den Nebeninseln zuzuwenden. Fidschi bestand aus 332 Inseln, wovon 110 von den etwa 890.000 Einwohnern bewohnt waren. Viti Levu war die mit Abstand größte der Inseln und verfügte mit der Hauptstadt Suva (74.000 Einwohner) und dem Reisezentrum Nadi (42.000 Einwohner) über die wichtigsten Städte. Da sämtliche internationale Reisende zunächst in Nadi landeten, war die Insel und besonders die Stadt selbst in den letzten Jahren zum Touristenzentrum geworden. In diesem Zusammenhang hatte Diego sich besonders über das hohe Preisniveau in dieser Gegend echauffiert und zudem noch die im Gegensatz zu den Nebeninseln eher bescheidene Landschaft angesprochen. Folglich hatte Papa im Doubletree-Resort in Nadi zunächst auch nur zwei Nächte gebucht, in denen wir uns erst mal finden wollten. Später wollten wir definitiv noch einige der kleineren, umliegenden Inseln erkunden, hatten dabei aber keine konkrete Vorstellung. Welche Inseln gab es denn eigentlich noch so? Nachdem ich in Neuseeland kaum Handyempfang und ohnehin keine Zeit für ausführliche Recherchen gehabt hatte, setzte ich mich hier nun erstmals vor Ort genauer mit dem Inselparadies auseinander. Der obligatorische Blick auf die Landkarte verursachte dabei in meinem Kopf zunächst nur Kauderwelsch – interessantes Wort, oder? Ich brauchte eine ganze Weile, um mir einen groben Überblick über die mehr als 300 Inseln zu verschaffen. Offenbar ließen sich diese in eine gute Handvoll Inselgruppen einteilen. Dabei galten wohl die Mamanuca Islands und gerade die Yasawa Islands als besonders spektakulär und waren dazu noch touristisch recht einfach zu erreichen.

Im Vorfeld hatte ich an tolle Inseln mit dichtem Dschungel und Traumstränden gedacht und dabei vor allem das Bild von Tom Hanks in „Cast Away" im Kopf gehabt. Der gute Mann war im Film nämlich auf einer der Fidschi-Inseln gestrandet.

Wie man ein echter Fidschianer wird

Nun hatte ich bisher ausschließlich die abgelegene Hotelanlage zu Gesicht bekommen und mir somit kaum ein Bild machen können. Als wir dann am Nachmittag erstmals mit dem Hotelbus in die Stadt Nadi fuhren, konnte ich die ersten, wirklichen Eindrücke sammeln. Auf beiden Seiten der etwas holprigen Straße wuchs wildes, dichtgrünes Gras- und Buschwerk. Außerdem schmückten zahlreiche Palmen den Horizont. Dazwischen führten immer wieder schmale Dreckwege zu kleineren Ansammlungen aus besseren, mit Wellblech verkleideten Hütten. Vor den Häusern hing verschlissene Wäsche. Auf den meisten Dächern befanden sich provisorische Satellitenschüsseln und vor vie-

len Haustüren standen Motorroller oder klapprige Autos. Die meisten Menschen liefen barfuß vor ihren Häusern herum und waren nur leicht bekleidet. Das war bei den schwülen Temperaturen auch nicht verwunderlich. Mit 28 bis 32 Grad war es warm, aber nicht zu warm. Obwohl die Menschen hier, verglichen mit unseren Maßstäben, in ärmlichen Bedingungen lebten, wirkten sie gelassen und freundlich und einige winkten mir sogar zu. Der durchschnittliche Fidschianer war entspannt und gut gelaunt. Inzwischen hatte ich diese Einstellung schon ganz gut übernommen, mich am Morgen in mein bestes Palmenhemd gekleidet und das andere (ein blaues Hemd mit Segelschiffen) an Papa weitergereicht. Hätten wir jetzt noch einen Rock und braune Ledersandaletten gehabt, wären wir glatt als echte Fidschianer durchgegangen. So aber erkannte man uns bei der Ankunft im Stadtzentrum als Touristen. Genau genommen war es ein Mann, der sonst im Hotel arbeitete und heute wohl privat unterwegs war, der uns anbot, uns zu einem berüchtigten Fidschi-Markt zu führen: „Bula! Come with me, I show you local market! Come, come, local market!“
Interessanterweise führte uns der gute Mann zwar zunächst wirklich durch eine Markthalle, in der allerlei kuriose Früchte und Gewürze dargeboten wurden, doch dann winkte er uns hektisch weiter. „Yes, this is market but I show you real local market. Come, come!“ Etwas verunsichert nahm ich zur Kenntnis, wie der Mann uns aufgeregt in eine etwas dubiose Gegend führte und dabei unentwegt von seinem „local market“ plapperte. Schließlich bedeutete er uns vor einem heruntergekommenen Haus in einer merkwürdigen Nebenstraße, die Treppe hinauf in die zweite Etage zu gehen. Mit einem mulmigem Gefühl folgten wir dem Kerl. Oben angekommen schüttelte er einem weiteren Fidschianer, der offenbar sein Kumpel war, grinsend die Hand und machte sich schließlich eilig aus dem Staub. Das war merkwürdig.
Wir befanden uns in einer Art schäbigem Laden, in dem allerhand Schnitzereien und anderer Plunder herumstanden. Ein ausgezehrter älterer Herr bedeutete uns freundlich grinsend, auf zwei nebeneinander stehenden Holzstühlen Platz zu nehmen. Etwas unbeholfen folgten wir seinen Anweisungen. Anschließend kniete er sich uns gegenüber auf den Boden und brabbelte einige unverständliche Worte auf Fidschi. Vor ihm befand sich eine große Holzschale, die mit einer undefinierbaren Flüssigkeit gefüllt war. Der Alte rührte eine Weile beschwörend in der Brühe herum und überreichte uns dann mit großen Gesten zwei Kokosnussschalen, die er mit der Plörre befüllt hatte. Schließlich bekundete er:

„Mit dieser Zeremonie heiße ich euch herzlich willkommen! Bitte seid meine Gäste und trinkt mit mir diesen Kava." Während Papa das Prozedere eher skeptisch verfolgt hatte, war ich jetzt wirklich neugierig und leerte die Schale in einem Zug. Begeistert reichte mir der Kerl eine weitere. Was wie eine einfache Dreckbrühe aussah, schmeckte auch so. Dennoch interessierte mich die Wirkung des berüchtigten Gesöffs und ich nahm auch die zweite Schale dankend entgegen. Papa dagegen, der inzwischen ebenfalls von dem Tropendrink probiert hatte, war dieser wohl nicht so gut bekommen. Er lehnte mit etwas verstörtem Blick ab. Anschließend packte der Alte eilig seine Ausrüstung zusammen, erhob sich und winkte uns grinsend in seinen Laden. „Okay, okay! Now come and buy my stuff!" Handlungsschnell drückte mein Vater dem guten Mann 10 Fiji-Dollar in die Hand und wir suchten hastig das Weite.
Ähnlich turbulent, wie es nach diesem denkwürdigen Begrüßungsritual in meinem Magen zuging, sollten auch die nächsten Tage verlaufen.

Tokoriki Island, Fiji

Wie man auf seine Trauminsel kommt

Wir wollten nun unbedingt eine der kleineren Nebeninseln abchecken und stiegen schon am nächsten Morgen auf die Mamanuca-Fähre in Richtung Trauminsel. Bereits auf dem Weg dorthin hatte Papa von Einheimischen aufgrund seines am Vortag erworbenen, stilechten und ungemein lässigen Fiji-Hemdes immer wieder anerkennende Worte zu hören bekommen.
Die Fähre war eher ein größeres Speedboat mit Sonnendeck. Schon die Fahrt war große Klasse! Erstmals gewann ich einen Eindruck von dem, was ich mir unter Fidschi vorgestellt hatte. Nach einigen Minuten passierten wir Bounty Island und Beachcomber Island. Beides waren kleine, kreisrunde Palmeninseln mit einem Durchmesser von nur etwa 200 Metern. Beachcomber gab in etwa das Bild ab, das man sich unter einer „einsamen Insel" vorstellte. Hier gab es nur ein einziges Hauptgebäude, ein Volleyballfeld und ein paar Palmen. Der Rest der Insel bestand aus strahlend weißem Sandstrand, der in türkis schimmerndes Meer überging. Mit den beschaulichen Booten, die im seichten Meer vor der Insel herumtuckerten, wirkte Beachcomber wie die perfekte Trauminsel aus dem Bilderbuch.

Schon als Kind hatte ich von einem Urlaub am weißen Strand aus der „Bounty"-Werbung geträumt. Wahrscheinlich war es hier sogar besser. Papa bemerkte meine großen Augen und kommentierte schmunzelnd: „Heeey, du bist ja doch noch begeisterungsfähig!"
Während die meisten Leute nur einen Tagestrip auf eine der kleineren Inseln unternahmen, ging es für uns noch ein Stück weiter in Richtung Norden. Wir passierten Mana Island und hielten schließlich vor der kleinen Bucht von Tokoriki Island. Diese Insel war etwas größer, dehnte sich knapp 2 Kilometer zu beiden Seiten und etwa 400 Meter in der Länge aus. Außerdem war sie dicht bewachsen und verfügte über eine größere Erhebung, die man fast schon als Berg bezeichnen konnte. Vor uns jedoch lag auf etwa 300 Metern Länge ein schmaler Sandstrand. Während sich zentral über dem Strand ein größeres, flaches Hauptgebäude mit weiter, eleganter Terrasse befand, standen zu beiden Seiten direkt oberhalb des Strandes zwei ordentlich Reihen aus schicken, quadratischen Bungalows zwischen den Palmen. Vor uns lag das Sheraton Tokoriki Resort, unsere Heimat für die nächsten drei Tage. Schon die Ankunft am Strand war ein absoluter Höhepunkt. Gemeinsam mit einigen anderen Gästen hatten wir in einem wackeligen Motorboot zur Insel übergesetzt. Vom Boot sprangen jetzt einfach alle locker ins kniehohe Wasser und wurden am Strand von einer herrlichen Inselband empfangen. Eine Gruppe von breit grinsenden Hotelmitarbeitern in bunten Hemden, schwarzem Rock und mit Blumen im Haar trällerte uns auf der Ukulele das Tokoriki-Lied. Ich trug schon längst keine Schuhe mehr und bekam nun zur feierlichen Begrüßung auch noch eine Muschelkette umgehängt. Wow! Da konnte man einfach nur grinsen.

Da unser Leben in den fidschianischen Inselwelten gleichzeitig aber auch reichlich unspektakulär verlief, hier nun eine kleine Exkursion in meine weitere Reiseplanung:
Während wir es uns auf Fidschi gut gehen ließen, musste ich mich natürlich auch damit befassen, wie es danach weiterging.
Eigentlich überall war es so, dass man als Voraussetzung für die Einreise ein Weiterflugticket benötigte. Daher konnte ich also nicht einfach in ein neues Land einreisen, „mal schauen", wie es mir hier so gefiel, und dann irgendwann spontan weiterreisen. Bevor ich irgendwo einflog, musste ich schon die benötigte Zeit abgeschätzt, das nächste Ziel geplant und einen Weiterflug gebucht haben. Für mich hieß das nun, dass ich mich bereits auf Fidschi mit der Zeit

nach Vanuatu auseinandersetzen musste. Allerdings waren die weiteren Reisemöglichkeiten vom Abflugort Vanuatu ohnehin recht beschränkt. Direktflüge gab es von hier aus lediglich nach Fidschi, Neuseeland, Australien und Neukaledonien. Neukaledonien … hm. Den Namen hatte ich zwar schon einmal gehört, wusste sonst allerdings absolut nichts über das Land. Ein Blick auf Google Maps zeigte, dass es sich dabei um eine überraschend große, lang gezogene Insel handelte, die nur wenig westlich von Vanuatu und etwa auf halbem Weg zwischen Fidschi und Australien lag. Das war interessant. Außerdem wurde in Nouvelle-Calédonie offensichtlich Französisch gesprochen. Der nächste Abenteuertrip könnte also gleichzeitig eine kleine Sprachreise sein. Allerdings gab es auch hier wieder eine Menge zu berücksichtigen. Wie in den anderen Inselstaaten operierte hier nur eine einzige Fluggesellschaft. In Fidschi war das Fiji Airways, in Vanuatu Air Vanuatu und in Neukaledonien Aircalin. Der nur gut einstündige Flug von Vanuatu in die Hauptstadt Nouméa kostete mit Aircalin knapp 200 Euro. Wie auch immer es weiterging, im Anschluss wäre es bereits Mitte Mai und ich wollte die restliche Zeit in Südostasien verbringen. Nach Asien gab es aus dem Pazifik allerdings keinerlei Direktflüge. Also würde ich zunächst für weitere 300 Euro zurück nach Australien fliegen müssen. Hm. Am Ende wollte ich dennoch ins unbekannte Neukaledonien vorstoßen und besorgte mir noch von Tokoriki aus einen Weiterflug von Port Vila nach Nouméa. Verrückt!

Naukacuvu Island, Fiji

Wie man zu Robinson Crusoe wird

Nach Tokoriki wagten wir uns auch auf Fidschi noch einmal in neue Gebiete vor. So sollte uns bereits am nächsten Tag der Yasawa Flyer, eine Speedboat-Fähre in sportlicher, gelber Lackierung auf die etwas entlegeneren Yasawa-Inseln bringen. Wir hatten das Paradise Cove Resort auf Naukacuvu Island gebucht. Diese war eine der südlichsten Yasawas und lag dennoch etwa 60 Kilometer nördlich von Nadi.

Die dreieinhalbstündige Fährfahrt war der absolute Hammer. Die Inseln im Norden waren um einiges größer, wilder und spektakulärer. Viele hatten hohe Berge und Felswände und waren mit dichtem Dschungel bewachsen. Insgesamt erinnerte diese Umgebung ein wenig an die legendären Inseln Isla Sorna

und Isla Muerta aus „Jurassic Park". Es war einfach geil, auf dem Sonnendeck des Yasawa Flyer an den abenteuerlichen und teils unberührten Inselwelten vorbeizuschießen. Dabei stoppten wir gelegentlich an der ein oder anderen Insel, um Urlauber abzusetzen, und bekamen so immer schöner anmutende Buchten zu Gesicht. Schließlich schlängelten wir uns zwischen zwei kleineren Inseln hindurch und blickten auf die vor uns liegende Paradise Cove und das gleichnamige Resort auf Naukacuvu Island. Hier hatte ich ihn, meinen Traumstrand! Palmen, Hängematten, weißer Sand – besonders das Wasser war der Wahnsinn. Das Meer war kristallklar und man konnte schon vom Boot aus bis auf den Boden schauen.
Mittlerweile hatte ich meinen Fidschi-Wortschatz um ein weiteres, elementares Wort erweitert. „Vinaka!" hieß „Danke!". Noch viel wichtiger war allerdings der Ausdruck „Fiji Time", der vielmehr ein ganzes Lebensgefühl vermittelte. So riefen einem die freundlichen Hotelmitarbeiter immer wieder zu: „It's Fiji Time!" Das hieß so viel wie: „Hey, du bist auf Fiji. Entspann dich. Kein Stress. Lehn dich zurück. Alles wird gut." Als Tourist konnte man sich beispielsweise ganz schnell beliebt machen, wenn man bei längeren Wartezeiten im Restaurant oder am Bus – was oft vorkam – dem jeweiligen Fidschianer einfach ein verständnisvolles „It's Fiji Time" zurief. In der Kombination mit „Bula!" und „Vinaka!" ließ sich nun schon eine gute Unterhaltung führen.
Nirgends herrschte so sehr Fiji Time wie in Paradise Cove.

Am Nachmittag des zweiten Tages konnte ich Papa, der die Zeit bisher überwiegend im Faulenzermodus genossen hatte, schließlich zu einer Paddeltour ermutigen. Wir schnappten uns zwei kleine, leuchtend gelbe Kajaks, bekamen noch eine schicke Sicherheitsweste zugewiesen und paddelten direkt drauflos. Aufgrund der besonderen Lage mit den vielen umliegenden Inseln war das Meer hier extrem ruhig und es gab kaum Wellen. Zunächst hatten wir kein bestimmtes Ziel vor Augen. Vielmehr ging es in der tollen Kulisse eher um das Paddeln an sich. Irgendwann wurden wir dann doch neugierig. So paddelten wir eine ganze Weile in Richtung Norden, schräg auf das offene Meer und die Spitze der gegenüberliegenden Insel zu. Hier musste sich noch ein weiteres Eiland befinden. Jetzt war mein Abenteuergeist endgültig geweckt. Dann passierten wir erneut ein steiles, mit dichtem Inseldschungel bewachsenes Kliff. Im nächsten Moment tat sich plötzlich ein schmaler, lang gezogener Strand vor mir auf. Wow! Papa war schon ein Stück voraus. Vom Wasser aus beobachtete ich ihn, als er an Land ging. Kurz nachdem er sein Boot an den Strand gezogen hatte, schaute er sich aufgeregt nach allen Seiten um. Dann blickte er wieder zu mir und aufs Wasser, streckte jubelnd beide Fäuste in die Luft und rannte ins Meer. „Ist das geil!" Dieser Ort war unglaublich. Das kristallklare, von Korallen durchzogene Wasser schimmerte in einzigartigen Farben. Vor uns lag ein etwa 200 Meter breiter Strand, dahinter Palmen, Felsen und wilder Inselwuchs. Es war ein einzigartiges Gefühl, die ersten Fußspuren in den absolut unberührten Sand zu setzen. Wir waren Entdecker, Abenteurer, Eroberer in einer fernen Inselwelt! Jetzt fühlte ich mich wirklich wie Robinson Crusoe. Gestrandet, irgendwo auf einem einsamen Atoll im Norden der Fidschi-Inseln.

Wie man sein ganzes Leben auf 10 Kilogramm reduziert

So augenblicklich, wie Papa an jenem ersten Abend in Nadi auf einmal vor mir gestanden hatte, endete die gemeinsame Zeit dann auch schon wieder.

Da wir beide, wenn auch mit völlig verschiedenen Zielen, am 15. April ausfliegen würden, begaben wir uns nun schon am nächsten Tag zurück auf die Hauptinsel.

Vor dem Abflug nach Vanuatu hatte ich allerdings ein ganz neues Problem zu lösen, denn ich erinnerte mich an Diegos Worte. Der Spanier hatte mir verheißungsvoll erklärt, dass es in Vanuatu bei Inlandsflügen ein striktes und unumgängliches Gepäcklimit von 10 Kilogramm gab. Für mich war das eine wirklich ernste Sache. Natürlich wollte ich in Vanuatu verschiedene Inseln besuchen und musste dazu Inlandsflüge nehmen. Ich hatte also keine Möglichkeit, Sachen irgendwo zurückzulassen. Es war daher unausweichlich, dass ich bis dahin den Inhalt meines Rucksacks, der zu diesem Zeitpunkt mein ganzes Leben darstellte, auf 10 Kilogramm reduzierte. Nun war mein Backpack ohnehin nach wie vor zu voll, und so nutzte ich diese Maßgabe zu einer rigorosen Aussortierung. Letztlich stellte ich einen riesigen Beutel beiseite und hatte damit fast die Hälfte meines Klamottenbestandes aussortiert. Dazu zählten unter anderem meine letzte lange Hose und mein letzter Pullover. Beides, so glaubte ich, würde ich im weiteren Reiseverlauf nicht mehr gebrauchen.

Nachdem ich Papa am letzten Abend noch einmal eine große Ladung, darunter meinen Laptop und mein zweites Paar Schuhe, mit in die Reisetasche gepackt hatte, schickte ich ihm nun sogar mein geliebtes Skateboard, für das ich inzwischen keine Verwendung mehr hatte, mit nach Hause.

Und siehe da, einige Stunden später würde die Anzeige am Gepäckband tatsächlich sagenhafte 10,1 Kilogramm anzeigen.
Berechtigterweise könnte man sich nun fragen: Was befand sich überhaupt noch in meinem Rucksack? Was waren die Dinge, auf die man auf einer solchen Reise wirklich nicht verzichten konnte?
Der große Vorteil war, dass ich von nun an keine warme Kleidung mehr benötigen würde – zumindest hoffte ich das. Außerdem hatte ich nur ein einziges Paar schwarze Nike-Sneaker und ein Paar Badeschlappen. Ein enorm wichtiges Accessoire war nach wie vor mein schwarz-gelber Bundaberg-Schlüpfer, der gleichzeitig als Badehose fungierte. Weiterhin hatte ich noch mein kleines, dünnes – und meist etwas streng riechendes – Fitnesshandtuch. Dieses konnte ich sowohl am Strand als auch nach dem Duschen verwenden. Meine Kleidung sortierte ich in Plastikbeuteln. Dabei reichten mir 6 bis 7 Paar dünne Socken, etwa genauso viele Unterhosen, vier T-Shirts, ein Poloshirt, ein Fidschi-Hemd und zwei kurze Sporthosen. In meiner Waschtasche hatte ich Zahnbürste, Zahnpasta, Deodorant, Duschgel, Rasierer, eine Paste für die Haare und ein Nagelset. Weiterhin befanden sich in meinem Besitz: ein schmaler Ordner, in dem ich alle wichtigen Dokumente und Erinnerungsstücke aufbewahrte, ein Allzweckwerkzeug, Vokabelheft, USB-Ladekabel, Stifte, Polaroidkamera und Freundebuch. Die wichtigsten Dinge trug ich immer in meinem schwarzen Tagesrucksack mit mir herum. Dazu zählten: mein Kindle, eine lässige Schirmmütze, Kaugummis, Kopfhörer, Äpfel, eine Wasserflasche, ein Notizheft, in dem ich alle wichtigen Ideen festhielt, und eine Menge Sand. Wirklich essenziell waren eigentlich nur drei Dinge: mein Handy, mein Reisepass und meine Kreditkarte. Das war's. Mit ausschließlich diesen Dingen konnte ich tatsächlich gut leben, ohne dass mir irgendetwas fehlte.

Im Flughafen von Nadi saßen Papa und ich letztlich noch eine gute Stunde auf einer der Flughafenbänke und ließen die gemeinsame Zeit Revue passieren. Schließlich ließ es sich nicht weiter aufschieben. Wir umarmten uns ein letztes Mal, Papa lief durch die weite Halle in den Check-in-Bereich des Flughafens und verschwand aus meinem Blickfeld.
Ich stand nun ein weiteres Mal vor einer großen Veränderung. Mein definitiv größtes Abenteuer stand bevor. Und ich hatte keine Ahnung, worauf ich mich da eingelassen hatte.

Port Vila, Vanuatu

Intro

Es war bezeichnend, dass sogar die Fidschianer bei der Erwähnung Vanuatus staunend die Augenbrauen hoben. Anscheinend klang mein nächstes Reiseziel selbst für die Einheimischen hier etwas abenteuerlich. Dabei lagen die benachbarten Inseln nicht mal zwei Flugstunden entfernt.
Vanuatu. Was wusste ich eigentlich überhaupt über das Land?

Der Inselstaat bestand aus etwa einem Dutzend größerer Inseln. Diese erstreckten sich von Norden nach Süden wie in einer Reihe und lagen etwa 700 Kilometer westlich von Fidschi mitten im Pazifik. In wenigen Stunden würde ich in der Hauptstadt Port Vila auf der zentral gelegenen Hauptinsel Efate ankommen. Die größte und wohl auch landschaftlich schönste Insel war die ganz im Norden gelegene Espiritu Santo (kurz: Santo). Einen Besuch dort hatte ich allerdings zugunsten von Neukaledonien geopfert. Besonders interessant war außerdem die Insel Pentecost. Diese war weltweit berühmt für ihre verrückten Lianenspringer. Bei diesem Ritual stürzten sich die Männer des lokalen Inselstammes mit an den Füßen befestigten Lianen von einem selbst erbauten Holzturm in die Tiefe. Damit waren diese Kollegen die eigentlichen Urheber des Bungeespringens.
Wie sah mein Plan nun also aus? Insgesamt hatte ich zwölf Tage in Vanuatu. Zwölf Tage, die es definitiv in sich haben würden ... In den ersten drei Tagen würde ich mich zunächst in der Hauptstadt Port Vila akklimatisieren und die restliche Zeit in der unbekannten Wildnis Tannas bleiben. Dort wollte ich nun tatsächlich mindestens drei Tage mit dem Urwaldstamm verbringen.
Am 28. April sollte es schließlich in Neukaledonien weitergehen.
Tanna war in erster Linie berühmt für den aktiven Vulkan Yasur, bei dem man bis in den Feuer speienden Krater hineinschauen konnte. Eine solche Attraktion war auf der Welt einmalig und somit Anlass für etwa 80 Prozent der Touristenbesuche des Landes. Hauptanreiz für meinen Besuch war allerdings der Yakel-Stamm. Ich hatte es mir seit drei Monaten in den Kopf gesetzt, einige Tage mit diesen Menschen auf Tanna verbringen zu wollen. Jetzt stand diese Zeit unmittelbar bevor. Und nun ja, ich hatte schon ziemlich Bammel.
Jetzt aber rein ins Abenteuer!

Wie man in Port Vila einen Busfahrer findet

Als Passagier des Air-Vanuatu-Fluges NF75 erreichte ich gegen 16:30 Uhr Port Vila. Schon die Ankunft am Bauerfield International Airport war ein Erlebnis für sich. Hier am Hauptstadtflughafen gab es nur eine einzige, asphaltierte Landebahn. In deren Mitte sollten wir nun einfach aus der kleinen Propellermaschine klettern. Das hatte ich auch noch nicht erlebt. Das eingeschossige, etwa 100 Meter breite Hauptgebäude verfügte über genau zwei Portale. Über einer Holzpforte am anderen Ende war mit weißer Farbe das Wort „Arrival" gepinselt worden. Als ich die „Empfangshalle" betrat, musste ich schmunzeln. Durch ein Loch in der Wand zur Rollbahn lief ein einziges schmales Gepäckband ins Innere, das nach etwa 10 Metern eine Biegung nahm und das Gebäude durch eine weitere Öffnung nach außen wieder verließ. Dazwischen schmückten einige grüne Topfpflanzen den Raum. In der Mitte stach die zwei Meter große Nachbildung einer Bierflasche ins Auge, auf deren Logo eine Art Wildschwein und der Slogan „TUSKER – Vanuatu Premium Beer" prangten.

Gepäckkontrollen schien man in der Hauptstadt Vanuatus keinen großen Wert beizumessen. So befand ich mich schon kurz darauf im Außenbereich des Flughafens. Hier hatte ich nur noch zwei Dinge zu erledigen, die ich nach meiner Ankunft in einem neuen Land immer als Erstes anging. Ich kaufte eine lokale Prepaid-SIM-Karte mit Internetzugang und besorgte mir an einem Geldautomaten ein paar Scheine der örtlichen Währung.

Booking.com oder ähnliche Plattformen existierten in Vanuatu nicht. Auf der Suche nach einer geeigneten Unterkunft in Port Vila war ich mittels Google letztlich auf die Paray Lodge gestoßen. Dabei handelte es sich um eine Art Hostel mit eigener Website in einer scheinbar recht günstigen Lage. Hier war es mir gelungen, einige Tage zuvor per E-Mail ein Bett in einem Viererzimmer für etwa 20 Euro pro Nacht zu reservieren.

Schon am Flughafen war mir aufgefallen, dass auch die Vanuatuer das typisch melanesische Äußere aufwiesen. Im Vergleich zu den Fidschianern hatten die Leute hier sogar noch ein wenig dunklere Haut. Nachdem ich im Flughafen verschiedene undurchsichtige Informationen zu Busverbindungen in die Stadt erhalten hatte, lief ich zunächst etwas verwirrt vor dem Flughafengebäude umher. Hier gab es keine Bushaltestellen und auch keinen Hinweis auf öffentlichen Nahverkehr. Stattdessen befand ich mich auf einer holprigen Straße mit angrenzendem Parkplatz. Ringsherum war nichts als Buschland. Schließlich fragte ich eine Gruppe Jugendlicher nach einem Bus in die Stadt und konnte mich irgendwie mit ihnen verständigen. Die Jungs waren ganz aufgeregt, gaben mir die Hand, schlugen mir auf die Schulter und wuselten wild gestikulierend umher. Innerhalb einer Minute hatten sie es tatsächlich geschafft, einen Busfahrer aufzutreiben. Nun war das allerdings kein regulärer Busfahrer, sondern einfach irgendein Einheimischer, der wohl gerade mit seinem klapprigen Kleinbus in der Nähe gewesen war. Ich gab dem Mann zu verstehen, dass ich zu meiner Unterkunft in der Stadt musste, dabei allerdings selbst nicht so genau wusste, wo diese überhaupt lag. Daraufhin grinste der Kerl verständnisvoll, öffnete die hintere Schiebetür seines Fahrzeugs und winkte mich hinein. Ich wuchtete meinen Rucksack auf eine der durchgesessenen Sitzbänke, streckte meinen Kopf in den Wagen und stellte überrascht fest, dass hinten bereits eine ganze Reihe einheimischer Frauen Platz genommen hatten, die mich nun breit anlächelten. Was soll's, dachte ich und machte es mir bequem. Was konnte schon schiefgehen? Wie ich bald darauf lernte, gab es in Vanuatu keine öffentlichen Transportmittel. Die Vanuatuer hatten dieses Problem allerdings auf eine sehr interessante Weise gelöst und einfach ihr eigenes Transportsystem entwickelt. So sah man auf den Straßen Port Vilas fast nur diese alten, klapprigen Kleinbusse in allen erdenklichen lustigen Lackierungen herumfahren. Im Stadtzentrum waren teilweise sogar so viele dieser Busse unterwegs, dass ganze Straßen verstopft waren. Jeder, der sich einen fahrbaren Untersatz leisten konnte, investierte all seine Ersparnisse in einen solchen Kleinbus. Somit wurde jeder Vanuatuer zu einem potenziellen Busfahrer. Wenn man als Fußgänger irgendwo hinwollte, lief man einfach in die gewünschte Richtung los und streckte beim ersten ankommenden Bus die Hand raus. Der lustige Busfahrer hielt daraufhin neben einem an, man beugte sich ans Fenster, grüßte freundlich, erntete ein breites Grinsen und gab den gewünschten Zielort an. Der Fahrer nickte dann entweder und bedeutete einem einzusteigen, oder aber er kratzte sich am Kopf und machte einen etwas gequälten Eindruck. Das bedeutete, dass das Ziel nicht gerade auf seinem Weg lag und man lieber auf den nächsten Fahrer warten sollte. Bevor man ausstieg, warf man dem Fahrer ein paar Münzen in die Schale und wünschte einander Petri Heil. Für Fahrten innerhalb der Stadt zahlte man in etwa einen Euro, bei längeren Trips war es Verhandlungssache. Nun war mir all das bei meiner ersten Fahrt noch schleierhaft. Noch dazu hatte ich begründete Zweifel, ob mein sympathischer Chauffeur auch nur ein Wort Englisch sprach, geschweige denn eine Ahnung hatte, wo ich überhaupt hinwollte. Auf dem Weg in die Stadt gabelten wir schnell noch weitere Frauen aus dem Dorf auf, die offensichtlich Einkäufe auf dem Markt getätigt hatten und nun zurück zu ihren Häusern wollten. So saß ich schon kurz nach meiner Ankunft am Flughafen in einem wackeligen Kleinbus zwischen durcheinanderschnatternden und laut lachenden Vanuatuerinnen. Und auf einmal war ich mittendrin im nächsten Abenteuer.

Schnell wurde klar, dass die Straßen diese Bezeichnung hier eigentlich nicht verdienten. Offenbar war die Gegend um Port Vila die einzige im Land, in der es überhaupt befestigte Straßen gab. Allerdings waren diese so unfassbar holprig, dass man es eigentlich gar nicht beschreiben konnte. Die Wege hier waren so schlecht und von massiven Schlaglöchern durchzogen, dass die Fahrer teilweise sogar lieber auf den unbefestigten Erdboden neben der Straße auswichen.

Viele meiner Mitfahrerinnen wurden vor mir abgesetzt. Daher verließen wir die Hauptstraße schnell und stießen in entlegenere Gebiete der Stadt vor. Ich fand das unglaublich interessant und freute mich jetzt schon über meine Entscheidung, dieses abenteuerliche Land kennenzulernen. So bewegten wir uns teilweise auf Dreckwegen irgendwo im Busch und trafen auf kleine Ansiedlungen, in denen wir die gut gelaunten Damen verabschiedeten. Schließlich erreichten wir dichter besiedeltes Gebiet mit richtigen, wenn auch heruntergekommenen Häuserfassaden. Ich vermutete, dass mein Fahrer keine Ahnung hatte, wo ich hinmusste. Also versuchte ich, ihm die Lage meiner Unterkunft auf Google Maps zu zeigen. Der gute Mann hatte aber wahrscheinlich noch nie eine digitale Straßenkarte zu Gesicht bekommen und konnte damit wenig anfangen. „Paray Lodge ... Paray Lodge ...", murmelte er immer wieder mit nachdenklichem Gesichtsausdruck. Schließlich sprach mich eine der Damen auf der Rückbank an: „Entschuldigung, wo wollen Sie hin?" Sie und eine andere Frau sprachen überraschend gutes Englisch. Wir führten ein kurzes Gespräch, in dem ich erklärte, woher ich kam, und nannte den Namen meiner Unterkunft. Schließlich zeigte ich ihnen die Website der Lodge. Die cleveren Frauen machten eine Telefonnummer ausfindig, riefen diese kurzerhand an und ließen sich eine Wegbeschreibung geben. Nun schien auch unser Busfahrer endlich einen erhellenden Moment zu erleben. Wissend rief er: „Ahhhh, Paray Lodge! Ya, Ya, I know, I know." Tatsächlich war die ominöse Paray Lodge etwa 2 Kilometer südlich des Zentrums am untersten Zipfel der Insel gelegen. Mein kleines, aber ordentliches Zimmer teilte ich mir mit einem sri-lankischen Schiffsingenieur.

Wie man sich auf Die Insel vorbereitet

Direkt nach meiner Ankunft machte ich mich neugierig auf eine erste Erkundungstour. Während der Herfahrt hatte ich einen großen Supermarkt erspäht, der zu Fuß etwa 15 Minuten in Richtung Stadtzentrum lag. Ich machte mich also auf den Weg und lief nun zum ersten Mal aufgeregt durch Vanuatu. Schnell stellte ich fest, dass mich viele Einheimische interessiert musterten. Touristen waren wohl ein seltenes Bild in den Straßen Port Vilas. Die Vanuatuer wirkten zurückhaltend, fast schon ein wenig ängstlich. Während ich entlang der Hauptstraße lief, tat ich mein Bestes, um die Distanz zu brechen, lächelte allen Einheimischen freundlich zu und rief „Hallo" oder Hey". Daraufhin erhellten sich die Gesichter fast augenblicklich. Über diese einfache Geste schienen sich die Menschen ungemein zu freuen. Sie strahlten mich an und riefen ebenfalls „Hallo!" oder „Guten Tag". Einige schauten auch etwas verlegen weg. Ich fühlte mich fast ein wenig wie eine Berühmtheit.

Zurück in der Lodge traf ich auf Shari, eine junge Belgierin. Shari war geradewegs von Tanna zurückgekehrt. Einen besseren Gesprächspartner hätte ich mir nicht wünschen können.
So gab es auf der Insel wohl für Touristen zahlreiche, sehr einfache Bungalowunterkünfte. Allerdings schien der Transport von A nach B sehr kompliziert, da Straßen auf der Insel quasi nicht existent waren und Einheimische laut Shari Unsummen für längere Wegstrecken in ihrem Geländewagen berechneten. Des Weiteren sollte es auf der ganzen Insel keinen Geldautomaten geben. Das bedeutete, dass ich vorher in Port Vila unbedingt ausreichend Cash abheben musste. Würde mir nach ein paar Tagen das Bargeld ausgehen, hätte ich ein Problem. Zuletzt warnte Shari vor einem auf Tanna besonders hohen Risiko, am Tropenfieber Dengue zu erkranken. Dieses wurde durch Stechmücken übertragen, und so empfahl sie, möglichst ganztägig lange Kleidung zu tragen – die ich ja erst kürzlich aussortiert hatte.
Am nächsten Morgen war es schließlich an der Zeit, Kontakt zum ominösen „Dolmetscher" auf Tanna aufzunehmen. Meine einzige Information war eine Nachricht von Diego vom 8. April: „Yakel kustom village. Tom +6787724***". Ich hatte keine Ahnung, was mich erwartete, und schon vor dem Anruf gelinde

gesagt die Hosen voll. Wie sollte ich denn überhaupt beginnen? „Hallo, sind Sie dieser Dolmetscher von dem wilden Stamm?“ … Hmm.
Endlich nahm ich all meinen Mut zusammen und wählte die Nummer – Mailbox. Wenig später probierte ich es erneut. Wieder meldete sich nur die Mailbox. Mein Mann war nicht erreichbar. Und jetzt?
Nun, Shari versicherte mir, dass auf Tanna sowieso jeder jeden kannte und ich mich nur einmal nach diesem Tom umhören musste. Wenn der Kerl tatsächlich so eine große Nummer war, würde ihn bestimmt jemand kennen.
Außerdem hatte ich noch Diegos Information und tippte „Yakel Village“ bei Google ein. Darunter erschien sogar ein Eintrag auf TripAdvisor. Offenbar handelte es sich um ein Dorf, in dem Besucher einen Einblick in das traditionelle Leben der Inselbewohner gewinnen konnten. Ich vermutete, dass Tom dort lebte oder arbeitete. Ich würde diesen Kerl schon irgendwie ausfindig machen.
Hoffnung machte mir die Tatsache, dass ich am Abend noch zwei weitere Reisende in unserer Lodge traf. Ralph und Eliza aus Holland waren nur wenig älter als ich und würden schon am nächsten Tag nach Tanna fliegen, um dort den berühmten Vulkan Yasur zu erklimmen. Ralph hatte zuvor im Duty Free Shop eine riesige Flasche Bombay-Sapphire-Gin gekauft, die er nun brüderlich mit mir teilte. Heieiei, ein wahrlich guter Tropfen!

Um die Mittagszeit des 18. April 2017 begab ich mich erneut zum Flughafen, von wo aus ich am Nachmittag nach Tanna starten würde. Das größte meiner Abenteuer, es stand nun unmittelbar bevor.

Wie man bei Air Vanuatu mit Gewitter umgeht

Das Domestic Terminal des Bauerfield International Airport hatte etwa die Größe eines Aldi-Supermarkts. Am Ende der gefliesten Wartehalle hing an der Wand ein großes Banner mit der Aufschrift „Air Vanuatu“. Unmittelbar davor baumelte von der Decke ein dünnes Schild, das mit den Worten „Check In“ auf die Funktion der drei darunter befindlichen Holzpulte hinwies. Diese Pulte waren nur teilweise besetzt. An einem stand ein großer Vanuatuer mit Warnweste. Offensichtlich waren die Mitarbeiter hier gleichzeitig am Check-in-Schalter und draußen auf dem Rollfeld aktiv. Das nenne ich Effizienz! In der Außenwand befand sich eine kleine Glastür, über die jemand das Wort „Boarding“ gepinselt hatte. Wenn man dort hinaustrat, befand man sich direkt auf

der Landebahn. Auch hier setzten die Vanuatuer also auf einfache Abläufe. Nachdem man sein Gepäck abgegeben hatte, konnte man ungehindert zum Flugzeug laufen.
Inzwischen hatte ich einige schwerere Gegenstände aus meinem Backpack ins Handgepäck übernommen. Und tatsächlich, als ich meinen großen Rucksack, der inzwischen auf die Hälfte der ursprünglichen Größe zusammengefallen war, auf eine der mechanischen Gepäckwaagen stellte, zeigte diese nicht einmal mehr zehn Kilogramm an. Dementsprechend verlief der Check-in schnell und problemlos, und schon kurz darauf hielt ich mein Ticket in der Hand. Hier gab es kein Gepäckband, sodass der Mann am Schalter meinen Rucksack eigenhändig in ein Hinterzimmer trug, von wo aus sämtliche Koffer und Taschen mit einem Wagen direkt hinaus auf die Landebahn geschoben wurden.
Nun hatte ich aber noch ein Problem zu lösen. Wie ich ja wusste, gab es auf der Insel keine Geldautomaten. Ich brauchte Cash – eine Menge Cash. Der Großteil der Besucher weilte nur für zwei bis drei Tage auf Tanna, hatte ein Hotel schon im Vorfeld gebucht, besuchte den Vulkan und flog dann wieder zurück. Bei mir würde es da schon etwas lustiger werden. Online hatte ich bis auf die wenigen, teuren Resorts keinerlei Unterkünfte gefunden. Shari hatte aber erzählt, dass überall auf der Insel Einheimische einfache Bungalows für Besucher bereitstellten. Mein Gedanke war also, mich nach meiner Ankunft vor Ort umzuhören und dann die Nacht zunächst irgendwo in der Nähe des Flughafens zu verbringen, bis ich einen besseren Plan hatte. Nun würde ich auch nicht nur zwei, sondern ganze neun Tage auf der Insel bleiben. Wie viel Cash brauchte man für neun Tage auf Tanna? Ja, Freunde, ich wusste es auch nicht. Ich tat mich schwer mit dem Gedanken, mit einem dicken Batzen Bargeld über die Insel zu laufen und am Ende vielleicht eine Menge übrig zu haben. Wenn mir andererseits das Geld zu früh ausging, war das wohl noch wesentlich problematischer. Schon mehrmals hatte ich gehört, dass der Besuch des Vulkans unglaublich teuer war und zudem die Einheimischen für Fahrten über die Insel mehr als 20 Euro verlangten. Bungalows und Verpflegung dagegen konnten ja wohl nicht so teuer sein. Letztlich hob ich etwas über 200 Euro ab und verfügte damit über mehr Vatu-Scheine, als Bill Gates wohl in seinem ganzen Leben in den Händen gehalten hatte. Freunde, ich kann euch sagen, ich hatte mit Sicherheit das dickste Portemonnaie von Vanuatu!
Noch während ich versuchte, meine mehr als 30.000 Vatu in der Geldbörse unterzubringen, bemerkte ich, wie sich am Himmel eine bedrohliche Wolken-

front aufbaute. Nur wenig später setzte apokalyptischer Platzregen ein. Zu diesem Zeitpunkt machte ich mir darüber noch keine Gedanken. Vielmehr beschäftigte mich die Tatsache, dass an der Informationstafel immer noch die Flüge von vor zwei Tagen angezeigt wurden. Ich hatte ohnehin noch eine Weile zu warten und beschäftigte mich inzwischen mit einer meiner Lieblingstätigkeiten: Flüge buchen. In meiner Planung musste ich ja schon jetzt drei Schritte voraus sein. Bereits am Morgen des 5. Mai würde ich mein nächstes Ziel Neukaledonien wieder verlassen und nach Sydney fliegen. Allerdings sollte es von dort dann möglichst direkt weiter nach Kuala Lumpur oder Singapur gehen, von wo aus ich Südostasien zu erkunden gedachte. Ich wollte sichergehen, dass mir in Asien genügend Zeit blieb, und somit nur neun Nächte auf der französischen Insel verbringen. Nun brauchte ich nur noch einen passenden Anschlussflug nach Kuala Lumpur. Die Flugdauer von Sydney bis KL betrug mehr als acht Stunden und die meisten Flüge gingen schon am Morgen. Ich würde gegen 11 Uhr an der australischen Ostküste landen. Flüge in die Hauptstadt Malaysias gab es an diesem Tag erst am späten Abend. Das war doppelt ungünstig, weil ich einen kompletten Tag auf dem Flughafen verbringen müsste und noch dazu Nachtflüge nicht ausstehen konnte. Hm. Das musste ich wohl noch mal überdenken.

Inzwischen stand mein Abflug nach Tanna ohnehin kurz bevor. Ich blickte also auf und stellte fest, dass sich inzwischen eine ganze Menge Einheimischer in der Wartehalle eingefunden hatte. Neben Air Vanuatu gab es hier noch ein Büro eines kleineren, privaten Fluganbieters, vor dem diese Leute Schlange standen. Draußen regnete es weiterhin in Strömen. Als sich auch zehn Minuten vor der auf meinem Ticket angegebenen Abflugzeit noch nichts tat, stand ich auf und fragte den Mann am Schalter. „Tut mir leid, Sir. Im Moment ist der Regen zu stark. Wir werden Sie informieren, sobald es losgeht." Na schön. Beim Anblick der kleinen Propellermaschinen da draußen war es wohl wirklich besser, noch ein wenig zu warten. Draußen ließ der Regen aber auch in der nächsten halben Stunde nicht nach. Mit der Zeit strömten immer mehr Einheimische in die kleine Wartehalle, die nun regelrecht überfüllt war. Einige wollten wohl einfach nur ins Trockene flüchten, viele belagerten nun aber zunehmend hektisch das Büro der privaten Fluglinie. Was war hier los? Dann verließen einige mitsamt ihrem Gepäck das Flughafengebäude wieder. Das war merkwürdig. Irgendwann machte sich die Meldung breit, dass die andere Fluglinie die ersten Flüge gestrichen hatte. Ich machte mir nach wie vor keine größeren Gedanken. Das konnte vielleicht dieser kleinen Fluggesellschaft passieren, aber doch nicht Air Vanuatu! Nach einer weiteren halben Stunde hatte sich die Wartehalle größtenteils wieder geleert, auf dem Rollfeld war keinerlei Bewegung zu erkennen und auch die wenigen Touristen schienen nun zunehmend nervös. Niemand wusste wirklich, was hier vor sich ging. Auf der Anzeige konnte man sich weiterhin nur über die Flüge von vorgestern informieren. Es gab keinerlei Durchsagen, und auch die wenigen Flughafenmitarbeiter verschwanden nun zunehmend in Hinterzimmern. Während sich alle fragend umschauten, kam ich mit einem Australier ins Gespräch. „Was geht hier vor sich? Wissen Sie irgendwas?" Er schüttelte zunächst nur den Kopf und lachte. „Keine Ahnung, Kumpel, liegt wohl am Regen." Dieser hatte mittlerweile etwas nachgelassen. Wenig später trat der Warnwestenmann aufgeregt hervor und bat uns der Reihe nach erneut an den Schalter. Hier bekamen wir neue Flugtickets mit geänderten Flugnummern und Abflugzeiten ausgehändigt. Scheinbar tat sich also doch noch etwas. Während wir gemeinsam warteten, stellten wir fest, dass wir offensichtlich verschiedenen Flügen zugeteilt worden waren. Das war interessant. Der Australier stellte sich als Daniel vor und war mit seiner Frau Dora und der 16-jährigen Tochter Elize unterwegs. Die drei wollten Tanna nur für zwei Nächte des Vulkans wegen besuchen. In einer Situation, die mittlerweile an eine schlechte Komödie erinnerte, war es gut, Verbündete gefunden zu haben. Weiterhin tat sich absolut nichts. Da inzwischen wieder alle Mitarbeiter in Hinterzimmern verschwunden waren, konnten wir nur Mutmaßungen anstellen. Die riesige, falsche Anzeigetafel über unseren Köpfen setzte dem Ganzen noch die Krone auf. Wir nahmen die Situation allerdings zunehmend mit Humor und amüsierten uns über das Schauspiel. Mit süffisantem Grinsen fasste Daniel die Situation zusammen und schüttelte den Kopf: „Das glaubt uns doch zu Hause niemand. Das ist Vanuatu. Das muss man erlebt haben." Daniel, Dora und Elize hörten auf den lustigen Nachnamen „Hugo". Die Hugos stammten aus Sydney und verbrachten ihren Familienurlaub in Vanuatu. „Mann, wir haben über Airbnb eine Unterkunft am Vulkan gebucht. Der Kerl wollte uns am Flughafen abholen. Ich habe versucht, ihn zu erreichen, aber es ist ja fast unmöglich, mit diesen Leuten überhaupt zu kommunizieren." Daniel lachte. Mich hatte allerdings etwas anderes zum Stutzen gebracht. Airbnb ... das war interessant. Ich war gar nicht erst auf die Idee gekommen, dass jemand auf Tanna Island Airbnb nutzen konnte. Angesichts der aktuellen Umstände war ich aber froh, im Vorfeld keine Unterkunft gebucht zu haben. So konnte ich die Sache noch relativ entspannt nehmen. Ich berichtete den dreien von meiner Zeit in Sydney, meinen bisherigen Abenteuern und dem weiteren Plan, an dem ich gerade brütete. – „Na hör mal", begann Daniel, „wenn du noch mal nach Sydney kommst, könntest du vielleicht sogar die eine Nacht bei uns schlafen. Was meinst du, Dora?" Dora überlegte kurz. „Ja, klar. Warum nicht." – „Hey, na das wäre ja super! Wäre toll, wenn das klappt. Wir können ja über Facebook in Kontakt bleiben." Drei Menschen, die für mich noch vor zehn Minuten Fremde gewesen waren, hatten mich gerade zu sich nach Hause eingeladen. Wahnsinn!

Inzwischen hatte der Regen wieder zugenommen, und nun war auch mein zweiter Flug schon fast eine Stunde überfällig. Weiterhin tat sich nichts. Ich dachte zurück an Ralph und Eliza, die es am Abend zuvor wohl noch in einer der letzten Maschinen nach Tanna geschafft hatten. Dann folgte der nächste Auftritt des Warnwestenmannes. In seinen Händen hielt er eine Art Liste, von der er der Reihe nach alle Namen der herumsitzenden Passagiere aufrief. „Mister Daniel Hugo?" – „Hier, das bin ich." – „Sir, Ihr Flug ist gestrichen. Bitte informieren Sie sich am Serviceschalter über das weitere Vorgehen." Nachdem der gute Mann nacheinander sämtliche Flüge abgesagt hatte, war nur mein Name noch nicht aufgetaucht. Fragend lief ich auf den mittlerweile reichlich überforderten Kerl zu. „Mister Roith? Bitte bleiben Sie sitzen. Ihr Flug ist nach wie vor im Plan." Das waren gute Nachrichten. Schließlich hatte ich schon befürchtet, auf den Ticketkosten sitzen zu bleiben. Gleichzeitig war es ziemlich merkwürdig, da eigentlich alle anderen eine Absage erhalten hatten. Auf meine erneute Nachfrage gab mir der Mann eine bemerkenswerte Erklärung. „Wissen Sie, Ihr Pilot ist noch nicht eingetroffen. Wir müssen auf ihn warten. Der Pilot entscheidet, ob er unter diesen Bedingungen fliegen kann." Interessant, so lief das also. Zehn Minuten später dann Auftritt Nummer drei: „Mister Roith? Ihr Pilot ist da. Er möchte bei diesem Wetter nicht fliegen. Es tut mir leid, Ihr Flug ist gestrichen." Na schön. Bei einem Piloten, der mehr als eine Stunde nach der geplanten Abflugzeit erschien, war das vielleicht auch besser so. Ratlos gesellte ich mich nun also doch zu den Hugos, die in der Schlange vor dem Servicebüro standen. Wenig später stellte ich erleichtert fest, dass alle Passagiere mit gestrichenen Flügen auf Flüge am nächsten Tag umgebucht wurden. In Form eines A4-Schreibens erhielt ich kurze Zeit später mein insgesamt drittes Tanna-Ticket.

Meine einzige Möglichkeit bestand nun wohl darin, mit dem Bus zurück zur Paray Lodge zu fahren und mein Glück morgen erneut zu probieren. Glücklicherweise stand draußen im strömenden Regen ein Kleinbus bereit. Was folgte, war eine zutiefst abenteuerliche Busfahrt durch das bergige Buschland rund um Port Vila. Der vollgepackte Bus steuerte zunächst die einfachen Siedlungen außerhalb des Stadtgebietes an. Die holprigen Dreckstraßen waren hier zum Teil völlig überflutet, und während die endzeitlichen Regengüsse auf die Windschutzscheibe trommelten, konnte man unter dem düsteren Tropenhimmel kaum etwas erkennen. Auch viele der Hütten am Straßenrand waren teilweise überschwemmt. So passierten wir ein einfaches Lebensmittelgeschäft, in dem etwa 10 Zentimeter hoch das Wasser stand. Die hier wohnende Familie jedoch stand fröhlich winkend im Regen. Der Vater warf die Hände in die Luft und wollte damit wohl in etwa sagen: „Was soll's, das können wir sowieso nicht ändern."
Schließlich erreichte ich am Abend verhältnismäßig trocken meine alte und neue Unterkunft, in der sogar mein Bett noch unberührt zur Verfügung stand.

Tanna Island, Vanuatu

Wie man von einer Familie aufgenommen wird

Am nächsten Vormittag starteten wir dann den nächsten Anlauf. Erneut traf ich in der Wartehalle auf Daniel und seine Familie, die sicherheitshalber schon am frühen Morgen am Flughafen erschienen waren. Heute waren aber alle Sorgen unbegründet. Inzwischen hatte es aufgehört zu regnen, und schon wenig später saß ich gemeinsam mit den Hugos und nur einem guten Dutzend weiterer Passagiere in einer kleinen Propellermaschine. Nach etwa 40 Minuten setzten wir zum Landeanflug an.
Der Whitegrass Airport auf Tanna bestand eigentlich nur aus einer asphaltierten Landebahn und einem größeren Haus mit spitz verlaufendem Holzdach. Während ich in der Maschine auf meinen Rucksack wartete, entdeckte ich an der Wand eine große, handgemalte Karte, in der alle bedeutenden Orte eingezeichnet waren. Die Insel hatte etwa die Form eines Regentropfens, war circa 20 Kilometer breit und 30 Kilometer lang. Wir befanden uns im nördlichen Teil der Westküste. Etwa 15 Kilometer südlich lag die einzige größere Stadt, Lenakel. Während im Zentrum Berge die Insel durchzogen, lag auf der anderen

Seite im Südosten der Mount Yasur. Irgendwo im Hinterland war sogar das Yakel Village eingezeichnet. Das sah doch ganz gut aus. Nun war ich offenbar der einzige Reisende, der einfach ohne Unterkunft und ohne konkretes Ziel auf diese entlegene Insel geflogen war. Darüber machte ich mir allerdings immer noch keinen Kopf. Ich hatte inzwischen gelernt, dass sich die Dinge immer irgendwie regelten. Die besten Momente erlebte man meistens genau dann, wenn man ohne Plan und somit offen für alles an eine Sache herantrat. So lief ich zunächst völlig planlos zu dem gepflasterten Bereich vor dem Eingangsportal, um mir einen Überblick zu verschaffen. Sekunden später sprach mich ein Einheimischer an. Der Mann war groß und hager, hatte dunkle Haut und kurz geschorenes, lockiges Haar. Er war barfuß, trug weite Shorts und T-Shirt und grinste mich breit an. „Hallo mein Freund! Wo willst du hin?" – „Hallo! Ich weiß nicht. Ich suche eine Unterkunft. Kennst du jemanden?" Strahlend streckte mir der Kerl die Hand entgegen. „Ich bin Morris. Du kannst mit mir kommen. Ich bin Inhaber der Volcano Island Paradise Bungalows." – „Hm. Wo ist das und was kostet es?" – „2000 Vatu, Frühstück inklusive." Für etwa drei Sekunden stockte ich kurz und analysierte meine Lage. Dann traf ich eine Entscheidung. „Na schön. Okay. Ich bin dabei." Ich hatte auf eine Gelegenheit gewartet, und hier tat sich eine auf. Zwar hatte ich nicht vorgehabt, direkt zum Vulkan zu fahren, ließ mich nun aber trotzdem von dem Mann zu dessen Geländewagen führen. Was sollte schon schiefgehen? An dem weißen Pick-up angekommen, stellte ich überrascht fest, dass ausgerechnet die Hugos gerade ihr Gepäck auf dessen Ladefläche hoben. „Marcel, was machst du denn hier?" – „Na ja, dieser Kerl hat mich gerade zu sich nach Hause eingeladen." Alle lachten. „Ihr schlaft also auch bei ihm?", fragte ich. Dora blinzelte etwas nachdenklich. „Hm, nein. Ich glaube, er ist nur unser Fahrer." Schließlich versammelten sich noch zwei weitere Personen vor dem Wagen. Eine junge Frau mit langen, braunen Haaren und ein hagerer, älterer Mann unterhielten sich auf Französisch. Auch die beiden hatten am Vortag mit uns am Flughafen gesessen. Man kannte sich. Offensichtlich war Morris nicht einmal der Fahrer, denn am Steuer saß noch ein anderer Mann, ein alter Kauz mit schiefen Zähnen und Fischerhut. Wie brachte man also acht Leute in einem Pick-up unter? Kein Problem in Vanuatu! Während die Hugos vorn in der Fahrerkabine Platz nahmen, sprang ich gemeinsam mit Morris und den beiden anderen auf die Ladefläche. Hier suchte ich mir ein „gemütliches" Plätzchen zwischen einer Teppichrolle und dem Ersatzrad. Und ab die wilde Fahrt! Wie ich schon bald erfuhr, gab es in ganz

Tanna keine befestigten Straßen. Während wir bei rasanter Fahrt durch den Busch preschten, gab mir Morris einen kleinen Einblick in die Sachlage. Offenbar hatten die Hugos und auch die beiden Franzosen über Airbnb eine Unterkunft im benachbarten Volcanic Vista Bungalowdorf gebucht. Morris war dabei wohl kurzerhand mit auf den Wagen gesprungen, um am Flughafen nach möglichen Gästen für seine eigenen Bungalows Ausschau zu halten. In einem kurzen Moment analysierte ich meine Situation. Auf der Ladefläche eines Pick-ups hatte ich mein Schicksal in die Hände eines Einheimischen ohne Schuhe gelegt. Nun gut. Ich hatte ein Abenteuer gewollt, und jetzt steckte ich mitten in einem drin. Na dann mal los!
Auf dem Abschnitt bis nach Lenakel bewegten wir uns größtenteils auf Schotterpisten, die zumindest halbwegs an eine befahrbare Straße erinnerten. Im uns entgegenschlagenden Staub konnte ich kaum die Augen offen halten. Dennoch erblickte ich hier und da am Straßenrand zwischen dichtem Buschwerk kleine Hütten. Immer wieder kamen Kinder an die Straße gerannt und winkten uns fröhlich zu. In Lenakel begegnete uns dann ein Geländewagen der Polizei. Die Männer waren bewaffnet. Für einen Moment spürte ich Panik in mir aufsteigen. Immerhin brausten hier gerade acht Personen auf einem Pick-up durch die Stadt, während ich ungesichert auf der Ladefläche kauerte. Allerdings befanden wir uns ja nach wie vor in Vanuatu. Und so grinsten auch die uniformierten Männer nur fröhlich herüber und winkten uns zu. Tatsächlich fuhren die Polizisten selbst auf der Ladefläche mit. Anscheinend machte man das hier einfach so.
Lenakel bestand nur aus wenigen Straßen, die von flachen, schmucklosen Betonbauten gesäumt waren. Morris schlug vor, an einem der kleinen Lebensmittelgeschäfte zu halten. Einer plötzlichen Eingebung folgend wurde mir klar, dass ich wohl besser etwas Wasser besorgen sollte, solange das noch möglich war, und kaufte vier große Flaschen. Auf der Ladefläche kam ich nun auch mit den beiden anderen ins Gespräch. Fanny stammte aus Frankreich und studierte dort Englisch, um Lehrerin zu werden. Derzeit nahm sie sich allerdings eine Auszeit und lebte schon seit mehreren Monaten bei ihrem Onkel Henri in Neukaledonien. Gemeinsam waren sie zu einem Trip ins benachbarte Vanuatu aufgebrochen. Henri war ein komischer Kauz. Der dünne Kerl stand die ganze Fahrt über in langen Jeans und mit dunkler Sonnenbrille stoisch hinter der Fahrerkabine. Er sprach kein Wort Englisch und war irgendwie trotzdem ziemlich lustig drauf. Als ich ihn mit einzelnen Sätzen auf Französisch zu beeindru-

cken versuchte, brach der Kerl in herzliches Gelächter aus, schlug mir begeistert auf die Schulter und sprach mir wild gestikulierend sein Lob aus – zumindest dachte ich das. Mich begeisterte vielmehr die Tatsache, dass ich hier in Vanuatu auf der Ladefläche eines Pick-ups einen waschechten Neukaledonier getroffen hatte, der auch noch genau in der Stadt lebte, in der ich in nur etwas mehr als einer Woche landen würde. Fanny bot mir sogar an, mich in meinen ersten Tagen ein wenig in Nouméa herumzuführen. Avec plaisir, mademoiselle!

Als wir von Lenakel kommend nach links ins Landesinnere abbogen, war die Straße schon bald nicht mehr als solche zu bezeichnen. Der Weg ähnelte eher einer Schneise, die die Reifen der Geländewagen hier mit der Zeit in den dichten Busch geschlagen hatten. In der zunehmend bergigen Landschaft bewegten wir uns nun zwischen Palmen und diversem Wildwuchs querfeldein. Der Alte am Steuer spielte dennoch immer wieder stark mit dem Gaspedal und hätte mich mehrmals beinahe von der Ladefläche geschleudert. Gerade Henri, der den wilden Ritt nach wie vor stehend genoss, entlockten die derben Bodenschläge immer wieder überraschte Ausrufe.

Inzwischen führte eine Art Plattenweg immer steiler hinauf in die Berge. Plötzlich wurde es gefühlt etwa 10 Grad kälter. Wir steckten in einer dichten Wolkenfront. „Das ist der Rauch vom Yasur, der in den Bergen hängt", erklärte Morris mit mystischer Stimme. Nachdem wir den Bergkamm überwunden hatten, veränderte sich plötzlich auch die Landschaft. Diese war nun von schwarzem, sandartigem Boden und einer undurchdringlichen, tiefgrünen Vegetation geprägt. Auch der spitze Vulkankegel war inzwischen deutlich zu erkennen. Dichte Rauchschwaden zogen fortwährend in den Himmel auf. Während wir uns näherten, hörte ich zum ersten Mal in meinem Leben das unermüdliche Grollen eines Vulkans. Im Abstand von wenigen Minuten ließen immer wieder krachende Donnerschläge die Insel erzittern, wenn es im Krater zu Explosionen kam. Diese unbeschreibliche Naturgewalt ließ mich jedes Mal zusammenzucken und bescherte mir eine Gänsehaut. Den Fuß des Vulkans umgab die berüchtigte Ash Plain, eine mehrere Kilometer breite, karge Fläche, die ausschließlich von einer Art schwarzem Sand und kleinen Gesteinsbrocken bedeckt war. Diese war allerdings von einem breiten Flussbett durchzogen, das als Hindernis nicht zu unterschätzen war. Der Alte am Steuer preschte jedoch unbekümmert drauflos und brachte uns mit seinem wilden Fahrstil an den Rand einer schlammigen Bergungsaktion. Am oberen Rand dieses Talkessels

hielten wir kurz an und stiegen ab. Nie zuvor hatte ich eine derart unwirkliche Landschaft gesehen. Vor uns lag eine weite, schwarze Aschefläche, die beidseitig von dichtem Dschungel begrenzt wurde. An deren Ende thronte der etwa 400 Meter hohe Vulkankegel, von dem unaufhörlich Rauch aufstieg. Aus dieser Nähe ließ mich das Grollen und Zischen abermals erzittern.
Mit dem Geländewagen fuhren wir quer über die Ebene und steckten bald wieder in dichtem Dschungel. Hier war die Landschaft wilder und der Boden holpriger als je zuvor. Letztlich benötigten wir trotz rasanter Fahrweise mehr als zwei Stunden für die nur etwa 30 Kilometer. Nachdem der Alte kurz hinauf in die umliegende Hügellandschaft gefahren war, stoppte er schließlich den Pick-up. Morris sprang ab und bedeutete mir, dasselbe zu tun. Alle anderen blieben sitzen. Aus dem Fenster heraus winkte mir Dora zu und schüttelte den Kopf. Lachend rief sie mir hinterher: „Alles Gute, Marcel! Wir hoffen, dass wir dich jemals wiedersehen!" Ja, das hoffte ich in der Tat auch.
Während ich dem im Unterholz verschwindenden Wagen nachdenklich hinterhersah, kamen einige neugierige Kinder auf mich zugerannt. Ein etwa 4-jähriges Mädchen mit einem Baby in den Armen blickte mich mit großen Augen an. Morris stellte sich strahlend dazu und erklärte stolz: „Das sind meine Töchter." Und nach einem kurzen Moment der Stille: „Willkommen in meiner Familie, Marcel!" Teils unsicher, teils gerührt schaute ich mich um. Wir befanden uns auf einer freien, ebenen Fläche inmitten des bergigen Inseldschungels. Morris führte mich an einer Hecke vorbei und deutete auf eine kleine Hütte. „Und das ist dein Zuhause."
Die Wände meiner Dschungelbehausung bestanden aus getrockneten und kunstvoll verwebten Palmenblättern, die Bedachung aus einer Art dichtem Schilf, das zusätzlich von einer Plane überdeckt war. Auch das Innere war eher rustikal. Den Boden bildeten einige Holzbretter. Zur einzigen Einrichtung zählten ein hölzernes Bettgestell und ein wackeliger Beistelltisch. Von innen waren die Wände mit bunten Tüchern geschmückt und auf dem Bett lag eine ordentlich bezogene und durchaus bequeme Matratze. Darauf würde ich mich einlassen können. Also nicht dass ich eine Wahl gehabt hätte.
Wie ich später erfuhr, hatte Morris all das mit seinen eigenen Händen gebaut und sogar die Holzbretter und Pfähle selbst aus Bäumen geschlagen. Stolz führte er mir in einer weiteren Hütte seine Regenwasserdusche vor und erklärte, wie er es sogar geschafft hatte, für seine Gäste eine Toilette mit funktionierender Wasserspülung zu installieren. Außerdem gab es hier noch zwei weitere

Bungalows, die derzeit aber unbewohnt waren, und einen vierten, an dem Morris gerade baute. Das Highlight aber war das sogenannte „Restaurant". Dieses befand sich am hinteren Ende der Lichtung am Rande des dicht bewachsenen Hanges. Hier saß man unter einem Palmendach auf einer kleinen Terrasse. Es gab drei Stühle und einen Plastiktisch mit niedlicher Tischdecke. In einer angrenzenden Kammer mit kleiner Durchreiche befanden sich einige Kochtöpfe und eine offene Kochstelle. Wenn man an dem Tisch Platz nahm, hatte man zwischen all dem dichten Inselwuchs aufgrund der erhöhten Lage freie Sicht auf den düsteren Vulkankegel am Horizont. Bei Nacht konnte man diesen während seiner regelmäßigen Explosionen sogar immer wieder orange aufleuchten sehen. Morris selbst lebte mit seiner Familie auf der anderen Seite der Lichtung in einigen weiteren Hütten. Diese waren zwar in einem ähnlichen Stil erbaut, dabei allerdings noch einfacher gehalten und verfügten auch nicht über bequeme Matratzen.

Schnell merkte ich, dass ich einen Moment brauchen würde, um mit der neuen Umgebung klarzukommen, und ließ mich aufs Bett fallen. Ich musste mich mit irgendetwas Vertrautem ablenken und schnappte mir mein Handy.

Dann rief Morris mich erneut zu sich. „Hey Marcel! Komm, ich möchte dich unserem Chief vorstellen." Auf Tanna verfügte jedes Dorf über eine Art Stammesvater. Ich vermutete, dass der Chief erst seine Zustimmung zur Aufnahme in die Dorfgemeinschaft geben musste oder etwas Derartiges. Reichlich nervös folgte ich Morris. Entlang der „Straße" führte er mich vorbei an den Hütten seiner Familie und etwas weiter hinauf in den Dschungel. Auf einem großen, freien Platz traf ich schließlich auf eine Gruppe älterer Männer, die im Kreis standen und ein Gespräch führten. Während Morris mich vorstellte, blickten mir die Männer interessiert und mit freundlichem Lächeln entgegen. Ohne Zweifel stand unter anderem auch der Chief vor mir. Letztlich verlief doch alles wesentlich lockerer als erwartet. Ich schüttelte den Herren der Reihe nach die Hände. Als Letztes kam ein groß gewachsener Mann mit erhabener Ausstrahlung auf mich zu. Das musste der Chief sein. Entgegen allen Erwartungen begrüßte er mich mit den Worten: „Hey Mann, starke Uhr hast du da!" Diese Aussage war in dem Zusammenhang so bizarr und überraschend, dass ich ein Lachen kaum unterdrücken konnte. Ich bedankte mich bei dem guten Mann und stellte mich vor. „Hallo Marcel!", sagte er. „Als Chief begrüße ich dich in meinem Dorf, das in den nächsten Tagen deine Heimat sein wird." Tatsächlich erinnerte mich der Kerl ein wenig an die Buschversion von Barack Obama.

Auf dem Rückweg gab mir Morris eine erste kleine Einführung in die Kultur seines Dorfes. „Den großen Platz, auf dem du gerade den Chief getroffen hast, nennen wir Nakamal. Jedes Dorf hat mindestens ein Nakamal. Das ist unser heiliger Versammlungsort. Hier halten wir Treffen ab, besprechen Probleme, führen unsere traditionellen Tänze durch und trinken Kava.
Zurück in Morris' Siedlung blickte mein Gastgeber nachdenklich in die Ferne und überraschte mich dann erneut: „Hm, ich denke, heute ist ein guter Tag für den Vulkan. Das Wetter ist günstig. Ja, ich denke, wir sollten es gleich heute machen." Na gut, nun war ich einmal hier, warum also nicht?

Wie man einen Vulkanausbruch erlebt

Die ganze Situation um den Vulkan war tatsächlich etwas merkwürdig. Bis vor wenigen Jahren war es noch möglich gewesen, diesen selbst zu besteigen. Also ganz allein und einfach so, meine ich. Dabei war es aus Sicherheitsgründen wohl üblich gewesen, den Aufstieg zusammen mit einem einheimischen Führer anzutreten und diesem zum Dank ein paar Kröten in die Hand zu drücken. Dann hatte allerdings einer der Inselstämme das Potenzial erkannt und das Gebiet rund um den Vulkan gekauft. Wie es überhaupt möglich war, einen verdammten Vulkan zu kaufen, blieb mir schleierhaft. Wie dem auch sei, auch auf Tanna schien es gerissene Geschäftsmänner zu geben. Die stolzen Eigentümer des Vulkans hatten nichts Besseres zu tun gehabt, als eine Mauer um dessen zugängliche Seite zu bauen, und boten nun ausschließlich geführte Touren hinauf zum Krater an. Das wäre ja schön und gut, wenn diese Leute nicht in der Folge alle zwei Monate den Preis erhöht und ihn inzwischen in astronomische Höhen getrieben hätten. Während man vor zwei Jahren wohl noch etwa 20 Euro bezahlt hatte, musste man jetzt schon fast 90 Euro für das Naturerlebnis berappen. Aus geschäftlicher Sicht konnte man diesen Leuten allerdings kaum einen Vorwurf machen. Sie hatten schlichtweg das Potenzial ihrer Investition erkannt und holten nun das Maximum heraus. Denn wie man an meinem Beispiel erkennen konnte, gab es nach wie vor genügend Leute, die, wenn auch zähneknirschend, bereit waren, diese Summe zu bezahlen. Freunde, was lernen wir also aus dieser Sache? Wenn man in seinem Leben einmal die Möglichkeit bekommt, einen Vulkan zu erwerben, dann sollte man das tun! Verständlicherweise löste das dreiste Vorgehen der Vulkanbesitzer aber großen Unmut bei allen anderen Inselbewohnern aus.

Nachdem Morris mich etwa eine halbe Stunde lang mit der Machete durchs Unterholz geführt hatte, erreichten wir schließlich besagte Mauer, die den Eingang zum Vulkan darstellte. Hier verabschiedete sich Morris. „Okay, weiter darf ich nicht mitkommen. Ich werde heute Abend hier auf dich warten." An einer kleinen Eingangshütte musste ich 9500 Vatu bezahlen. Damit hatte ich zusammen mit der Fahrt vom Flughafen zu meiner Unterkunft bereits am ersten Tag mehr als ein Drittel meines Barbestandes ausgegeben. Man führte mich auf einen kleinen Platz, von dem aus ich in der Ferne einige andere Touristen ausmachen konnte. In dem Moment, als ich die Lichtung betrat, rief jemand mit schriller Stimme: „Oh, das ist er!" Verdutzt zuckte ich zusammen. Was war los? Direkt darauf brachen alle in Gelächter aus. Auf in den Boden geschlagenen Holzblöcken saß vor mir ein gutes Dutzend Menschen. Als Erstes erkannte ich die Holländer Ralph und Eliza, die ich zuvor schon in Port Vila getroffen hatte. Das war ja wirklich unglaublich. „Wir haben gerade über dich geredet. Gut, dich zu sehen!", rief Ralph. Reichlich verwirrt blickte ich mich um und erkannte hinter mir jetzt auch die drei Hugos. Alle lachten. „Marcel! Wie geht's dir? Wir dachten schon, wir würden dich nie wieder zu Gesicht bekommen", begrüßte mich Dora. Offensichtlich wohnten sowohl die Hugos als auch Ralph und Eliza und sogar Fanny und Henri im selben Bungalowdorf. Offenbar hatte es eine ziemlich gute Geschichte abgegeben, wie ich zuvor am Flughafen einfach planlos mit auf die Ladefläche gesprungen und wenig später allein mit einem Einheimischen im Unterholz verschwunden war. Und während Dora den anderen diese Story erzählt hatte, waren Ralph und Eliza wohl stutzig geworden: „Moment mal, wie heißt der Kerl? Marcel? Hey, den kennen wir doch auch!" Ja, Freunde, ich war schon an meinem ersten Tag auf der Insel eine Berühmtheit!
Nun musste man uns für den astronomischen Preis natürlich auch etwas bieten. Nachdem wir also einige Minuten auf den Holzpfählen gewartet hatten, stellten sich unsere Führer mit mystischen Worten vor. Anschließend zelebrierten die Dorfbewohner einige ihrer traditionellen Tänze, bei denen sie laut sangen und mit rhythmischen Fußschlägen den gesamten Boden zum Beben brachten. Währenddessen grollte und grummelte hinter uns der Yasur. Eine majestätische Darbietung. Anschließend wurden wir mit Wasser und Taschenlampen ausgestattet und in Gruppen auf insgesamt drei Range Rover verladen. Natürlich nahmen wir auf den Ladeflächen Platz. #vanuatustyle. Von dieser Seite des Yasur aus konnte man durch den dichten Dschungel fast bis zum

Kraterrand hinauffahren. Die Fahrt ging über eine Piste, die steiler und abenteuerlicher war als jede andere zuvor – spannender als jede Achterbahnfahrt. Wenn man hier auch nur einen Moment unachtsam war und sich nicht richtig festhielt, konnte man hinausgeschleudert werden. Schließlich stoppten wir auf einer Anhöhe, von der aus wir nur noch etwa 50 Meter hinauf zum Kraterrand zu klettern hatten. Inzwischen war ich ziemlich aufgeregt. Bevor wir das letzte Stück zu Fuß zurücklegten, gaben uns unsere beiden Vulkanführer zunächst eine kleine Einführung. Achtung, jetzt gibt es wieder was zu lernen:
Wie an einer Schnur gezogen erstreckte sich von Neuseeland bis nach Chile der pazifische „Ring des Feuers". In diesem Gebiet befand sich ein Großteil der mächtigsten und spektakulärsten Vulkane unseres Planeten. So waren all die malerischen Pazifikinseln doch weitaus weniger beschaulich und um einiges wilder, als man zunächst denken konnte. Tatsächlich würde die Inselwelt Vanuatus ohne vulkanische Aktivität zu großen Teilen wahrscheinlich nicht einmal existieren. So kam es auch, dass James Cook im 18. Jahrhundert, angelockt von den dichten Rauchschwaden und dem vulkanischen Glühen über der Insel, zum ersten Mal im Süden Tannas an Land ging. Ausgelöst wurden diese Phänomene durch den mächtigen Mount Yasur, an dessen Kraterrand wir uns nun befanden.
Der Yasur gehörte heute zu den wenigen Vulkanen auf der Erde, die dauerhaft aktiv waren. Dabei ließ sich die vulkanische Aktivität in vier Stufen einteilen. Diese konnte man in etwa folgendermaßen deuten:

- Stufe 1: Es grummelt und dampft nur ein wenig – Aufstieg sicher
- Stufe 2: leichte bis mäßige Explosionen innerhalb des Kraters – Aufstieg sicher
- Stufe 3: starke Explosionen mit herumfliegenden Gesteinsbrocken auch außerhalb des Kraters – lieber nicht in der Nähe aufhalten, Aufstieg nicht ratsam
- Stufe 4: nicht gut

Heute lag Stufe 2 vor. Der letzte größere Ausbruch hatte sich im Jahr 2016 ereignet. Die große Besonderheit des Yasur war, dass dieser bei dauerhafter Aktivität nahezu konstant nur aus den unteren beiden Stufen feuerte. Somit bekam man hier die auf der Welt einmalige Gelegenheit, bis an den inneren Rand des Kraters zu treten und von oben auf dessen fortwährende Explosionen zu

blicken. Genau das taten wir wenig später. Der Wind stand günstig, und so konnte uns der Guide nacheinander an zwei der besten Sichtpunkte auf dem Kraterrand bringen. Die beiden Jungs schienen die Situation nicht besonders ernst zu nehmen. Sie schlurften in Flipflops mehr oder weniger gelangweilt am Vulkankrater entlang, während zu unseren Füßen die Welt in tausend Teile barst. Zuerst realisierte ich, dass es unglaublich laut war. Die schallenden Donnerschläge ließen mich immer wieder zusammenzucken. An den ersten Ausbruch erinnere ich mich noch sehr genau. Ich spürte diese unglaubliche Naturgewalt mit all meinen Sinnen. Ein beißender Geruch von Asche und Schwefel hing in der Luft. Sogar schmecken konnte ich den Vulkan. Als ich endlich hinunter in den Krater blicken konnte, sah ich in einem großen Loch im Zentrum zunächst nur orange leuchtendes Brodeln. Dann begann es plötzlich unter meinen Füßen zu beben und zu vibrieren. Immer stärker hörte ich dumpfes, wütendes Grollen, dann fauchendes, immer lauter werdendes Zischen, bis Sekundenbruchteile später ein einziger, ohrenbetäubender Donnerschlag die Luft zerschnitt, mir eine Druckwelle auf die Brust schlug und eine Fontäne aus Magma aus dem Kraterschlund nach oben sprühte. Wenige Sekunden später begann es zu knistern, während Asche und Gesteinsbrocken wieder im Krater aufschlugen und weiter unten von dem glühenden Loch verschluckt wurden. Schließlich wurde das Ende der Explosion von einer dichten, graugelben Rauchsäule angezeigt, die aus dem Krater nach oben stieg. Eine einzige Gänsehaut überströmte meinen Körper. Es war nur schwer vorstellbar, welch ultimative Kraft hier zu meinen Füßen lag. Der Yasur war das Sinnbild der gewaltigen Macht unserer Erde und der Natur. Im Minutentakt wiederholten sich die Explosionen, während ich wie gebannt in den Krater starrte. In der Abenddämmerung verwandelte sich die bedrohliche Kulisse schließlich in ein magisches, wunderschönes Naturschauspiel, das mich völlig in seinen Bann zog. Mit der Zeit erreichte ich fast schon einen hypnotischen Zustand und wurde in gewisser Weise eins mit dem Yasur, während ich in der Dunkelheit vor mir nur noch die gewaltigen Feuerfontänen wahrnahm.
Dann verkündete der Vulkanführer das Ende unserer Tour. Erst jetzt realisierte ich, dass es inzwischen komplett finster geworden war. Ich schaute auf die Uhr und stellte ungläubig fest, dass wir uns mehr als zwei Stunden am Kraterrand aufgehalten hatten. Was für ein Erlebnis!
Nachdem uns ein Jeep zurück ins Dorf gebracht hatte, verabschiedete ich mich ein letztes Mal von Daniel, Dora und Elize. „See you in Sydney!"

Als man mir an diesem Abend mein Essen servierte, zwängte sich die ganze Familie auf die kleine Terrasse. Morris hatte insgesamt fünf Kinder. Die beiden ältesten Söhne waren 12 und 16. Außerdem hatten die beiden noch eine Tochter im Babyalter, das kleine Mädchen, das ich bei meiner Ankunft gesehen hatte, und einen zweieinhalbjährigen Sohn. Alle standen nun vor mir am Tisch, als Morris seine warme, gutmütige Stimme erhob. „Marcel, wir sind stolz und fühlen uns geehrt, dich als Gast zu begrüßen. Ich möchte dich hiermit als Mitglied in unsere Familie aufnehmen und hoffe, du hast bei uns ein zweites Zuhause gefunden." Von diesen Worten, dem Vulkanerlebnis und meinen ersten Erfahrungen im Dorf war ich gleichzeitig gerührt und beeindruckt. Ich versprach Morris, mindestens drei Nächte bei ihm und seiner Familie zu bleiben.
Während des Essens brachten die Explosionen des Yasur immer wieder den Tisch zum Wackeln, sodass mein Löffel auf dem Geschirr klirrte.

Wie man in einem Dschungeldorf lebt

Auf Tanna begannen die Tage mit dem Sonnenaufgang und endeten mit dem Sonnenuntergang. Nachdem ich am Vorabend bereits gegen 21 Uhr erschöpft eingeschlafen war, lag ich nun schon um kurz nach 6 wach im Bett. Die Nacht war überraschend gut verlaufen. Außer dass sich offensichtlich irgendein Tier an meinen Keksen zu schaffen gemacht und meine Schlappen zerfressen hatte, war alles ruhig verlaufen. Ich wollte nicht weiter darüber nachdenken, was das wohl für ein Tier gewesen sein konnte. Als ich am frühen Morgen mein Schlafgemach verließ, war von Morris' Familie keine Spur. Allerdings hatten sie mir im „Restaurant" einen Teller mit Weißbrot, etwas Erdnussbutter und eine Kanne mit heißem Wasser hinterlassen. Das war in Ordnung.
Nach dem Frühstück schlurfte ich etwas bedröppelt zwischen den Hütten umher und wusste nicht so wirklich etwas mit mir anzufangen. Ich schaute auf die Uhr. Es war noch nicht einmal 8 Uhr morgens. Wie sollte ich denn jetzt noch zwei ganze Tage hier verbringen? Schließlich folgte ich dem Weg weiter den Hügel hinauf und beschloss, mich im Dorf umzusehen. Zwischen den vereinzelt herumstehenden Hütten bemerkte ich einige ältere Frauen, denen ich freundlich zulächelte.
Ich passierte den Nakamal und befand mich kurz darauf auf einer größeren Lichtung. Hier hatte man aus Baumstämmen und Holzlatten eine Art Ver-

sammlungsgebäude errichtet. Dieses hatte keinen eigenen Boden und keine Wände, war im oberen Bereich von einer Art Plane abgedeckt und erinnerte von seiner Form her an ein kleines Bierzelt. Darin wurde gerade offenbar eine Art Diskussionsrunde abgehalten. Interessiert trat ich näher. In der Mitte des Gebäudes standen auf dem Erdboden zwei einfache Tische, die mit einer Blumenvase und einer Tischdecke geschmückt waren. Dahinter saßen nebeneinander eine Frau und ein Mann. Die anderen Dorfbewohner hatten ringsherum auf Holzbrettern an den Außenseiten Platz genommen. Ich erkannte den Chief und fragte unsicher, ob ich zuschauen dürfe. Er winkte mich zu sich. Während Morris nicht anwesend war, erkannte ich seine Frau im traditionellem Kleid an einem der Tische. Offenbar hielt sie den Vorsitz der Versammlung. Ich fand das unglaublich spannend. Leider verstand ich kein Wort, konnte aber mit der Zeit recht gut nachvollziehen, was hier vor sich ging. Immer wieder erhob sich Morris' Frau, trug einen Punkt von der vor ihr liegenden Liste vor und setzte sich dann wieder. Anschließend wurde das angesprochene Problem von den anwesenden Dorfbewohnern diskutiert. Interessant war, dass überwiegend Frauen da waren und diese sich auch reger an den Diskussionen beteiligten als die Männer. Der Chief verfolgte das Treffen größtenteils als stiller Beobachter und brachte sich nur gelegentlich mit ein paar Argumenten ein. Wenn jemand das Wort hatte, hörten alle anderen aufmerksam zu und warteten ab, bis derjenige geendet hatte. Wurde eine Einigung erzielt, erhob sich Morris' Frau, fasste das Ergebnis kurz zusammen und ging schließlich zum nächsten Punkt über. Mich beeindruckte vor allem, wie enorm strukturiert und gesittet alles zuging. Man sollte Menschen niemals aufgrund ihres Äußeren unterschätzen. Denn auch wenn die Leute hier keine Schuhe trugen und größtenteils auf dem Boden saßen, so hatten sie den meisten Europäern in Sachen Respekt und Diskussionskultur einiges voraus. Nach Ende der Versammlung sprach ich den Chief – alias Dschungel-Obama – auf meine Beobachtungen an. „Natürlich, auch wir brauchen in unserem Dorf klare Regeln. Zum Glück gibt es nur selten größere Auseinandersetzungen. Kommt es doch einmal zu einem Konflikt, berufen wir eine Versammlung auf dem Nakamal ein. Die Männer – oder Frauen – müssen sich dann vor allen anderen die Hand geben und zusammen Kava trinken. Und dann ist der Streit begraben." Ich fragte, was denn beispielsweise Grund für eine solche Auseinandersetzung sein konnte. Der Chief überlegte. „Zuletzt hat ein Mann eines anderen Huhn geschlachtet. Das gab großen Streit. Beide waren extrem stur." Er lachte. „Und dann haben sie einfach zusammen Kava getrunken und die Sache war erledigt?", fragte ich. „So ist es", erwiderte der Chief grinsend. Daraufhin fragte ich, worum es denn in der Versammlung gegangen und weshalb Morris nicht anwesend gewesen sei. „Nun, dieses Gebäude ist unsere Kirche. Die Menschen hier glauben an unterschiedliche Dinge. Während der Versammlung waren nur die Dorfbewohner unserer Kirchengemeinschaft zugegen. Nächsten Monat haben wir hier ein großes Fest. Wir haben besprochen, welche Kleider wir tragen und welche Tänze wir aufführen werden, wie viel Reis wir brauchen und wer diesen besorgt."

Bei der heißesten Diskussion war es wohl um die Farbe der traditionellen Kleider gegangen. Die Frauen hatten sich für Gelb-Schwarz eingesetzt, während der Chief für ein grünes Gewand argumentiert hatte. Letztlich hatten sich die Frauen durchgesetzt, was dem Chief ein Stirnrunzeln entlockte.

Hier im Dorf gab es keine Elektrizität. Einzig die Sonne bestimmte den Tagesrhythmus der Menschen. Schon gegen 5 Uhr erwachte das Dorf mit dem Morgengrauen zum Leben. Nachdem am Abend die Dunkelheit hereingebrochen war, zogen sich die Menschen bereits gegen 19 Uhr in ihre Hütten zurück. Niemand hier ging einem Beruf nach. Die Männer arbeiteten meist irgendwo im Wald, besorgten Holz und andere Materialien und bauten an ihren Hütten oder den Gemeinschaftsgebäuden. Die Frauen kümmerten sich um die kleineren Kinder, kochten Mahlzeiten auf dem Feuer, pflegten ihre Gärten und unterstützten ihre Männer beim Bau der Hütten, indem sie die Palmenblätter für die Wände zusammenflochten. Oft saßen sie gemeinsam mit den anderen Frauen zusammen, erzählten und fertigten Körbe aus Blättern. Auch die Männer lebten sehr gesellig. Sie arbeiteten meist den ganzen Tag zusammen, hielten entspannte Gesprächsrunden und trafen sich abends zum Kavatrinken.

Theoretisch hätte man hier sogar komplett ohne Geld leben können. Alles, was die Menschen zum Leben brauchten, konnten sie aus der Natur gewinnen. Dennoch war Geld nützlich, beispielsweise um in Lenakel zusätzliche Lebensmittel wie Reis zu besorgen, Kleidung zu kaufen, mit dem Auto herumzukommen oder um Werkzeuge anzuschaffen. Nur sehr wenige Männer verfügten wie Morris über einen Geschäftssinn. Er hatte mit eigenen Händen einen Wert hervorgebracht und Bungalows für Touristen errichtet. Momentan nutzte er alles Geld ausschließlich, um weiter in seine Anlage zu investieren und die Unterkünfte auszubauen. So besorgte er beispielsweise an meinem zweiten Tag aus der Stadt eine große Solarzelle. Nachdem er diese am Abend gemeinsam

mit seinem Bruder erfolgreich verkabelt hatte, verfügten wir im Dorf zum ersten Mal über Elektrizität. Der Strom reichte aus, um zwei Glühbirnen im Restaurant und in meinem Bungalow zu betreiben. Außerdem war ich der erste Gast, dem es möglich war, sein Handy aufzuladen.
Später wollte Morris das Geld nutzen, um seinen beiden Söhnen eine Ausbildung in Port Vila zu ermöglichen. Sein persönlicher, großer Traum war es, einmal nach Australien zu fliegen.
Ich fand alles, was ich hier erlebte, unglaublich interessant. Morris war ein toller Mann. Er war freundlich und besorgt und strahlte unendlich viel Ruhe aus.

Wie man mit der Einsamkeit umgeht

Ja, Freunde, natürlich wollen wir auch über die negativen Seiten reden. Und natürlich war nicht immer alles cool und aufregend und Abenteuer. Denn gleichzeitig fühlte ich mich inzwischen ziemlich allein in einer fremden Kultur. Mein größtes Problem war, dass es für mich einfach nichts zu tun gab. Die Leute hier lebten ihr ganz normales, alltägliches Leben. Ich dagegen befand mich irgendwo mitten im Dschungel als einziger Europäer in einer anderen Welt. Die Menschen hier begegneten mir unglaublich freundlich und nahmen mich gern bei sich auf. Dennoch konnte ich mich nicht einfach zu ihnen setzen, ein lockeres Gespräch anfangen und über Donald Trump, Fußball oder die Mädels in Australien plaudern. Genauso wenig wäre ich den Männern bei der Dschungelarbeit eine Hilfe gewesen oder hätte die Frauen beim Kochen unterstützen können.
Interessant war, dass ich mich sehr schnell an den neuen Tagesrhythmus gewöhnt hatte. Teilweise ging ich schon gegen 20 Uhr schlafen. Am nächsten Morgen lag ich dann allerdings auch ab 6 Uhr wach im Bett und verzweifelte erneut an der Frage, was ich den ganzen Tag mit mir anfangen sollte.
Auf Tanna liefen alle barfuß herum. Auch in dieser Hinsicht passte ich mich an das Inselleben an und ließ meine Schuhe bereits am Nachmittag des zweiten Tages in meiner Behausung zurück.
Ich brauchte eine Beschäftigung. Schließlich brach ich auf zu einer Wanderung in den Dschungel. Ich wollte die Ascheebene am Vulkan noch einmal zu Fuß erkunden und nahm denselben Weg, den wir tags zuvor mit dem Geländewagen gefahren waren. Vor mir lag eine durchaus lange Wanderung, doch genau

danach hatte ich gesucht. Es war ein tolles Gefühl, mit meinen nackten Füßen über den feuchten, schwarzen Sandboden der Insel zu schreiten. Während meines Fußmarsches wurde die Luft immer wieder von den Donnerschlägen der Vulkanexplosionen erhellt. Ich zuckte jedes Mal zusammen und starrte zum Himmel hinauf. Im Gegensatz zu mir schienen die Dorfbewohner das überhaupt nicht mehr wahrzunehmen. Sie waren mit dem Vulkan aufgewachsen. Für sie waren die Explosionen im Minutentakt so normal wie für uns die Geräusche vorbeifahrender Autos.

Schließlich erreichte ich die beeindruckende, karge Fläche am Fuße des Yasur. Ich brauchte fast eine halbe Stunde, um die Ebene zu überqueren, watete an einer flachen Stelle durch den Fluss, erklomm einen der gegenüberliegenden Hügel und schmiss mich auf den Ascheboden. Es war ein befreiendes Gefühl, in dieser einmaligen Landschaft etwas Ruhe und Abstand von den intensiven Eindrücken im Dorf zu gewinnen. Gleichzeitig verging die Zeit endlich einmal etwas schneller. Als ich in den Dschungel zurückkehrte, setzte bereits die Abenddämmerung ein.

Am nächsten Tag verfiel ich dann wieder in dieselbe melancholische Stimmung. Ich fühlte mich einsam, hatte nichts zu tun und war irgendwie traurig. Erstmals bekam ich in diesen Tagen wirklich Heimweh und begann, mich auf meine Rückkehr nach Hause zu freuen.

Ich musste etwas tun und bekämpfte meine Stimmung schließlich mit derselben Methode wie am Tag zuvor. Ich verließ das Dorf und ging wandern. Diesmal sogar noch weiter. Morris hatte mir etwas von heißen Quellen am anderen Ende der Aschefläche erzählt. Ich lief einfach drauflos, bis mir am Fuße des Vulkans klar wurde, dass ich im Grunde keine Ahnung hatte, wohin ich gehen musste. Wenig später kam mir eine Frau mit zwei kleinen Kindern entgegen. Ich erkundigte mich nach dem Weg zu den heißen Quellen. Sie reagierte freundlich und rief einem Mann zu, der auf der anderen Seite des Flusses gerade auf einem Hügel herumkletterte. Dann wandte sie sich wieder an mich und erklärte mir, dass ich ihm einfach folgen sollte. Ich schloss also zu dem Burschen auf. Er war schon etwas älter und machte einen grimmigen Eindruck. Hinzu kam, dass der Kerl offenbar kein Wort Englisch sprach. Ohne jegliche Form der Kommunikation stapfte ich also gefühlt eine Stunde lang hinter ihm her. Schließlich erreichten wir eine Art Dorf. Ohne ein Wort zu sagen, bog der Alte vom Weg ab und verschwand in einer Hütte. So stand ich nun mitten auf einem freien Platz umringt von Einheimischen, die mich mit seltsamem Blick anschauten. In einer Ecke saß eine Gruppe Männer auf dem Boden und rauchte irgendein seltsames Kraut. Ich schaute mich unsicher um. Dann kam ein älterer Mann auf mich zu. Er hatte wirres, graues Haar, nur noch drei Zähne im Mund und trug Schuhe ohne Sohlen. Der Alte schaute mich finster an und begann damit, in einer unverständlichen Sprache wütend auf mich einzureden. Langsam bekam ich Angst. Ich hatte keine Ahnung, wo ich hier gelandet war. „Entschuldigung", sagte ich, „ich möchte nur zu den heißen Quellen gehen." Offensichtlich verstand er kein Wort. Ich probierte es erneut: „Ich weiß nicht, wo ich bin. Ich lebe bei Morris." Bei diesen Worten verdunkelte sich die Miene des Alten noch weiter. Er setzte sich vor mir auf den Boden und forderte mich mit einer energischen Geste und lauten Worten auf, dasselbe zu tun. Vermutlich handelte es sich um den Chief. Hilflos folgte ich seinen Anweisungen. In meiner Nervosität konnte ich die Situation überhaupt nicht einschätzen. Vielleicht standen nicht alle Einheimischen den Touristen freundlich gegenüber. Ich wusste, dass manche Dörfer auf der Insel untereinander in Konflikte verwickelt waren. Vielleicht war ich in die Hände eines Stammes geraten, der den Leuten in Morris' Dorf feindlich gegenüberstand. Der Alte redete jetzt unaufhörlich auf mich ein. Ich hob nur hilflos die Hände. „Sorry, ich verstehe nicht ..." Mit meinen Händen machte ich eine Schwimmbewegung. „Warm water, warm water" – vielleicht verstand er das. Keine Reaktion. Langsam wurde ich wirklich panisch. Ich konnte aufspringen und davonlaufen, traute mich aber nicht. Schließlich rief einer der in der Nähe sitzenden Männer: „Hey!" Ich schaute mich erschrocken um. „Der Alte da ist nicht mehr ganz glatt. Du kannst aufstehen." Die anderen lachten. In mir machte sich Erleichterung breit. „Oh, okay. Ähm, ich wollte eigentlich nur zu den heißen Quellen." – „Dort entlang." Er zeigte auf einen Pfad, der in den Busch führte. Eilig machte ich mich aus dem Staub und erreichte wenig später tatsächlich das Meer. Auch hier war der Strand komplett schwarz. In einer Einmündung blubberte und brodelte es ein wenig. Das Wasser reichte mir an dieser Stelle nur bis knapp über die Knöchel und war so warm wie in einer Badewanne. Ich legte mich auf den warmen Sandboden und ließ die Anspannung sausen.

Am Abend sprach ich mit Morris über meine weiteren Pläne und über das Yakel Village. Er kannte keinen Tom. Trotzdem erklärte mein Gastgeber, er könne mich dorthin bringen und würde für den nächsten Tag einen Fahrer organisieren. Ich erinnerte mich an das Gespräch mit Diego Anfang Januar. Damals hatte ich irgendwo im australischen Busch zum ersten Mal überhaupt von Vanuatu gehört und mich sogleich dafür entschieden. Nun steckte ich bereits mittendrin und hatte keine Ahnung, wie es weitergehen sollte.

Wie man drei Tage mit einem wilden Stamm verbringt

Gegen 6 Uhr morgens lag ich noch schlafend im Bett, als Morris an meine Tür klopfte. „Entschuldigung, Marcel, aber der Fahrer ist schon da." Das war mal wieder ein typisches Beispiel, wie die Dinge in Vanuatu eben immer einfach irgendwie geschahen, ohne dass sich jemand vorher darum kümmerte. Am Ende funktionierte es dann schon irgendwie. Während Morris bei unserem Gespräch am Vorabend noch in etwa gesagt hatte: „Yaaa, keine Sorge, irgendjemand wird uns morgen dann schon fahren", stand dieser Jemand nun auf einmal im Morgengrauen vor meiner Tür, als wäre es seit drei Tagen abgesprochen gewesen. Nachdem ich hastig meine Sachen gepackt und sie auf die Ladefläche geworfen hatte, erkannte ich auch den Grund für die unerhört frühe Abfahrt. Zwei Touristen aus dem benachbarten Dorf mussten zum Flugplatz gebracht werden. Morris hatte den Wagen wohl beim Genuss seiner Frühstückssuppe bemerkt, ihn kurzerhand gestoppt und erklärte nun dem Fahrer unser Anliegen. Der alte Mann am Steuer, ein krummer Kerl mit Fischerhut und dichtem Bart, kratzte sich am Kopf und nickte dann. Wir sprangen auf. Morris erklärte mir: „Der Fahrer kann uns bis in die Stadt bringen, aber nicht bis nach Yakel. Die Straße dorthin ist so schlecht, dass er nicht fahren will." Während er das sagte, wäre ich mal wieder beinahe vom Wagen geschleudert worden. Völlig unbekümmert preschte der Alte durch das tiefe Flussbett und ich fragte mich, was für eine Art Straße das wohl sein musste, die nicht mal dieser Kerl befahren wollte.

Erneut löste sich jedoch mal wieder alles irgendwie von selbst. In Lenakel kam uns ein blauer Pick-up entgegen. Morris winkte dem Fahrer zu, stoppte und unterhielt sich kurz mit ihm. „Okay, okay, Marcel. Dieser Mann lebt in Yakel. Er kann dich mitnehmen." – „Oh, okay." Ich bezahlte Morris und schließlich auch den Fahrer. Erneut reduzierte sich mein Bargeldbestand dramatisch. Mir blieb kaum Zeit, mich gebührend von meinem Gastgeber zu verabschieden und ihm zu danken. Dann saß ich plötzlich neben einem anderen Mann auf dem Beifahrersitz. Er stellte sich mir sogleich vor. „Hallo, ich bin Charlie." Der Kerl war etwa Anfang 30, lächelte mich freundlich an und streckte mir die Hand entgegen. „Hallo, ich bin Marcel. Du wohnst im Yakel Village?" Charlie strahlte. „Yes, yes, my friend!" – „Okay. Ein Freund, der letztes Jahr bei euch gelebt hat, erzählte mir von einem Mann namens Tom, dem Dolmetscher. Kennst du ihn?" – „Hä? Ah, Tom? Oh ja, ja klar. Aber Tom nicht hier. Tom Port Vila." Ich merkte schnell, dass der Kerl nur über sehr spärliche Englischkenntnisse verfügte. Ich musste sehr langsam sprechen und mich mit einfachen Worten verständlich machen, um ihm mein Anliegen zu erklären. „Oh, okay. Ich möchte gerne mit den Menschen in Yakel leben. Ich finde es sehr interessant, wie sie leben. Geht das?" – „Ja, ja klar! Traditionelles Leben. Ich habe Bungalow für Tourist. Du kannst wohnen!" Na, das klang ja ganz gut.

Alles andere als gut war die Straße, die wir befuhren. Besonders auf dem ersten Kilometer glich sie einer einzigen aufgeweichten Schlammpiste, die steil hinauf in die Berge führte. Mit immer wieder durchdrehenden Rädern drangen wir tiefer ins unberührte Nichts im Zentrum der Insel vor.

Im Grunde hatte mir die Zeit bei Morris und im Dorf als Abenteuer und Erlebnis schon gereicht. Nun war ich aber extra wegen des Besuchs im Yakel Village nach Vanuatu gekommen und würde auch diese Sache natürlich durchziehen.

Nach etwa einer Stunde stoppte Charlie schließlich den Wagen. Neugierig stieg ich aus und schaute mich um. Zuerst vermutete ich, dass Charlie mich zwar in sein Dorf gebracht hatte, aber nicht zu dem wilden Stamm, den ich eigentlich hatte besuchen wollen. Optisch ähnelten die Hütten hier denen, in denen auch die anderen Dorfbewohner gelebt hatten. Sogar zwei Autos standen herum. „Charlie, ich möchte zu dem Yakel-Stamm, dem wilden Stamm im Dschungel. Ist das hier?" – „Ja, ja. Das ist Yakel. Traditionelles Leben. Ist hier." Vor meiner Reise nach Vanuatu hatte ich ein Bild von wilden, nackt im Dschungel herumrennenden Menschen im Kopf gehabt. In meiner Vorstellung war die Ankunft an einem solchen Ort immer mit einem großen Schockmoment verbunden gewesen. So in etwa: „Wow! Wo bin ich denn hier gelandet?!" Diese Reaktion blieb in der Realität nun aus, und das verwirrte mich zunächst. Jedoch befand ich mich irgendwo im Dschungel mitten im Nichts auf einer entlegenen Vulkaninsel von Vanuatu. Die Menschen hier lebten in Hütten – und ja, sie waren tatsächlich fast nackt. Die Männer trugen einen traditionellen Lendenschurz und die Frauen waren bis auf eine Art Rock aus Gras und Schilf völlig unbekleidet. Auch wenn hier gerade niemand wild herumrannte und Tiergeräusche von sich gab, kam dieser Ort meinen ursprünglichen Vorstellungen doch eigentlich sehr nahe.

Inzwischen litt ich aber ganz einfach an einer Art Realitätsverlust. Nach den intensiven Tagen, die ich im Dorf bei Morris verbracht hatte, und all den Eindrücken, die bisher auf mich eingeströmt waren, hatte ich mich bereits ein Stück weit an das Leben auf der Insel gewöhnt. So kam mir die Ankunft im Dorf des Yakel-Stammes nun gar nicht mehr so spektakulär und befremdlich vor.

Und tatsächlich unterschied sich das Leben der Menschen hier auch gar nicht so sehr von dem der anderen Dorfbewohner. Alle waren Dschungelbewohner derselben kleinen Pazifikinsel. Der große Unterschied bestand nur darin, dass die Menschen des Yakel-Stammes nach wie vor ihrem traditionellen Lebensstil, dem Kustom, folgten. Dieser beinhaltete, dass sie ein rein naturverbundenes Leben führten und auf sämtliche Neuerungen und Erkenntnisse der zivilisierten Welt verzichteten. Die Kinder besuchten keine Schulen und erhielten keinerlei Ausbildung außerhalb ihres Stammes. Demzufolge sprach hier bis auf Charlie niemand auch nur ein einziges Wort Englisch. Die Menschen trugen keine Kleidung, verfügten über keinerlei technische Geräte und wussten auch sonst nicht, was in der Welt außerhalb ihrer Insel vor sich ging. Im Dorf lebten zahlreiche Hühner, Hunde und Schweine. Während die Hunde zur Gesellschaft und zum Schutz vor Fremden dienten, wurden Hühner und Schweine als Nahrungsquelle verwendet. Allerdings durfte nur ein Huhn pro Woche geschlachtet werden. Allgemein ernährten sich die Menschen hier größtenteils von den Naturprodukten, die ihre Gärten hergaben. Dazu zählten Kokosnüsse, Bananen, Orangen, Zuckerrohr und vor allem die seltsamen Wurzelfrüchte Taro und Yam. Außerdem gab es eine Menge Reis, der in großen Säcken aus Lenakel beschafft wurde.

Bis etwa zwei Jahre vor meiner Ankunft hatten die Menschen des Yakel-Stammes gänzliche ohne Kontakte zur westlichen Welt gelebt. Dann war ein australisches Filmteam auf der Insel aufgeschlagen, hatte ein halbes Jahr im Dorf verbracht und einen Film über die Menschen und deren traditionelles Leben gedreht. In der Folge war das „Tanna-Movie" vor allem in Australien bekannt geworden und hatte mehrere Auszeichnungen gewonnen. Durch diesen Film hatte der Yakel-Stamm plötzlich eine gewisse Berühmtheit erlangt. Und so kam es, dass in der Folge immer wieder vereinzelt besonders abenteuerlustige Touristen zu einem Besuch ins Yakel Village gekommen waren. Alle zwei bis drei Tage traute sich eine kleine Gruppe in den tiefen Dschungel, machte ein paar Fotos und verabschiedete sich dann wieder. Die Stammesmit-

glieder schienen sich darüber zu freuen. Sie begrüßten Besucher sehr herzlich und teilten bereitwillig einen Teil ihrer Kultur. Gerade auf den Film schienen sie unglaublich stolz und erzählten mir immer wieder davon.
Nach meiner Ankunft führte mich Charlie durch sein Dorf. Überall saßen Frauen und Kinder in ihren traditionellen Schilfröcken und schauten ehrfürchtig zu mir auf. Die Kleineren kamen zu mir gerannt, wollten mich anfassen und mir die Hand geben. Schon in diesem ersten Moment fühlte ich mich ein wenig wie der weiße Eroberer, der gerade das Dorf des wilden Inselstammes entdeckt hatte. Mein Bungalow stand etwas abseits und ähnelte dem von Morris. In der Bambushütte hatte ich eine Matratze und ein unverzichtbares Moskitonetz und verfügte sogar über eine kleine Terrasse. Bereits unmittelbar nach meiner Ankunft wurde der Bungalow von Kindern belagert, die mich neugierig anstarrten. Dann tauchte auch Charlie wieder auf und drückte mir ein langes Stück Zuckerrohr in die Hand, dessen Ende er mit der Machete abgeschliffen hatte. Darauf sollte ich so lange herumkauen, bis ich den süßen Saft herausgesaugt hatte, und schließlich den faserigen Rest wieder ausspucken – interessant. Später führte mich Charlie auf die andere Seite des Dorfes, wo einige der Männer gerade zusammensaßen. Ein hagerer alter Mann mit Lendenschurz kam auf mich zu. Er gab mir die Hand und begrüßte mich mit einem freundlichen Lächeln und tiefem Nicken. „Das ist mein Vater. Er heißt auch Charlie. Er ist unser Chief, der Chief aus dem Tanna-Movie! Kennst du?" Ich reagierte überrascht und nickte dem Alten noch einmal ehrfürchtig zu. Dieser Mann war offensichtlich eine Berühmtheit. Allerdings hatte ich den Film nicht gesehen und musste zugeben, dass ich den Alten schon deshalb nicht erkannte. Charlie reagierte ungläubig. Offensichtlich kamen die meisten Leute gerade wegen des Films hierher und wollten genau diesen Mann sehen. „Oh! Du hast nicht gesehen? Wir müssen Tanna-Movie schauen, müssen Tanna-Movie schauen! Wir werden Laptop besorgen." Offenbar hatten die Australier den Dorfbewohnern einen Laptop mit der DVD geschenkt, damit auch sie sich den Film anschauen konnten.
Auf einem kleinen Dorfplatz setzte ich mich auf eine Art Bank und ließ die Szenerie auf mich wirken. Neben mir saß der alte Chief Charlie. Ich konnte mich mit niemandem unterhalten, fing aber immer wieder freundliche Blicke auf. So saß ich also auf dieser Bank – ein Brett zwischen zwei Bäumen – auf dem Erdboden. Um mich herum saßen, erzählten und spazierten schwarze Männer mit Lendenschurz. Das Dorf war groß und in mehrere kleinere Sied-

lungen unterteilt. Insgesamt gab es schätzungsweise 20 bis 30 der charakteristischen Hütten. Diese waren etwa fünf Meter lang und drei Meter breit und verfügten über ein weites, an den Seiten überstehendes Satteldach aus Schilf. Die Wände bestanden aus getrockneten und verflochtenen Palmenblättern, unterbrochen von einem kleinen Eingang. Fenster entdeckte ich nicht. Die Hütten wurden nur zum Schlafen und als Schutz vor Stürmen genutzt.
Während ich herumsaß, die Eindrücke auf mich wirken ließ und versuchte, mich auf das neue Umfeld einzustellen, wuselten einige Männer permanent um mich herum. Jemand war auf einen Baum geklettert und warf Orangen herunter, die Charlie für mich schälte und mir in die Hand drückte. Kinder kamen angelaufen und brachten mir Bananen. Charlies Mutter schickte mir schließlich sogar auf dem Feuer gebratenen Taro. Das war eine graue, kartoffelähnliche Frucht, die ich interessiert verzehrte. Insgesamt war mir so viel Aufmerksamkeit fast schon ein wenig unangenehm. Aber ich konnte den Leuten ja nicht erklären, dass das überhaupt nicht nötig war, denn niemand hier verstand, was ich sagte. Also beschränkte ich mich darauf zu lächeln, mich mit großen Gesten zu bedanken und zur Freude der Eingeborenen all die kleinen Geschenke anzunehmen und aufzuessen.
Charlies Mutter war so etwas wie die Chefköchin des Stammes. Sie verbrachte fast den ganzen Tag in einer düsteren, verräucherten Hütte, die die anderen als „Küche" bezeichneten. Pausenlos qualmte hier ein Feuerchen und die kräftige, ältere Frau mit dichten, schwarzen Locken saß dahinter und köchelte irgendwas. Am Nachmittag überraschte sie mich mit gebackener Banane mit Kokosmilch. Mann, das war echt lecker, was ich der guten Frau auch durch euphorische Gesten zu verstehen gab.
Egal wo man war, überall liefen Kinder herum, die zahlenmäßig offenbar fast die Hälfte der Einwohner des Dorfes ausmachten. Viele von ihnen hatten merkwürdige Hautausschläge, jedoch schien sich niemand daran zu stören. Alle wirkten gut ernährt und zufrieden. Die Kinder waren hier einfach nur Kinder. Sie hatten keine Ahnung, was außerhalb ihres Dorfes vor sich ging, wirkten glücklich und ein wenig verträumt, lachten viel, weinten manchmal, rannten herum oder saßen bei ihren Müttern und spielten mit Murmeln auf dem Erdboden.
In der Abendsonne führte mich Charlie dann etwas weiter den Hügel hinauf auf den Nakamal des Dorfes. Dieser Platz war so groß wie ein Handballfeld und von gewaltigen, stark verwurzelten Urwaldriesen umgeben. Hier bekam

ich einen Einblick in das abendliche Ritual des Stammes. Am Ende des Platzes saßen in einer Hütte die älteren Männer und rauchten selbst angebauten Tabak, den sie in einfaches Papier gerollt hatten. Die Bude war eine einzige Räucherkammer. Am Abend durften sich keine Frauen und Mädchen auf dem Nakamal aufhalten. Es war die Zeit für das Kava-Ritual, und Frauen war es hier nicht erlaubt, Kava zu trinken. Stattdessen trafen sie sich weiter unten im Dorf, saßen zusammen und bereiteten in großen Töpfen das Essen zu.

Nachdem ich bei den Männern und Jungen auf einem Baumstamm Platz genommen hatte, wurde ich Zeuge des heiligen Kava-Rituals. Dieses war so geheim, dass ich ausdrücklich darum gebeten wurde, keine Bilder zu machen. Ich hoffe allerdings auf Chief Charlies Wohlwollen und seine stumme Zustimmung, die Zeremonie hier noch einmal schriftlich wiedergeben zu dürfen. Jeden Nachmittag machte sich ein Mann mit einem großen Sack auf den Weg in den entlegenen Garten des Dorfes, um dort die Wurzeln der Kava-Pflanze zu beschaffen. Abends trafen sich dann alle Männer und Jungen auf dem Nakamal, setzten sich zusammen und befreiten zunächst mit kleinen Messern die weißen Wurzeln von sämtlichem Dreck und von Rinde und Strängen. Das dauerte eine ganze Weile. Anschließend nahmen die Männer die gesäuberten Wurzeln in den Mund, kauten darauf herum und sammelten den Brei in ihren Backen, bis sie den ganzen Mund voll hatten. Dabei machten sie immer wieder merkwürdige, grunzende Geräusche. Wer den Mund voll hatte, schnappte sich ein großes Blatt, spuckte den Brei in einem wohlgeformten Klumpen darauf und legte dieses Werk zunächst auf den Boden. Auf den Blättern befand sich nun eine faserige, graugrüne Masse etwa in der Größe eines Kloßes. Hatten sich genug dieser formschönen Häufchen angesammelt, ging man zum finalen Schritt über. Nacheinander wurde jeweils einen dieser Klumpen auf eine Art Stofftuch gelegt. Die Männer gaben noch ein wenig Wasser hinzu und kneteten die Masse gut durch. Das unten aus dem Stoff austretende Wasser wurde wiederum in halbierten Kokosnüssen, die als Schale dienten, aufgefangen. Und voilá – eine leckere Portion Kava. Freunde, das war ein Teufelszeug! Die Männer auf der Insel schworen auf das Gesöff. Sie tranken das jeden Abend und bestanden darauf, dass auch ich mindestens eine Schale voll probierte. Chief Charlie führte mir vor, wie ich den heiligen Inseldrink zu genießen hatte. Man führte die Schale zum Mund, kippte alles in einem Zug hinunter und spuckte dann möglichst laut fluchend aus. Nun ja, ich schaffte es nicht in einem Zug, aber das mit dem Fluchen klappte ganz gut. Der Geschmack der grauen Brühe war wirklich undefinierbar, vielleicht ein bisschen wie Gras. Mit dem Touristen-Kava, der uns auf Fidschi aufgezwungen worden war, hatte das wenig zu tun. Das verdammte Zeug machte meinen kompletten Mund taub. Es fühlte sich an, als hätte ich fünf Halsschmerztabletten auf einmal gelutscht. Für ein paar Minuten konnte ich nicht einmal meine Zunge mehr richtig bewegen. Das war nun bestenfalls interessant. Ansonsten konnte ich der Wirkung allerdings keinen großen Genuss abgewinnen. Nachdem alle ihren Kava geleert hatten, erfüllte ein einziges Röcheln und Würgen den Platz. Die Männer gaben zum Teil undefinierbare Laute von sich und spuckten immer wieder geräuschvoll auf den Boden. Offenbar hatten sich beim Kauen des Kava in sämtlichen Körperteilen Wurzelteile angesammelt, die nun wieder nach draußen befördert werden mussten. Insgesamt konnte ich dem Kava-Hype nicht viel abgewinnen, freute mich aber trotzdem, dieses interessante Schauspiel miterlebt zu haben.

Ungeachtet der einmaligen Erfahrungen und Erlebnisse, die ich hier sammeln konnte, hatten sich die Probleme, die mich schon bei Morris beschäftigt hatten, inzwischen noch verstärkt.

Hier im Dschungel von Vanuatu konnte ich mich nun wirklich nicht mehr weiter von zu Hause, vom zivilisierten Leben und von allem, was mir vertraut war, entfernen. Diego hatte es bei unserem Gespräch wirklich gut zusammengefasst: „Weiter weg von deiner Komfortzone kannst du nicht mehr kommen." Nun war der Bereich außerhalb der Komfortzone in der Regel der, in dem man etwas erlebte, lernte und sich entwickelte. Allerdings war es auch ein Bereich, in dem man sich nicht sonderlich wohlfühlte. Nun hatte ich mich für meinen Geschmack schon zu lange zu weit von meiner eigenen Komfortzone wegbewegt. Hier hatte ich nicht einmal jemanden, mit dem ich mich verständigen konnte. Mein Handy war nutzlos, ohne Strom und Empfang nicht zu gebrauchen. Ich fühlte mich einsam in einer zwar freundlichen, aber so fremden Welt. Das Schlimmste jedoch war nach wie vor, dass ich absolut nichts zu tun hatte. Und das war einfach nichts für mich. Hier konnte ich mir die Zeit nicht einmal mit einer Wanderung vertreiben. Alles, was ich tun konnte, war, Charlie zu folgen, mich irgendwo mit dazuzusetzen und zu hoffen, dass mir irgendjemand etwas Interessantes zeigen oder mir zumindest etwas zu essen geben würde.

Interessant war hier, dass die Menschen tatsächlich den Großteil des Tages rein gar nichts taten. In Morris' Dorf waren die Leute eigentlich immer beschäftigt gewesen, hatten an ihren Häusern gebaut, Treffen abgehalten oder Körbe geflochten. Hier saßen die Männer oft einfach nur herum, rauchten Tabak und aßen Orangen. Ich konnte mich auf einen solchen Lebensstil überhaupt nicht einstellen, brauchte immer etwas zu tun.

Umso mehr freute ich mich nach einigen Stunden darüber, dass es Abend wurde. Nun hatte ich schon einen Tag rumgekriegt. Später nahm ich noch einmal in der behaglichen Küche Platz, wo Charlies gutherzige Mutter mir aus einem großen Topf eine Art Suppe aus Taro, Manyuk und Kokossoße servierte. Lecker!

Zum Glück hatte ich mir für den zweiten Tag noch einige Programmpunkte aufgespart. Nachdem wir ins Dorf zurückgekehrt waren, versammelten sich zunächst alle Stammesmitglieder auf dem Nakamal. Ich hatte ihnen gut 10 Euro bezahlt, damit sie mir ihre traditionellen Tänze vorführten. Nun saß ich zwischen den Wurzeln eines Baumes und beobachtete, wie etwa 30 Männer, Frauen und Kinder in Lendenschurz und Grasröcken im Kreis liefen, laut sangen, herumhüpften und mit ihren Füßen den Boden zum Beben brachte – und das alles nur für mich. In so etwas konnte man durchaus mal investieren. Andere Menschen kaufen sich von 10 Euro eine Tiefkühlpizza und ein Sixpack Bier.

Auch an diesem Abend musste ich eine Kava-Zeremonie über mich ergehen lassen, hielt mich aber vornehm zurück. Diesmal wurde vor meinen Augen feierlich ein Huhn geschlachtet, das wir später gemeinsam verzehrten. Dazu gab es einen großen Topf Reis, den die Männer auf dem Feuer gekocht hatten. Serviert wurde das Ganze auf denselben großen grünen Blättern, die sonst der Zwischenlagerung der Kava-Klumpen dienten.

Als es schließlich dunkel war, war der große Moment gekommen. Jemand hatte tatsächlich einen Laptop herangeschafft, und nun versammelte sich das halbe Dorf vor meinem Bungalow, um mit mir gemeinsam ihr Tanna-Movie zu schauen. Es ging um eine unglückliche Liebesgeschichte und den Konflikt zwischen zwei Stämmen. Tatsächlich war der Film ziemlich gut gemacht und zudem auch noch spannend. Ich kannte die meisten der „Darsteller" persönlich und erkannte viele der Drehorte wieder. Die um mich herum sitzenden Stammesmitglieder starrten zwei Stunden lang wie gebannt auf den Monitor, gaben kein Wort von sich und kicherten nur ab und zu.

Für mich war es ein toller Abschluss, meine Eindrücke noch einmal aus einer völlig anderen Perspektive zu sehen, und mir wurde allmählich bewusst, was ich hier in den letzten Tagen erlebt hatte.

Wie man die Zivilisation wiederentdeckt

Auch wenn ich die Tage im Dschungel nicht gerade genießen konnte und mich oft einsam und verloren fühlte, bin ich im Nachhinein doch dankbar für diese einzigartigen Erlebnisse. Ich konnte Zeit mit Menschen verbringen, die ein völlig anderes und für viele unvorstellbares Leben führten. Dabei beeindruckten mich vor allem die unglaubliche Gastfreundschaft, die fast schon an Verehrung grenzte, und die absolute Unbekümmertheit, mit der die Menschen tief im Dschungel von Tanna ihr einfaches, aber glückliches Leben lebten.

Nun war meine Zeit in Tanna allerdings längst noch nicht vorbei. Drei Tage hatte ich noch auf der Insel zu verbringen, ehe am 27. April mein Flugzeug nach Nouméa abhob. Wie ging es also weiter?

Mit meinen beiden Powerbanks hatte ich es geschafft, mein Handy am Leben zu erhalten, und auf einem kurzen Abstecher nach Lenakel am Vortag das Funksignal genutzt, um mich auf Airbnb nach möglichen Unterkünften umzuschauen. Dabei war ich auf einen Bungalow an der Nordspitze der Insel gestoßen. Dieser lag am Meer und machte einen etwas hochwertigeren Eindruck. Zudem sprach der Gastgeber Ben in seiner Beschreibung von einigen möglichen Aktivitäten und Wandertouren. Das war wichtig. Am meisten lockte mich aber etwas anderes. Bei Tripadvisor hatte ich schon vor meiner Ankunft auf Tanna von einer Blue Cave gelesen. Dabei handelte es sich um eine in einem magischen Blau leuchtende Unterwasserhöhle. Touren dorthin kosteten mehr als 100 Euro. Mein restlicher Barbestand belief sich, nachdem ich Charlie für Unterkunft und Rückfahrt bezahlt hatte, auf nur noch etwa 90 Euro. Allerdings hatte ich herausgefunden, dass Gastgeber Ben gleichzeitig der Eigentümer der Blue Cave war. Ich hoffte, dass er mir seine Höhle auch einfach so zeigen würde, wenn ich bei ihm wohnte und mich mit ihm anfreundete. Mein Geld würde gerade noch reichen, um die Fahrt dorthin, Unterkunft für drei Tage und die Rückfahrt zum Flughafen zu bestreiten. Guter Plan also, oder? Nun, als ich Charlie davon erzählte, schlug er die Hände über dem Kopf zusammen. „Straße schlecht, sehr, sehr schlecht. Ich kann nicht fahren." Hmm. Die Straße in den Norden der Insel sollte also tatsächlich noch schlechter sein als die bis zu Charlies Dorf. Das war nun wirklich schwer vorstellbar. Obendrein hatte ich auch von Ben noch keine Antwort erhalten. Trotzdem wollte ich hinfahren. Der gute Mann würde schon zu Hause sein.

Unter dem Winken der Frauen und Kinder am Wegesrand verließ ich also am Morgen das Yakel Village. In Lenakel würden wir nach einem geeigneten Fahrer Ausschau halten. Laut Charlie konnte nur jemand mit einem Range Rover die Strecke an die Nordküste zurücklegen.

Nun war an diesem Tag gerade Wochenmarkt und reges Treiben in Lenakel. „Ich kenne Ben. Er hat Range Rover. Ben müsste hier sein." So fuhren wir eine Viertelstunde lang ratlos umher und suchten nach einem Kerl mit geeignetem Geländewagen – erfolglos. Schließlich traf Charlie einen Bekannten, der wohl gleichzeitig ein Kumpel von Ben war. „Ben ist in Vila", erklärte dieser. Oh. Der Kerl war also nicht einmal auf der Insel. Und jetzt? Einen Plan B hatte ich nicht. „Charlie, kennst du Bungalows hier in Lenakel?", fragte ich. Schließlich musste ich ja erst mal irgendwo unterkommen. „Ja, ja, ich kenne. Ich zeige dir." Wir fuhren ein Stück aus der Stadt heraus und bogen schließlich auf einen schmalen Feldweg in Richtung Meer. Nach einer kurzen und gewohnt holprigen Fahrt zwischen Palmen und Sträuchern erreichten wir eine mit Schotter bedeckte Lichtung mit einigen Bungalows direkt am Strand. Eine kräftige Frau Anfang 50 kam auf uns zugelaufen und begrüßte uns freundlich. „Hallo", sagte ich, „haben Sie noch einen freien Bungalow für diese Nacht?" – „Natürlich, willkommen in Tanna Hidden Treasure Bungalows!" – „Okay, was kostet eine Nacht?" – „2000 Vatu. 300 Vatu für eine Mahlzeit im Restaurant." Das waren etwa 17 Euro pro Nacht und 2,50 Euro für eine frisch gekochte Mahlzeit. – „Super! Ich würde gern die Nacht hier verbringen." Ein letztes Mal bedankte ich mich bei Charlie und ließ das wilde Dschungelleben hinter mir.

Sofort hatte ich gespürt, dass die Frau einen etwas weltlicheren, gebildeteren Eindruck machte. Sie starrte mich nicht ehrfurchtsvoll an, sondern empfing mich freundlich wie einen normalen Gast und führte mich ein wenig in der Anlage herum. „Oh Mann, es ist wirklich toll, wieder jemanden zu haben, der meine Sprache spricht und mit dem ich mich unterhalten kann!", kommentierte ich ihr gutes Englisch. Ich erzählte meiner neuen Gastgeberin von meinen Erlebnissen bei den Menschen des Yakel-Stammes. Sie lachte und schüttelte den Kopf. „Wo hast du denn dort geschlafen? Gibt es da keine Duschen? Was essen diese Leute?" Allein ihre ungläubige Reaktion wirkte auf mich ungemein befreiend. Ich fühlte mich, als wäre ich zurück in der „richtigen Welt". Jemand hatte tatsächlich Verständnis für mich. Auch von meiner neuen Unterkunft war ich begeistert. Zwar schlief ich erneut in einem Bungalow mit Schilfdach, jedoch verfügte dieses traumhafte Domizil über ein solides Fundament, echte

Wände und einen gefliesten Boden. Sogar Steckdosen und eine Dusche gab es. Unglaublich! Meine Gastgeberin stellte sich mir als Marta vor. Sie war freundlich und nicht so übertrieben schüchtern wie die anderen Frauen, denen ich bisher auf der Insel begegnet war. Das war wirklich angenehm. Marta kümmerte sich gemeinsam mit ihrer Schwester und ihrem Mann um die gepflegte Anlage. Hier gab es nur drei Gästebungalows und die größere Hütte, in der die Familie wohnte. An meinem Bungalow hatte ich eine kleine Terrasse, von der aus ich zwischen Palmen und vielen andere Grünpflanzen bis aufs Meer blicken konnte.

Am Nachmittag machte ich mich aber zunächst auf die etwa 20-minütige Wanderung nach Lenakel. Ich lechzte nach Zivilisation und konnte es nicht erwarten, wieder unter Menschen zu kommen. Nun befand ich mich ja immer noch auf Tanna, und auch Lenakel bestand eigentlich nur aus ein paar Dreckwegen und einfachen Betonbauten. Trotzdem war es toll. Die Menschen trugen Kleidung, fuhren mit Autos herum, es gab ein paar einfache Geschäfte, und sogar Coca-Cola-Dosen konnte man sich kaufen.

Am Abend verbrachte ich bereits im Bett liegend locker zwei Stunden mit meinem Handy. Erstmals seit fast zwei Wochen hatte ich wieder eine Steckdose und ein solides Funksignal zur Verfügung. Begierig saugte ich Nachrichten und Bilder aus der Heimat in mich auf. Der kleine Bildschirm vermittelte mir ein Gefühl, etwas Vertrautes und Wohlbekanntes zurückgewonnen zu haben.

Wie man auf Tanna ein Airbnb-Business aufbaut

Dass ich auch die verbleibenden beiden Tagen noch hier verbringen würde, stand für mich inzwischen außer Frage.

Am Nachmittag lernte ich auch Martas Mann Tom kennen. Der groß gewachsene Vanuatuer war recht lustig drauf. Tom war entgegen der Natur der Einheimischen ungemein selbstbewusst und hatte eine charismatische Ausstrahlung. Auch er sprach gutes Englisch und wusste, was in der Welt vor sich ging. Er erzählte mir, dass er früher für Air Vanuatu gearbeitet und als Manager den Flughafen von Port Vila geleitet hatte. Inzwischen war er aber im Ruhestand.

Mir gefiel die Bungalowanlage wirklich gut, hier fühlte ich mich wohl. Bis auf zwei Einheimische war ich allerdings der einzige Gast. Sie erzählten mir, dass kaum einmal ein Tourist den Weg hierher fand.

Ich mochte meine beiden Gastgeber und würde ihnen mit ihrem kleinen Business gerne helfen. Auf die Frage, wie sie denn bisher ihre Gäste gewannen, antworteten sie: „Na ja, wir haben eine E-Mail-Adresse. Und die Leute in Lenakel kennen uns." Da war auf jeden Fall noch Potenzial. Ich vermutete, dass die meisten Touristen schlichtweg nicht wussten, dass Toms und Martas kleines Paradies hier überhaupt existierte. Nicht umsonst hatten sie ihre Bungalowanlage wohl „Hidden Treasure" – „versteckter Schatz" – getauft. Es bedurfte keines ausgeklügelten Marketingkonzepts, um den beiden zu helfen. Mein großer Vorteil war, dass ich selbst ein Reisender war und wusste, auf welchen Wegen und nach welchen Kriterien Touristen ihre Unterkunft auswählten. Wer hier in dieser Gegend Airbnb nutzte, hatte einen gehörigen Wettbewerbsvorteil. Ich erzählte den beiden von meiner Idee und versuchte ihnen die Funktionsweise der Internetplattform verständlich zu machen. Marta wirkte interessiert, schien allerdings nicht so ganz zu verstehen, wovon ich da sprach. Tom hingegen hatte sofort den Durchblick und war begeistert. „Ja, das brauchen wir! Du musst uns helfen, mein Sohn."

Nun benötigten die beiden zumindest ein internetfähiges Handy, um die Seite nutzen zu können. Schon nach dem Mittag fuhr Tom mit mir nach Lenakel, wo er kurzerhand in einem Telefongeschäft das billigste Smartphone für etwa 40 Euro erwarb. Dieses war, zugegeben, eine ziemliche Krücke, würde aber funktionieren.

Mit meinem Handy schoss ich zunächst ein paar hübsche Fotos von der Anlage, den Bungalows, dem tollen Restaurant und natürlich von Tom und Marta, die mit breitem Grinsen vor der Kamera posierten. Den restlichen Tag verbrachte ich mit dem Einrichten der Anzeige auf Airbnb. Ich lud die Fotos hoch und überlegte mir eine ausführliche, sympathische Beschreibung mit allen notwendigen Informationen und vielen netten Sprüchen. Schließlich verlangte Airbnb einige Daten. Mann musste eine Bankverbindung angeben, benötigte einen gültigen Ausweis und eine Adresse. Tatsächlich verfügte Tom über ein Konto, wenn er dieses auch kaum nutzte. Stirnrunzelnd rief er bei der Bank an und erkundigte sich nach seinen Kontodaten. Auch ein vergilbtes und reichlich zerknittertes Ausweisdokument konnte er letztlich irgendwo hervorkramen.

Schließlich hatte ich bis spät am Abend gewerkelt und es letztlich geschafft, zwei Anzeigen unter der Bezeichnung „Tanna Hidden Treasure Bungalow" online zu schalten. Nun musste ich all das am nächsten Tag nur noch Tom und Marta verständlich machen, was einer ziemlichen Mission gleichkam.

Wie man auf Tanna ein Flugzeug entführt

Am Vormittag machten meine neuen Eltern mit mir zunächst eine kleine Tour mit dem Pick-up. Tom fuhr ins ländliche Gebiet und wollte mir das Dorf zeigen, in dem er und Marta früher gelebt hatten. Er hatte Marta als junge Frau kennengelernt und mit ihr zusammen zunächst einige Jahre in ihrem Dorf gelebt, bis er seine Geliebte nach eigener Aussage „geschnappt" und mit zu sich nach Hause genommen hatte. Als wir die alten Hütten seiner Familie erreicht hatten, wurde Tom nachdenklich. Plötzlich begann er zu grinsen. Kopfschüttelnd erklärte er aus dem Nichts: „Vor zwei Jahren habe ich mich hier versteckt. Dann kam eines Morgens eine ganze Truppe Polizisten mit Maschinengewehren, hat meine Hütte gestürmt und mich mitgenommen." – „Was?! Wie ist das denn passiert?", fragte ich entsetzt. Tom zögerte. Er schüttelte den Kopf und grinste noch breiter. „Nun, mein Sohn, das war alles wegen der verdammten Fluggesellschaft. Ich habe mein ganzes Leben für Air Vanuatu gearbeitet und war einer ihrer besten Leute. Dann kündigten sie mir plötzlich mit einem verdammten Brief! Darin hieß es, sie müssten Stellen kürzen und etwas frischen Wind ins Unternehmen bringen. Pah! Geht man so mit seinen besten Leuten um? Ich war außer mir. Niemand wollte persönlich mit mir sprechen. Da habe ich andere Mittel ergriffen. Eines Morgens bin ich wieder auf dem Flughafen erschienen. Die Leute kannten mich und haben nichts gesagt. Immerhin war ich jahrelang ihr Chef. Ich bin einfach auf die Landebahn gelaufen, habe das nächste Flugzeug gestoppt und dem Piloten erklärt: ‚Du bleibst stehen. Keiner darf aussteigen.' Pah! Ich war unbewaffnet. Aber der Kerl hatte die Hosen voll. Ich musste ein Zeichen setzen! Dann konnte ich abhauen und habe mich hier in den Hütten versteckt. Am nächsten Morgen haben diese Leute mit den Maschinengewehren mich mitgenommen."

Nun, das war auf jeden Fall interessant. Ich wusste nicht wirklich, was ich sagen sollte. Irgendwie war Tom wohl schon nach wenigen Wochen wieder freigekommen. Er schien immer noch tief frustriert, gab zwar zu, dass seine Aktion etwas unüberlegt gewesen sei, schien aber auch stolz darauf zu sein. Tom war ein in jeder Hinsicht beeindruckender Mann.

Am nächsten Morgen brachten er und Marta mich zum Flugplatz. Meine Zeit in Vanuatu war damit vorüber – eine durchweg bemerkenswerte Zeit.

Wie man auf Tanna Glück definiert

Was mir bereits in Fidschi aufgefallen war, beschäftigte mich nun nach Vanuatu noch viel mehr. Nach europäischen Maßstäben hatten die Menschen in Vanuatu nichts und lebten teilweise unter unvorstellbaren Bedingungen. Dennoch waren sie immer freundlich und gut gelaunt. In einer britischen Studie wurden die Einwohner Vanuatus sogar als die glücklichsten der ganzen Welt aufgeführt.

Wie war das zu erklären? Was machte die Menschen in Vanuatu zu den glücklichsten der Welt?

Nun, was bedeutete es eigentlich, glücklich zu sein?

Was würden Menschen in Vanuatu auf diese Frage antworten?

„Wir sind zufriedene Menschen und glücklich mit dem, was wir haben. Was wir brauchen, wächst um uns herum. Es gibt keinen Hunger. Jeder ist freundlich. Wir verlangen nicht viel und wollen nicht ständig neue Dinge besitzen. Unser Leben dreht sich um Familie, Gemeinschaft und unsere Traditionen. Wir respektieren einander und kümmern uns um unsere Älteren. Das verstehen wir unter Glücklichsein."

So romantisch das auch klingen mag, denke ich, der Schlüssel zum Glück für die Menschen hier lag einfach darin, mit wenig zufrieden zu sein.

Viele Menschen in der modernen Welt steckten im Hamsterrad. Ein Vanuatuer würde ebendieses Hamsterrad links liegen lassen, sich daneben mit dem nackten Hintern auf den Boden setzen und eine Schale Kava trinken.

Dennoch muss ich sagen, dass ich so nicht leben konnte. Und das wollte ich auch gar nicht. Den Lebensstil der Menschen in Vanuatu zu übernehmen und in unsere Gesellschaft zu übertragen, das funktionierte nicht. Ich war zu ehrgeizig, hatte Ziele, wollte etwas schaffen und erreichen.

Vor allem eine Erkenntnis konnte ich aber auf jeden Fall mitnehmen:

Glück richtet sich nur zu 10 Prozent danach, was uns passiert, und zu 90 Prozent danach, wie wir damit umgehen. Entscheidend sind nicht unsere Lebensumstände. Entscheidend ist, wie wir diese wahrnehmen und was wir in unserem Kopf daraus machen.

Nouméa, New Caledonia

Intro

Noch vor der Ankunft in Nouméa wurden an Bord des Air-Vanuatu-Fluges NF64 gefährlich anmutende Informationskarten mit Totenkopfsymbol verteilt. Die Dokumente stammten von der französischen Regierung. Die Mitteilung auf dem roten Papier beinhaltete in etwa folgende Botschaft: „Sie haben sich in einem Hochrisikogebiet für Dengue-Tropenfieber aufgehalten. Sie sind verpflichtet, schon bei ersten Anzeichen sofort einen Arzt aufzusuchen."

Na schön. Das war ja dann doch etwas übertrieben, oder? Am Ende würden sie uns wohl gleich noch in Quarantäne stecken. Ich schmunzelte. Gleichzeitig beäugte ich etwas misstrauisch die unzähligen Mückenstiche, die meine Arme und Beine übersäten. In meiner vorletzten Nacht auf Tanna war ich abends ohne Moskitonetz eingeschlafen und am nächsten Morgen komplett zerstochen wieder aufgewacht. Aber kommt schon, Freunde, Dengue?! Das konnte mir doch nicht passieren!

Sowieso war ich gerade viel zu gut gelaunt, um mir darüber Gedanken zu machen. Schon der Anblick des ersten modernen Flughafengebäudes ließ in mir große Erleichterung aufsteigen.

Ich war zurück in der Zivilisation!

Wie man in Nouméa das Leben genießt

Und tatsächlich saß ich bereits wenig später in Fannys kleinem Opel Corsa und brauste in Richtung Stadtzentrum. Letztes Mal hatten wir noch gemeinsam auf der Ladefläche eines Pick-ups im Dschungel von Vanuatu gesessen, nun fuhren wir über die gut ausgebauten Straßen der Hauptstadt Neukaledoniens. Es war schön, endlich auch mal einen Menschen wiederzutreffen, von dem ich mich schon einmal verabschiedet hatte.

Das Gebiet um Nouméa war landschaftlich unspektakulär. Die Stadt lag im Süden der Westküste der etwa 400 Kilometer langen und 50 Kilometer breiten Hauptinsel Grand Terre. Auf der Insel gab es keinen dichten Dschungel oder Regenwald. Wir bewegten uns durch eine eher karge, größtenteils landwirtschaftlich erschlossene Umgebung mit unzähligen Wiesenflächen und Flüssen. Im Hintergrund erstreckten sich größere Berge, die das Zentrum der Insel durchzogen. Spektakuläre Landschaften hatte ich ohnehin schon genug gesehen. Bei mir sorgten nun vor allem ein gut ausgebautes, asphaltiertes Straßennetz und das allgemeine Gefühl, zurück in der modernen Welt zu sein, für Begeisterung. Nouméa lag am Meer und war von zahlreichen Hügeln und Buchten umgeben. Ansonsten war die Stadt aber nicht besonders bemerkenswert. Während sich auf den umliegenden Hügeln viele schicke Villen tummelten, war die Stadt an sich größtenteils von einfachen Zweckbauten erfüllt. Insgesamt erinnerte alles ein wenig an Südfrankreich.

Umso spektakulärer sollte es am Nachmittag zugehen. Fanny nahm mich mit nach Hause zu ihrem Onkel Henri. Der Kerl war mir besonders durch seine windschnittige Sonnenbrille und die brachialen Schulterklopfer in Erinnerung geblieben, die er mir auf jener Pick-up-Ladefläche verpasst hatte. Henri besaß ein schönes, kleines Grundstück außerhalb der Stadt und wohnte in einem größeren, schick ausgebauten Häuschen, einer Art Gartenlaube. Draußen auf der kleinen Terrasse saß bereits Fannys Onkel mit einem Kollegen. Henri war ein herrlicher Typ. Er begrüßte mich begeistert und hämmerte mir erneut mehrmals kräftig auf die Schulter. Fanny hatte einen Salat vorbereitet und es gab Baguette mit Käse und Leberwurst. Vive la France! Inzwischen hatte ich meine anfängliche Hemmung verloren und konnte mich zwar stockend, jedoch halbwegs verständlich auf Französisch ausdrücken. Ich hatte den französischen Humor bereits bei meinen Freunden Paul, Frédéric und Louis in Australien kennengelernt – immer etwas selbstgefällig und sehr ironisch, genau mein Geschmack! Henri war aber einfach eine Klasse für sich. Er hatte quasi permanent ein schelmisches Grinsen im Gesicht und einen spitzen Spruch auf den Lippen. Als die beiden mich vor meiner Abreise noch einmal zum Essen einluden, flirtete der Alte fast ununterbrochen mit der jungen Kellnerin und hätte sogar fast ihre Nummer ergattert. Henri war eine echte Legende. Besonders leidenschaftlich echauffierte er sich über das legendäre Tusker-Bier in Vanuatu. Dieses Tusker sei fürchterlich, eine einzige Zumutung, führte er an. Stattdessen stellte er eine ganze Ladung Dosen des heimischen Neukaledonien-Bieres Number One auf den Tisch. „Number One" musste man aber unbedingt mit starkem französischem Akzent aussprechen, etwa: „Nambärr Won". Henri setzte zu einem kräftigen Schluck an, verdrehte genüsslich die Augen und seufzte: „Ahhh, das ist es. Nambärr Won!" Auch ich gönnte mir ein paar Dosen des himmlischen Gebräus. Und wenn ich auch immer nur die Hälfte verstand – ich kann euch sagen, Freunde, wir hatten mächtig Spaß! Henri hatte erneut sein

typisches Grinsen auf den Lippen, als er vorschlug: „Wir haben hier zwar nicht genug Platz, aber ich denke, du kannst einfach mit in Fannys Bett schlafen.“ Fanny lachte nur und schlug ihrem Onkel auf den Hinterkopf. Henri zuckte mit den Schultern, grinste noch breiter und zwinkerte mir zu.
Tatsächlich hatte ich mich aber bereits für zwei Nächte zu je etwa 20 Euro in einem anderen Etablissement eingemietet. Die Auberge de Jeunesse lag auf einem Hügel über dem Stadtzentrum. Hier verabschiedete ich mich am späten Nachmittag zunächst von Fanny. Die Auberge verfügte über etwa 30 Zimmer mit gefliestem Boden und zwei an der Wand aufgestellten, einfachen Doppelstockbetten. Das Beste an der Unterkunft war unser sagenhafter Balkon mit Blick auf die Stadt. Von hier aus hatte man eine phänomenale Aussicht über die Dächer Nouméas bis hinüber zum Hafen, wo gelegentlich große Kreuzfahrtschiffe einliefen.
Insgesamt hatte ich in Neukaledonien nur acht Tage Zeit, ehe am 5. Mai mein Flug nach Sydney ging – ein ambitioniertes Vorhaben.

Wie man sich mit Dengue-Fieber infiziert

Also, Freunde, wohin des Weges? Ich wollte die ersten beiden Tage hier verbringen und dann mit dem Bus den etwas wilderen Rest der Insel erkunden. Fanny hatte mir eine Fahrt nach Hienghène auf die andere Seite der Insel empfohlen. Bis es in zwei Tagen losging, nahm ich mir vor, die Hauptstadt zu erkunden, denn Nouméa hatte durchaus etwas zu bieten. Die Baie des Citrons zum Beispiel war die bekannteste Bucht Nouméas und mit ihrer schicken Promenade auf jeden Fall einen Besuch wert. Ich hatte mir bis auf Äpfel und Bananen nichts zu essen mitgebracht und schlich nun etwas bedröppelt an all den schicken Restaurants vorbei, deren Köstlichkeiten ich mir nicht leisten konnte.
Während der Rückfahrt am späten Nachmittag war ich so hungrig, dass ich kurzerhand auf halber Strecke aus dem Bus sprang. Ich hatte den großen Carrefour-Supermarkt erblickt. Nun war Neukaledonien allerdings mit Sicherheit das teuerste Land der Welt. Mindestens. Tatsächlich war das einzig bezahlbare Lebensmittel hier Baguette. Ein massives, fast ein Meter langes und gut gebräuntes Exemplar gab es hier schon für einen Euro.
Nun, da zumindest mein Hunger gestillt war, musste ich allerdings den Rest des Weges zu Fuß zurücklegen. Dabei machten sich zunehmend Kopfschmerzen bemerkbar, die unterwegs fast unerträglich wurden. Zu diesem Zeitpunkt

machte ich mir noch keine größeren Gedanken. Wahrscheinlich hatte ich einfach zu wenig getrunken. Zurück in der Auberge ergab sich dann allerdings eine doch noch etwas ernstere Sachlage. Bei Einbruch der Dunkelheit hatte ich mich bereits mit Fieber und Schüttelfrost ins Bett zurückgezogen. Nun musste ich am nächsten Tag eigentlich auschecken und wollte mit dem Bus über die halbe Insel fahren. An dieser Stelle machte ich mir erstmals Sorgen. Auch die Nacht verlief ziemlich unruhig. Schon am nächsten Morgen kam ich dann nicht einmal mehr aus dem Bett. Sobald ich meinen Kopf auch nur einen Zentimeter zur Seite drehte, wurde mir schwindelig und ich bekam stechende Kopfschmerzen. Irgendwie musste ich mich allerdings hinunter zur Rezeption quälen und meinen Aufenthalt um mindestens eine Nacht verlängern. Auch neben der Rezeption hing ein schwarzes Poster mit Totenkopfsymbol und ernsten Warnhinweisen vor Dengue-Fieber. Ich wischte mir den Schweiß von der Stirn und brachte meine ganze Energie auf, um dem Monsieur am Empfang aufrecht und mit freundlichem Lächeln gegenüberzutreten. Kurz angebunden erklärte ich, ich müsse noch eine weitere Nacht in der Auberge bleiben. Offensichtlich hatte ich keinen Verdacht erregt und schleppte mich schnellstmöglich zurück ins Zimmer. Nun sollte man sich bei etwaigen Anzeichen eigentlich sofort an einen Arzt wenden. Jetzt befand ich mich allerdings in einem fremden Land, beherrschte die Sprache nicht und schaffte es ohnehin kaum aus dem Bett. Dengue? Nein, ich wollte es nicht wahrhaben. Gleichzeitig war meine Haut noch immer von den Moskito-Attacken auf Tanna gezeichnet. Noch einen Tag. Einen Tag wollte ich abwarten und einen Arzt suchen, falls sich bis dahin mein Zustand nicht gebessert hatte. Schon kurz nach 10 Uhr lag ich wieder im Bett. Ich hatte keinen Hunger, weiterhin starke Kopfschmerzen, abwechselnd Fieber und Schüttelfrost und konnte mich kaum bewegen. Im Halbschlaf erinnerte ich mich an Morris' Worte. In seinem Dorf war erst kürzlich jemand an Dengue gestorben. Er hatte mir erklärt, dass die erste Infektion meist verhältnismäßig harmlos verlief und nach etwa einer Woche wieder abklang. Die zweite Erkrankung war dann schon wesentlich ernster und die dritte endete meist tödlich. Ich machte mir Sorgen. Schon um die Mittagszeit war mir das Wasser ausgegangen. Ich wusste, dass ich trinken musste, kam aber kaum aus dem Bett. Um Wasser zu besorgen, würde ich es sogar bis in die Stadt schaffen müssen. Das erschien mir unmöglich. Aber es gab keine Alternative. Schließlich sammelte ich am Nachmittag meine ganze Kraft, quälte mich über die steilen Treppen hinunter und machte mich auf in den nächsten Supermarkt. Schweißüberströmt sackte ich anschließend im Schatten einer Palme auf dem Place des Cocotiers zusammen. Irgendwie schaffte ich es nach einer Weile mitsamt den Wasserflaschen in die Auberge zurück. Den Rest des Tages verbrachte ich im Bett. So richtig wollte ich es aber immer noch nicht wahrhaben, womöglich ernsthaft krank zu sein, und suchte im Internet nach Symptomen und Verlauf des Dengue-Fiebers. Die ersten Anzeichen auf Wikipedia passten. Allerdings war hier auch von Hautausschlägen und starken, fast unerträglichen Gliederschmerzen zu lesen. Nicht umsonst wurde die Krankheit umgangssprachlich auch „Knochenbrecherfieber" genannt. Davon war bei mir nun glücklicherweise bisher nichts zu spüren. Ich hatte mich in einem Hochrisikogebiet aufgehalten und war eines Morgens übersät von Moskitostichen aufgewacht. Natürlich war ich nervös. Dennoch blieb ich überraschend gefasst. Diese Sache würde mich nicht umbringen. Wenn ich deswegen jetzt ins Krankenhaus oder gar nach Hause müsste, dann war das eben so. Ich hatte in den letzten Monaten bereits so viele einmalige Erfahrungen gesammelt und eine tolle Zeit erlebt. Genauso gut hätte ich mir zu Beginn des Trips an der Gold Coast bei einem Fahrradunfall den Arm brechen können.

Am Abend musste ich mich übergeben, doch schon bald wurde es ein wenig besser. Die zweite Nacht verlief nicht mehr ganz so übel. Als ich am nächsten Morgen aufwachte, war mir noch ein wenig schwindelig und ich hatte leichte Kopfschmerzen. Ansonsten ging es mir überraschenderweise deutlich besser. Ich trank noch eine ganze Flasche Wasser und war um die Mittagszeit wieder fit. Wahnsinn! Ich war unglaublich erleichtert. Das war dann wohl doch kein Dengue. Allerdings war diese ganze Geschichte schon sehr merkwürdig.

Meine Planung war damit nun aber komplett über den Haufen geworfen worden. Heute war Sonntag, es fuhren keine Busse und ich wollte ohnehin nicht gleich wieder voll angreifen. Allerdings war am nächsten Tag Feiertag, der 1. Mai. Ich würde also auch am Montag noch in Nouméa festsitzen. Spätestens am Donnerstagabend musste ich schon wieder zurück sein, da am Freitagmorgen mein Flug nach Sydney ging.

Letztlich entschied ich mich für eine Fahrt ins etwa zwei Stunden entfernte Bourail, wo ich zumindest zwei Tage an der bekannten Baie des Tortues, der Schildkrötenbucht, verbringen wollte.

Wie man mit dem Heimweh umgeht

Als ich dort dann am Abend auf einem Plastikstuhl am Zeltplatz saß, wurde ich etwas nachdenklich. Seit meiner Zeit im Dschungel von Vanuatu war meine Einsamkeit nie mehr wirklich verschwunden. Dabei hatte ich nicht einmal unbedingt ein Problem mit dem Alleinsein an sich. Damit kam ich ganz gut klar. Vielmehr vermisste ich inzwischen mein Leben zu Hause. Langsam hatte ich den Backpacker-Lifestyle satt. Als Außenstehender sah man immer nur die spektakulären Fotos, hörte von all den Erlebnissen und Abenteuern. Natürlich, all das war großartig. Allerdings betrachtete man dabei nie die andere Seite der Medaille, nämlich den Lebensstil, der mit all dem verbunden war. Genau genommen hatte ich kein Leben. Seit Monaten schlief ich fast jede Nacht woanders. Ich lernte Menschen kennen, nur um sie am nächsten Tag wieder verabschieden zu müssen. Ich hatte keine Möglichkeit, mir irgendwo etwas aufzubauen. Alles, was mir in meinem „alten Leben" Spaß gemacht hatte, hatte ich aufgegeben. Ich spielte nicht mehr Fußball, ging nicht ins Fitnessstudio und machte generell keinen Sport mehr. Es war quasi unmöglich, festere Freundschaften zu knüpfen, und so hatte ich niemanden, mit dem ich mal ein gutes Gespräch führen konnte. Außerdem hatte ich keine Chance, mich in irgendeiner Form zu beweisen. Früher hatte ich die Schule, den Sport oder den ein oder anderen Nebenjob gehabt. Als Backpacker war ich nun einfach ein Niemand und somit im Grunde das unterste Glied der Gesellschaft. Ich trug tagelang dasselbe T-Shirt und konnte mir selbst im Supermarkt nur das Billigste vom Billigen leisten. All dies allein störte mich im Prinzip nicht. Ich hatte kein Problem damit, wochenlang nur Nudeln zu essen oder einen Monat lang keine Wäsche zu waschen. Es war eher das Lebensgefühl, das damit einherging. Mit der Zeit war das wirklich sehr ermüdend. Ich bin sehr ehrgeizig, habe hohe Ziele und bin überzeugt. Hier ging all das aber völlig unter. Ich war ein Niemand, und kein Mensch interessierte sich dafür, wer ich war oder was ich konnte. Mein letzter Anker war es, schlaue und inspirierende Bücher zu lesen. Damit konnte ich zumindest kurzzeitig etwas für mein Selbstwertgefühl tun. Ich brauchte auch mal jemanden, der staunte, wenn ich von meinen Abenteuern erzählte, und nicht nur Leute, die mit „Ja, cool, das habe ich letzte Woche auch gemacht" antworteten. Ich wollte wieder jemand sein, jemanden darstellen. Jemand, den man respektierte und achtete. Ich wollte mich schick anziehen und auch mal in ein Restaurant zum Essen gehen.

Irgendwann bildete ich mir ein, dass ich zu Hause all das haben würde, was mir hier fehlte, und dass es mir dort viel besser gehen würde.
Letztlich hatte mittlerweile auch das Reisen ein wenig seinen Reiz verloren. Ich war in den vergangenen Monaten so viel herumgekommen, dass ich immer spektakulärere Orte brauchte, um ins Staunen zu geraten, und mich kaum noch etwas wirklich faszinierte.

Wenn mich von zu Hause jemand fragte, wann ich denn zurückkommen wollte, dann hatte ich bisher immer mit „Hmm. Das weiß ich auch noch nicht. Wird spontan. Ich denke, so im Juli irgendwann" oder etwas Vergleichbarem geantwortet. Bisher hatte das auch immer gestimmt. Irgendwann zu dieser Zeit schrieb mir mein Kumpel Jakob aus der Heimat. Er war an meiner früheren Schule einen Jahrgang nach mir und fragte, ob ich es zu seinem Abiball am 16. Juni schaffen würde. „Hm, nein, das wird wohl nichts, Kollege", hatte ich zunächst noch geantwortet. In der Folge ging mir der Gedanke aber auch nicht mehr richtig aus dem Kopf.
Am 17. Juni des vergangenen Jahres hatte ich meine Entscheidung getroffen und diese auf meinem eigenen Abiball sogleich verkündet. Nun, genau ein Jahr später zum Abiball des nächsten Jahrgangs zurückzukommen und alle zu überraschen, das wäre schon verdammt cool! Dramaturgisch gesehen war das natürlich auch eine runde Sache. Verdammt, ich stand auf diese Idee! Nun kam noch meine seit ein paar Wochen etwas melancholischere Stimmung hinzu, und so konnte ich mich mittlerweile tatsächlich mit dieser Vorstellung anfreunden.

Ich saß barfuß auf einem Plastikstuhl auf einem Campingplatz in der Nähe von Bourail. Und während ich noch froh war, dass ich Neukaledonien überlebt hatte, begann ich zunächst ziellos nach Flügen zu schauen. Hier gab es WLAN. Etwas wehmütig beobachtete ich, wie am Horizont die Sonne unterging. Und so kam es, dass ich hier bereits am 3. Mai auf einem Zeltplatz irgendwo mitten in Neukaledonien einen Flug buchte – diesmal den zurück nach Hause. Am 14. Juni würde ich von Bangkok über Köln nach Berlin fliegen und dort am späten Abend ankommen. Beide Flüge kosteten mit Eurowings zusammen nur etwa 350 Euro. Und zu Hause wusste niemand Bescheid.
Zunächst einmal ging es jetzt aber weiter nach Sydney – zu den Hugos, endlich!

Bevor wir in den letzten Abschnitt meiner Reise eintauchen, wird es wieder Zeit für ein kleines Finanzupdate.
Nachdem ich in den großartigen drei Wochen in Neuseeland auch ebenso großartig Geld ausgegeben hatte, hatten sich bei meiner Ankunft auf Fidschi Anfang April noch etwa 3250 Euro auf meinem Konto befunden. Im Inselparadies waren dann aber durch die Anwesenheit meines lieben Papas nahezu keine Kosten für mich angefallen. Dort hatte ich es mir gut gehen lassen. Vanuatu allerdings hatte wieder ein überraschend tiefes Loch in die Bilanzbücher geschlagen. Aufgrund der drei Flüge, der Touren, Vulkanbesteigungen und der rasanten Pick-up-Fahrten hatte ich Neukaledonien mit gerade mal etwas mehr als 2500 Euro erreicht. Inzwischen hatte ich mir das Ziel gesetzt, mit 2000 Euro nach Asien zu kommen und damit ein gutes Polster für den letzten Teil meiner Reise in der Tasche zu haben. Nun saß ich hier wegen meiner mysteriösen Dschungelkrankheit und diversen anderen, ungünstigen Umständen fast die ganze Zeit in Nouméa fest, wo es kaum Spektakuläres zu erleben gab. Da ich mich noch dazu fast ausschließlich von Baguette und Frischkäse ernährte, konnte ich in dem eigentlich so teuren Land gut sparen. Allerdings gelang es mir aufgrund der soeben getätigten Flugbuchung nicht, die 2000er-Marke einzuhalten, dafür hatte ich aber schon meinen Rückflug gesichert. So würde ich gut fünf Wochen vor meiner Rückreise mit knapp 1900 Euro in Kuala Lumpur, der Hauptstadt Malaysias, aufschlagen.

Kuala Lumpur, Malaysia

Wie man von der Insel in die Mega-Metropole kommt

Der Flughafen KLIA lag ganze 50 Kilometer außerhalb der Stadt, und so nahm ich zunächst den Zug ins Stadtzentrum, wo ich ein Hostel gebucht hatte. Schon die riesige Metropolregion um den Kern der Hauptstadt war mit über 8 Millionen Einwohnern dicht besiedelt. Alles war mit Betonbauten und Wohnhäusern zugepflastert. Der Zug bewegte sich auf einer Art Betonbahn etwa 10 Meter über dem Boden. Je näher man dem Zentrum kam, desto spektakulärer wurde der Anblick. Am Horizont türmten sich nun immer höhere Hochhäuser auf. Auch der Verkehr unter der Bahnlinie glich auf den vielspurigen und stark verzweigten Highways mittlerweile wirren Ameisenströmen. Schließlich er-

reichte ich KL Sentral, das man in etwa als Hauptbahnhof bezeichnen konnte. Ich stieg aus, folgte dem Strom über einige Rolltreppen in die riesige Halle und steckte auf einmal mitten in einer Menschenmenge. Bevor es hier irgendwie weiterging, musste ich etwas gegen meinen Hunger tun. Zuletzt hatte ich vor 18 Stunden Nahrung aufgenommen, und so schleppte ich mich mit letzter Kraft in eine rettende Burger-King-Filiale. Mit glasigen Augen schaute ich auf die Anzeige. Mann, ich war im Paradies angekommen! Ein fettes Burgermenü mit Riesen-Whopper, Pommes und Cola kostete hier 15 Malaysische Ringgit. Das waren umgerechnet etwa drei Euro! Freunde, was war denn hier los?! Auf einmal war ich ein reicher Mann! In Australien hätte ich für ein solches Menü locker das Dreifache bezahlt und in Neukaledonien für denselben Preis gerade Mal ein müdes Lächeln und ein kleines Eis ohne Soße bekommen.
Bisher hatte ich jeden Euro dreimal umdrehen und mich von Suppennudeln und Baguette ernähren müssen. Nun konnte ich mir all diese Dinge auf einmal leisten. Das war ein komplett neues Gefühl und ein verdammt gutes noch dazu!
Von hier aus ging es mit dem hypermodernen Monorail-Transportsystem weiter, was mich zunächst ziemlich überforderte. Für Einzelfahrten musste man hier am Automaten Plastikchips für 50 Cent erwerben. Um überhaupt auf den Bahnsteig zu gelangen, mussten diese Chips in eine Glasschranke eingeworfen werden, die daraufhin zur Seite fuhr und einem den Zutritt ermöglichte. Die schicken, pink leuchtenden Monorail-Züge glitten auf einer 50 Zentimeter breiten Betonschiene etwa 10 Meter über dem Boden auf einer geschwungenen Bahn quer durch die Stadt. Selbst den Zutritt zur Bahnschiene verwehrten Glasschranken, die sich automatisch öffneten, sobald der futuristische Zug in der Station zum Stillstand gekommen war. All dies war so unglaublich modern und so viel fortschrittlicher als alles, was ich in Europa zuvor je erlebt hatte. Ich kam mir fast ein wenig wie in einem Science-Fiction-Film vor.
Allein schon die Monorail-Fahrt im Zentrum Kuala Lumpurs war ein Erlebnis für sich. Geräuschlos schwebte die Bahn zwischen massiven Hochhäusern und Glasfassaden, während sich unter uns völlig chaotisch auf fünf Spuren der Verkehr staute. Die Autos und Busse wirkten von hier oben in ihren grellbunten Lackierungen fast schon wie Spielzeuge.
Das von mir gebuchte SunshineBedz-Hostel lag direkt an der Kreuzung Jalan Sultan Ismail in Bukit Bintang und damit im Herzen der Stadt. Die sechsspurige Straßenkreuzung wurde von der eleganten Monorail-Schiene und der Bukit

Bintang Station überspannt. Alles war von Hochhäusern, riesigen Werbebannern und einem strahlenden Shoppingcenter umgeben.
Nach einem Monat in der beschaulichen Pazifikwelt war die Ankunft in der Megametropole für mich ein ziemlicher Schock. Vor nicht einmal zwei Wochen hatte ich noch im Dschungel zwischen Eingeborenen gesessen und Kava aus Kokosnussschalen getrunken. Nun steckte ich auf einmal inmitten einer riesigen Menschenmenge auf der belebtesten Kreuzung Kuala Lumpurs. Einen stärkeren Kontrast konnte ich mir nicht vorstellen.

Wie man einen Straßenverkäufer bändigt

In der Stadt war es bei 30 Grad drückend schwül und dauerhaft trübe. Auf den Straßen wimmelte es nur so von kleinen Shops, Geschäften und Essensangeboten. Vielmehr beschäftigte mich aber eines: Menschen, überall Menschen. Man konnte sich kaum frei bewegen. Aller 10 Sekunden quatschte mich jemand an. Klassiker waren zum Ersten der kräftige Herr mit Schnurrbart und Schlappen: „T-Shirt, my friend? T-Shirt?!", und zum Zweiten die vollbusige Lady mit aufgespritzten Lippen: „Massaage? You want Massaaaaaage?"
Eines der Angebote war sogar wirklich verlockend. An den unzähligen T-Shirt-Ständen hingen ein paar wirklich coole Teile. Die Auswahl reichte von Fußballtrikots über gefälschte Ralph-Lauren-Shirts bis hin zur klassischen Gucci-Sonnenbrille. Hier musste man allerdings taktisch vorgehen. Die Verkäufer mit Schnurrbart waren wie Tiger. Mit geschultem Blick waren sie immer auf der Jagd und jederzeit bereit zuzuschlagen. Sobald man auch nur in die Nähe der Straßenstände kam, würden die Kollegen zupacken. Bereits Sekundenbruchteile, nachdem man nur das leiseste Interesse gezeigt hatte, schüttelte der erste Straßenverkäufer einem die Hand, stellte sich als neuer bester Freund vor und zog einen in unnachgiebiger Eleganz in Richtung seiner Verkaufsfläche. Betrat man erst einmal den Laden, war es auch schon zu spät. Innerhalb weniger Sekunden bekam man fünf T-Shirts, eine Rolex-Uhr und ein Set Koi-Fische in die Hand gedrückt und befand sich von nun an für immer in den Fängen des T-Shirt-Mannes. Selbst wenn man es schaffte, den Stand unter größtmöglichem Einsatz wieder zu verlassen, kamen einem diese Leute noch zwanzig Meter hinterhergelaufen.

Nun war ich kein dahergelaufener Rucksacktourist, sondern mittlerweile ein ausgebuffter Weltreisender mit Verkaufserfahrung. Wie ging man hier also vor?
Nachdem ich das Schauspiel eine Weile beobachtet und das Angebot unauffällig aus dem Augenwinkel analysiert hatte, pickte ich mir einen besonders vielversprechenden Stand heraus und stürzte mich in die Höhle des Löwen. Ich schaute mir alles an und probierte unter den Augen des begeisterten Verkaufsmannes T-Shirt um T-Shirt. Der gute Mann lief zur Höchstform auf. Er nahm fast seinen kompletten Stand auseinander, um mir immer wieder neue Exemplare in die Hand zu drücken. Nachdem ich mich für zwei Shirts entschieden hatte, geriet der Kerl völlig in Ekstase, rannte wild umher und unterbreitete mir im Sekundentakt neue Angebote. Unter diesen Umständen hatte ich größte Mühe, einen klaren Kopf zu bewahren, hatte mir aber zum Glück schon im Voraus überlegt, was genau ich kaufen wollte. Letztlich wurde natürlich noch einmal gefeilscht. Erfuhr man den Preis, musste man völlig entsetzt die Hände über dem Kopf zusammenschlagen und alle T-Shirts weit von sich schmeißen. Der ausgefuchste Verkaufsmann reagierte zunächst genauso entsetzt, lenkte dann aber ein und gab einem schließlich doch alles zum halben Preis. Am Ende des Tages brachte ich drei neue T-Shirts, Badeschlappen und ein stilechtes Louis-Vuitton-Portemonnaie mit ins Hostelzimmer und hatte für den ganzen Bums nur gut 30 Euro bezahlt.

Wie man den besten Blick Malaysias bekommt

Am nächsten Morgen kassierte ich für mein nagelneues 5-Euro-Trikot des Malaysia-Fußballteams zahlreiche Komplimente auf der Straße. Natürlich standen auch in Kuala Lumpur noch einige Highlights an. Die berühmteste Sehenswürdigkeit der Stadt waren zweifelsfrei die Petronas Twin Towers. Den besten Ausblick bekam ich allerdings von einem anderen Ort, dem 421 Meter hohen Fernsehturm Menara KL. Für satte 20 Euro konnte ich auf die Aussichtsplattform in 276 Metern Höhe hinauffahren. Von hier bot sich mir ein sensationeller Blick, der das Geld locker wert war. Unter freiem Himmel konnte ich einmal rings um den Turm laufen und den 360-Grad-Blick über sämtliche Teile der Stadt aufsaugen, so lange ich wollte. Vor allem die Hochhäuser im Zentrum erinnerten ein wenig an Manhattan. Erstmals bekam ich nun auch die legendären Petronas Towers zu Gesicht. Spektakulär! Neben dem Ausblick beeindruckte mich besonders ein galanter Araber, der mit einem meterlangen Selfie-Stick herumexperimentierte. Als ich den Kerl auf sein Gerät ansprach, bot er mir an, das Teil ebenfalls in die Hand zu nehmen. Zum ersten Mal in meinem Leben führte ich nun also ein höchst professionelles Fotoshooting mit einem Selfie-Stick durch. Auf fast 300 Metern Höhe konnte ich mit dem oft belächelten Gadget nun aber richtig glänzen und kassierte einige neidische Blicke für meine lange Stange.

Am Nachmittag wollte ich endlich zu den Petronas Towers. Das 452 Meter hohe Wolkenkratzerpaar galt bis 2004 als das höchste Gebäude der Welt. Berühmt waren die vom Mineralölkonzern Petronas erbauten Zwillingstürme vor allem für die Skybridge, eine frei hängende Glasbrücke, die beide Türme in 172 Metern Höhe verband.

Am Fuße der beiden Türme befand sich der KLCC Park, eine wunderschöne Parklandschaft mit riesigen Bäumen und leuchtenden Wasserflächen. Nachdem ich eine Weile im Park umherspaziert war und einige Bilder geschossen hatte, zog ich mich am Nachmittag ins klimatisierte KLCC-Shoppingcenter zurück. Ich durchschritt die magische Pforte zwischen den beiden Türmen und befand mich auf einmal inmitten strahlender Geschäfte. Der Bummel durch die schicken Einkaufszentren und Kleidungsgeschäfte war für mich wie eine Entspannungstherapie nach dem hektischen Stadtleben. In der oberen Etage gab es ein riesiges Kino, das Filme auf Englisch zeigte. Karten gab es hier schon für drei Euro. Inzwischen störte ich mich nicht einmal mehr an dem Gedanken, allein ins Kino zu gehen.

Dennoch gefiel es mir nicht, dass ich inzwischen sozial so isoliert und auch anderen Backpackern gegenüber sehr zurückhaltend geworden war. Im Hostel zwang ich mich schließlich, mich am Abend endlich zu einer laut lachenden Gruppe zu gesellen und in deren Gespräch einzusteigen. Ich konnte mich ganz nett mit ihnen unterhalten, stellte aber fest, dass diese Leute auch nicht gerade die Erleuchtung waren. Scheinbar waren sie hier, um jeden Abend feiern zu gehen, und luden mich ein, sie zum Trinken in eine Bar zu begleiten. Darauf hatte ich keine Lust und ging stattdessen ins Bett.

Wie man bei gesperrter Kreditkarte den Kollaps vermeidet

Dafür hatte ich andere Pläne und sprang am nächsten Morgen schon um 7 Uhr unter die Dusche, um mir schnellstmöglich eine der begehrten Karten für die legendäre Skybridge zwischen den Petronas Towers zu sichern. Nach einem Besuch in den berühmten Batu Caves kehrte ich schließlich um die Mittagszeit in die Stadt zurück, wo ich mir am Nachmittag den Central Market und China Town anschauen wollte. Allerdings war mir inzwischen das Bargeld zur Neige gegangen, und so suchte ich zunächst nach einem Geldautomaten. Das war in dieser Gegend gar nicht so einfach. Schließlich stieß ich auf eine Bankfiliale, die meine Karte jedoch ablehnte. Ein paar Straßen weiter passierte mir bei einer anderen Bank dasselbe. Mit Stadtkarte navigierte ich mich auf den Merdeka Square. Scheinbar akzeptierten die örtlichen Banken meine internationale Kreditkarte nicht. Auf diesem bekannten Platz musste es doch einen funktionierenden Geldautomaten geben. Inzwischen war ich reichlich hungrig und die Situation nervte mich zunehmend. Auch in den anderen Bankgebäuden hatte ich keinen Erfolg. Überall zeigte der Automat Meldungen wie „Karte nicht akzeptiert" oder „Zahlung abgelehnt" an. Bei Temperaturen um die 30 Grad irrte ich hungrig durch die Straßen und hatte mittlerweile vier oder fünf Banken aufgesucht, darunter internationale Finanzinstitute. Irgendjemand musste doch meine verdammte Karte akzeptieren! Als ich ausgehungert eine McDonald's-Filiale aufsuchte, wollten die Mitarbeiter nicht einmal hier meine Karte annehmen. Ich konnte mich nicht erinnern, wann ich zum letzten Mal richtig wütend geworden war. Ein solches Gefühl kannte ich eigentlich gar nicht, aber so langsam war ich echt frustriert. Das konnte doch gar nicht sein! Mir blieb nichts anderes übrig, als zurück ins Stadtzentrum zu fahren. Als dann auch die Automaten in KL Sentral und im Shopping Center meine Karte reihenweise ablehnten, wuchs in mir allmählich eine Befürchtung und meine Frustration wich einer aufsteigenden Panik. Offensichtlich war meine Kreditkarte gesperrt worden. Im Internet las ich, dass es aus Sicherheitsgründen im Ausland häufig zu automatischen Kartensperrungen kam, wenn hintereinander an wechselnden Orten höhere Geldbeträge abgehoben wurden. Dieses Problem ließ sich sicherlich mit einem Anruf bei der DKB innerhalb von ein oder zwei Tagen beheben. Ich hatte allerdings nicht einmal mehr 10 Euro in bar dabei, in diesem verdammten Land konnte man so gut wie nirgends mit Karte bezahlen und mit meinem Telefon konnte ich keine Anrufe außerhalb Malaysias tätigen. Über WhatsApp nahm ich verzweifelt Kontakt zu Mama auf und berichtete ihr von der Problematik. Sie wollte sich bei der DKB erkundigen. Ich musste mich beruhigen und zumindest erst mal etwas essen. Bei McDonald's gab ich mein letztes Bargeld aus, setzte mich in eine ruhige Ecke und gab mir die größte

Mühe, einen klaren Kopf zu bekommen. Es gab schließlich immer eine Lösung. Online funktionierte meine Karte noch und war daher offensichtlich nicht vollständig gesperrt. Irgendwie musste ich doch an Geld kommen können, und so suchte ich im Internet nach Lösungsvorschlägen. „Western Union" hieß das Zauberwort. Bisher hatte ich diesen Namen nur in Verbindung mit Gangsterfilmen gehört. Nun fiel mir aber auf, dass es in Städten von den etwas dubios wirkenden kleinen Schaltern mit dem schwarz-gelben Logo nur so wimmelte. Bei Western Union handelte es sich um einen amerikanischen Anbieter für internationalen Bargeldtransfer. Eigentlich war dieser Finanzservice wohl dafür gedacht, Freunden oder Geschäftspartnern im Ausland innerhalb von Minuten Bargeld zukommen zu lassen. Dabei musste man seine Kreditkartendaten sowie Zielland, Name und Ausweisnummer der Zielperson angeben. Western Union buchte das Geld dann vom Konto ab und vermerkte die Buchung zusammen mit einem Code im System. Schon wenige Minuten später konnte die andere Person in ihrem Land einen Western-Union-Schalter aufsuchen, musste den Code nennen und seinen Ausweis vorlegen. Daraufhin wurden ihm die Scheine ausgezahlt. Meine Überlegung war, mir das Geld von meiner in Deutschland registrierten Kreditkarte einfach selbst nach Malaysia zu senden und es mir in malaysischen Ringgit auszahlen zu lassen. Das müsste doch eigentlich funktionieren. Aufgeregt trat ich wenig später vor einen der Schalter. „Hallo, meine Kreditkarte ist gesperrt. Ich brauche dringend Bargeld. Kann ich mir selbst Geld schicken? Können Sie mir helfen?" Die Dame hinter der Glaswand musterte mich zunächst etwas verwirrt. Dann verließ sie ihren Stuhl, kehrte mir den Rücken zu und kam wenig später mit ihrem Chef, einem alten Asiaten im Anzug, zurück. „Sir, wir können Ihnen nicht helfen. Bitte verlassen Sie sofort den Laden." Ich sah den Mann fassungslos an. „Aber … Ich brauche Bargeld!" – „Verlassen Sie den Laden."

Das konnte doch nicht sein. Hatte sich hier gerade meine letzte Hoffnung zerschlagen? Immer mehr wurde mir bewusst, wie hilflos aufgeschmissen man in der Welt ohne Bargeld war. Eine nicht funktionierende Kreditkarte war einfach nur ein wertloses Stück Plastik. Nicht einmal etwas zu essen konnte ich mir so noch besorgen. Bis morgen würde ich auf diese Weise überleben. Dann musste ich hoffen, dass es Mama gelang, die verdammte Karte entsperren zu lassen.

Zurück im Hostel machte ich mir noch einmal Gedanken. In meinem aufgelösten Zustand und mit meinem Drängen auf Bargeld hatte ich bei Western Union wohl nicht gerade einen besonders seriösen Auftritt hingelegt. Eigentlich muss-

te das doch funktionieren. Ich versuchte es noch einmal auf einem anderen Weg und nutzte die Anonymität des Internets. Zum Glück konnte man auch über die App von Western Union mit dem Handy Geldtransfers tätigen. Ich trug meine Kreditkartendaten und alle anderen Informationen ein und gab als Empfänger „Marcel Roith in Malaysia" an. Unter horrenden Gebühren von fast 20 Prozent ging das Geld von meinem Konto ab. Das war mir egal, ich brauchte endlich Bares. Nur wenige Minuten später erhielt ich per E-Mail eine Mitteilung mit einem Code. Ein mysteriöser Freund aus Deutschland habe mir Geld zugesandt, hieß es. Diese milde Gabe konnte ich nun bei einer beliebigen Filiale des Landes abholen. Aufgeregt machte ich mich auf den Weg. Das musste jetzt einfach klappen. Diesmal gab ich mir beste Mühe, einen seriösen Eindruck zu machen. Zum Glück gab es eine Straße weiter noch einen zweiten Schalter. Ich nannte meinen Namen und den erhaltenen Code und legte meinen Reisepass vor. Die Dame musterte mich nachdenklich, scannte erst mal sämtliche Unterlagen ein und verschwand mit meinem Pass in einem Hinterzimmer. Was hatte das zu bedeuten? Wenig später kam sie mit ernstem Blick zurück. Und tatsächlich, in ihrer Hand hielt sie einen Stapel in ein Blatt Papier gewickelter Geldscheine. Unter einem letzten, prüfenden Blick zurück schob sie mir das Bündel unter der Glasscheibe hindurch.
Bares! Scheine! Moneten! Zunder! Zaster! Kröten! Ich war wieder flüssig. Huiuiui, was für eine Erleichterung!

Phuket, Thailand

Intro
Mit frischen Scheinen in der Tasche landete ich am nächsten Tag in Phuket. Hier lag ich nur noch fünf Stunden vor der Zeit zu Hause in Deutschland.
Mittlerweile war für mich die Einreise in neue Länder schon zu einer Art Routine geworden. Ein einfaches Touristenvisum wurde direkt am Flughafen ausgestellt, günstige SIM-Karten gab es in jedem Telefonshop, und da meine Kreditkarte mittlerweile wieder tadellos funktionierte, steckte bereits ein ganzes Bündel Thai Baht in meiner Tasche.
Wie wohl in allen Ländern Südostasiens wurde ich bei Verlassen des Flughafens von einem guten Dutzend laut rufender und gestikulierender Taxifahrer in Empfang genommen. Ich ließ die wilde Meute lässig hinter mir und hielt Aus-

schau nach einem günstigen Bus. Schließlich steckte ich für etwa drei Euro in einem lustigen Kleinbus in Richtung Phuket Town. Während der Flughafen im Norden der etwa 40 Kilometer langen Halbinsel lag, befand sich die gleichnamige Stadt im Südosten Phukets.

Über Phuket hatte ich mich im Vorfeld nicht weiter informiert. Wie eigentlich immer wollte ich erst mal ankommen, schauen, was lief, und dann spontan einen Plan machen. Bisher hatte ich von tollen Stränden, massig Touristen und unzähligen Bars und Partymöglichkeiten gehört und einfach für zwei Nächte irgendein Hostel in Phuket Town gebucht. Hier musste ja wohl am meisten los sein. Weit gefehlt, Freunde. Wie ich bei meiner Ankunft feststellte, war Phuket Stadt schlichtweg tote Hose. In den Straßen war bis auf ein paar Einheimische niemand unterwegs und in meinem Hostel war ich tatsächlich der einzige Gast. Alle Restaurants und Cafés standen leer und auch das Wetter war ziemlich deprimierend. Überhaupt nicht deprimierend war allerdings die feine Thai-Massage, die ich mir am Abend in einem dunklen Kämmerchen gönnte. Für nicht einmal 10 Euro konnte man das schon mal mitnehmen. Einen mindestens genauso großen Genuss boten all die kleinen Restaurants, in denen man sich schon für zwei bis drei Euro leckere lokale Gerichte bestellen konnte. Langsam begann ich zu verstehen, was den Reiz Südostasiens ausmachte. Von nun an musste ich nie mehr selbst kochen und konnte mich jeden Tag zweimal verwöhnen lassen – im Restaurant.

Wie man sich Goldfische in Körperöffnungen steckt

Das eigentliche Touristen- und Partyzentrum war wohl Patong an der Westküste der Insel.

Nun hatte ich mittlerweile überhaupt keine Lust mehr auf Party und war nicht einmal mehr wirklich interessiert daran, andere Backpacker zu treffen. Das gefiel mir nicht. In meinem Innern vernahm ich eine Stimme, die konstant hinterfragte, was ich gerade machte und wie ich zu Dingen stand und die laufend meine persönliche Entwicklung vorantreiben wollte. Wann immer ich es mir in meiner Komfortzone zu gemütlich gemacht hatte, befiel mich eine innere Unruhe und Unzufriedenheit. Dieser Antrieb hatte mich beispielsweise zum Paintballverkäufer gemacht, mich mit einer älteren Lady ausgehen lassen und mich in den Dschungel von Vanuatu und überhaupt erst nach Australien gebracht.

Nun war ich Leuten in meinem Alter gegenüber zu zurückhaltend geworden, hatte schon ewig nichts mehr mit einem Mädchen gemacht und war wahrscheinlich zu lange allein gewesen. Das war nicht gut, da musste ich etwas tun. Und auch wenn ich eigentlich überhaupt keine Lust darauf hatte, buchte ich für die nächsten drei Nächte ein Partyhostel in Patong Beach. Ich würde Leute treffen, mit Mädchen reden und Party machen. Und wenn mir das nicht gefiel, dann war das in Ordnung. Aber ich musste raus aus der Kuschelzone und mal wieder unter Menschen kommen.
Und tada – schon wenige Stunden später saß ich bei einer ordentlichen Runde Schnaps über den Dächern der Strandpromenade von Patong. Im wunderbaren Rooftop-Pool des BearPacker-Hostel hatte ich es mir mit vier Jungs aus Myanmar gemütlich gemacht. Schon kurz darauf fand ich mich auf der legendären Partymeile von Patong wieder. Freunde, es war der absolute Wahnsinn! Aus jeder Ecke hämmerte Musik, überall leuchteten Neonreklamen und Werbebanner. Transvestiten stolzierten durch die Menschenmenge und in den Clubs tanzten Frauen an Stangen. Ältere, dickbäuchige Herren schlenderten Händchen haltend mit jungen Thaifrauen durch die Menge und alle 5 Sekunden wurde man von Promotern angequatscht, die versuchten, einen in die Nachtclubs zu locken. Auf der 300 Meter langen Straße reihten sich übereinander und nebeneinander bestimmt 100 Clubs und Bars und überall wimmelte es nur so von Menschen.
Tagsüber ging es auf den Straßen an der Strandpromenade von Patong schon etwas beschaulicher zu. Dafür wurde man allerdings auch hier wirklich ununterbrochen von der Seite angequatscht. Zu den klassischen, bereits aus Kuala Lumpur bekannten T-Shirt-Männern gesellte sich eine zweite, noch speziellere Gattung: die Anzugverkäufer. Es ging in etwa so: „Suit my friend, you need suit?!" Ich schlurfte schon seit Tagen in Bundaberg-Schlüpfer und Palmenhemd durch die Straßen. Ein verdammter Anzug war nun wirklich das Letzte, was ich gebrauchen konnte. Tatsächlich fragte ich mich ernsthaft, ob überhaupt irgendjemand, der hier bei Temperaturen um die 30 Grad Urlaub machte, auf die Idee kam, sich einen billigen Anzug aufschwatzen zu lassen. Oder Krokodillederschuhe! Nun war Phuket allerdings Phuket, und so kam hier noch eine dritte Spezies hinzu: die „Massage"-Lady. Diese leicht bekleideten Damen vor den unzähligen Massagesalons waren sowieso eine Nummer für sich. Die Grazien stolzierten ganztägig auf dem Fußweg herum. Immer wenn ich vorbeilief, schaute mir eine von ihnen tief in die Augen, rief mit verführerischer Stimme

„Massaaage! You want Massaaaaage?" und versuchte mich am Arm zu packen. Am Anfang war das alles ganz lustig, aber schon bald wurde mir dieses Unterhaltungsprogramm der Extraklasse zu viel.

Das Beste an ganz Patong war unser Rooftop Pool. Hier konnte ich bei bester Aussicht herumhängen, Leute treffen und mir einen entspannten Nachmittag gönnen.

Inzwischen war auch der Engländer Murray eingetroffen, den ich zuvor schon auf der Busfahrt kennengelernt hatte. Im Hostel konnte man eigentlich gar nicht anders, als mit anderen ins Gespräch zu kommen. Mit uns im Pool saßen Louise aus Neuseeland und William aus Australien. Beide waren Mitte 20 und ebenso wie ich allein in Asien unterwegs. Louise war blond, etwas kräftiger und fiel meist wegen ihrer verboten knappen Badeanzüge auf. William war ein etwas kleinerer, muskulöser Aussie mit dunklem Haar, Sonnenbrille und dichtem Vollbart. Wenig später kam noch Andres dazu, ein lustiger Argentinier mit buntem Hut, der gerade vom Kitesurfen zurückgekommen war. Und wie das dann eben so lief in einem Dachterrassen-Pool am Strand von Thailand, war schnell beschlossen, dass wir Jungs am Abend gemeinsam in eine Bar gehen würden. Ich stand derartigen Unternehmungen mit Leuten, die ich gerade erst kennengelernt hatte, nach wie vor eher unmotiviert gegenüber, sprang aber einmal mehr über meinen Schatten. Schließlich war ich ja genau deswegen hierhergekommen. Etwas angetrunken schlenderten wir am Abend über die schon wieder dicht besiedelte Partymeile. Was nun folgte, war ein Erlebnis, von dem ich eigentlich glaubte, dass ich es niemals jemandem erzählen würde.

Nun ja. Am zweiten Abend in Patong passierte Folgendes:

Ein besonders motivierter Promoter konnte uns als Gäste für ein gewisses Event gewinnen. Die Veranstaltung trug den zunächst unverfänglichen Namen „Ping Pong Show". Ich hatte davon schon gehört, und auch die anderen wussten in etwa, worum es hier ging. Leider konnten wir also nicht behaupten, nicht zu wissen, worauf wir uns einließen. Seriös formuliert bezeichnete der Titel „Ping Pong Show" ein Unterhaltungsevent, das hauptsächlich davon geprägt war, dass leicht bekleidete Damen sich Tischtennisbälle in ihre intimste Körperregion einführten. Zur allgemeinen Erheiterung sollten die Akrobatinnen das Sportgerät anschließend durch gekonnten Muskeleinsatz unter hohem Druck wieder aus besagter Körperöffnung herausschießen. Ein doch ziemlich alternatives Showkonzept. Für vier angetrunkene junge Männer in den Straßen von Thailand war ein solches Ereignis quasi eine Pflichtveranstaltung. Wir betraten

also etwas nervös ein düsteres Hinterzimmer, wurden mit einem Drink ausgestattet und auf vier Hockern unmittelbar vor einer schmalen Bühne platziert. Um uns herum räkelten sich nackte Damen und versuchten, unsere Aufmerksamkeit zu gewinnen. Das fiel nicht sonderlich schwer und war auch generell nicht so übel. Sofern man kein dickbäuchiger, älterer Herr in Sandaletten war, sollte man sich darauf aber besser nicht einlassen. Die Ladys arbeiteten nämlich für das jeweilige Etablissement und versuchten einen zu bezirzen, bis man ihnen einen sündhaft teuren „Lady Drink" ausgab. Anschließend sollte man mit seiner Auserwählten verschwinden und sie noch für diverse andere Aktivitäten bezahlen. Als Sparfuchs würde es mir nicht sonderlich schwerfallen, diese verführerischen Angebote auszuschlagen.
Während wir noch etwas nervös auf unseren Hockern hin und her rutschten, erstrahlte plötzlich die kleine Bühne vor uns im Licht eines Scheinwerfers. Was in den nächsten 30 Minuten vor meinen Augen passieren würde, sollte mich fürs Leben traumatisieren. Ein gutes Indiz ist, dass dieses Erlebnis am nächsten Tag tatsächlich zunächst völlig aus meinem Kopf verschwunden war. Zumindest bis Murray mich mit glasigen Augen auf die zurückliegende Nacht ansprach und eine Fontäne verstörender Bilder auf mich einströmte.
Es begann tatsächlich mit handelsüblichen Tischtennisbällen. Eine ältere Lady betrat die Bühne, baute sich breitbeinig genau auf Augenhöhe vor uns auf und verstaute das Sportgerät mit einer geschickten Handbewegung locker in ihrer Dehnungsfuge. Dann legte sich die ästhetische Künstlerin mit nach wie vor breit gespreizten Beinen vor uns auf den Boden, ließ ihr Becken arbeiten und pfiff uns das Ding um die Ohren. Interessant. Allerdings war das nur das Warm-up, wie ich sogleich erfahren sollte. Weiter ging es nämlich mit einem Rohr, das sich die sympathische Dame einführte und daraus dann mit kleinen Pfeilen auf Luftballons schoss – eine dolle Show, wie Lothar Matthäus sagen würde. Nun ging es richtig los. Während wir von nackten Damen umtanzt wurden, beobachtete ich interessiert, wie jemand aus einem Hinterzimmer ein Goldfischglas auf der Bühne positionierte. Was hatte das nun zu bedeuten? Die bezaubernde Artistin schnappte sich jetzt tatsächlich den unschuldigen Fisch und ließ auch diesen in ihrem Feuchtbiotop verschwinden. Wenig später stellte sich die liebreizende Alleinunterhalterin breitbeinig über das Glas und ließ das Tierchen wieder hineinfallen. Mit ausdrucksloser Miene schaute ich zu Murray hinüber, der nur langsam den Kopf schüttelte. Was passierte hier eigentlich gerade? Das arme Kerlchen im Goldfischglas zog übrigens einfach unbeküm-

mert weiter seine Kreise, ganz als wäre nichts gewesen. Mittlerweile fragte ich mich ernsthaft, ob diese Frau über übernatürliche Kräfte verfügte. Sie konnte selbst rohe Eier in sich aufnehmen und diese unversehrt wieder nach draußen befördern. Was sollte man davon halten? Nun, wir wussten selbst nicht, wie wir auf diese Darbietung reagieren sollten. Immer wieder schauten wir uns fassungslos an und lachten lauthals los. Als Höhepunkt der Show sollte Andres sich mit geschlossenen Augen und ausgestreckter Hand vor der Bühne positionieren. Nach allem zuvor Gesehenen war es offensichtlich, dass das nichts Gutes bedeuten konnte. Wenig später schrie der Argentinier überrascht auf, als die feine Lady auf einmal eine glitschige Kröte aus ihrem Unterleib zauberte und diese auf die Hand des armen Mannes plumpsen ließ. Andres wusste wohl selbst nicht recht, warum er sich überhaupt darauf eingelassen hatte, und klatschte das Tier Murray ins Gesicht, der wiederum gerade damit beschäftigt war, Schlagsahne auf den Brüsten einer anderen Dame zu verteilen. Auf detailliertere Beschreibungen werde ich an dieser Stelle verzichten.

Interessanterweise muss ich aber noch einmal festhalten, dass mich diese verstörende Vorführung gleichzeitig ziemlich gut unterhalten hatte. Auch wenn sich mein Weltbild nun etwas verschob, so hatte ich doch lange nicht mehr so herzhaft gelacht. Eine Ping Pong Show in Thailand – Freunde, das musste man einfach mal erlebt haben! Auf Reisen ging es ja schließlich auch darum, sich mit der Kultur des Landes zu beschäftigen und seinen Horizont zu erweitern, nicht wahr?

Wie man sein Bett zum Beben bringt

Am nächsten Tag war unsere Gruppe auf der Dachterrasse dann schon auf zehn Leute angewachsen. Inzwischen waren noch Gastón aus Uruguay, Anthony aus den USA sowie die Britin Gemma und die beiden amerikanischen Freundinnen Sally und Sally dazugestoßen. Es war bemerkenswert, wie schnell und einfach man in Hostels immer wieder mit anderen Leuten zusammenkam.

Irgendwie wollten alle in den nächsten Tagen die Fähre nach Phi Phi Island nehmen. Phuket gefiel mir nicht sonderlich gut. Es war landschaftlich wenig spektakulär, von Touristen und nervigen Straßenverkäufern überlaufen und eine einzige Partyhochburg. Die umliegenden Inseln hatte ich ohnehin erkunden wollen und Phi Phi schien dazu noch die schönste und spektakulärste Insel im Süden Thailands zu sein.

Auch wenn ich auf eine solche Gruppenunternehmung keine Lust hatte, schloss ich mich den anderen an und nahm am 15. Mai die Fähre nach Phi Phi.
Die Insel hatte in etwa die Form eines H. Am wunderschönen Strand des Mittelstücks lagen die meisten der Hostels und Bars. Auch hier glich die Bucht wieder einer einzigen Partymeile. Wir alle hatten uns in der Stones Bar eingemietet. Hier schlief ich mit Will und Murray im 8er-Zimmer. Und nun ja, Freunde, das Hostel war gelinde gesagt die letzte Absteige. Im Flur und in den Zimmern war der Boden permanent nass und von Sand bedeckt, und auch bei den steinharten Matratzen machte die Stones Bar ihrem Namen alle Ehre. Als besoffener Partytourist störte man sich wohl nicht weiter daran. Und hier war ganz einfach alles auf diese Leute ausgerichtet. Die beschauliche Strandfläche vor dem kleinen Gebäude mit den Bettensälen wurde ab Einbruch der Dunkelheit zur reinsten Partyfläche. Am Abend ging es los mit einer wahnsinnigen Feuershow. Ein paar einheimische Jungs jonglierten mit Feuerbällen, warfen brennende Stäbe durch die Gegend und spuckten brennende Fontänen in den Nachthimmel. Untermalt wurde das Schauspiel von hämmernden Bässen und Technomusik. Hier blieb einem gar nichts anderes übrig, als zu saufen und mitzufeiern. Am Abend versammelten sich sämtliche Backpacker am Strand und machten diesen zu einer einzigen Tanzfläche. Für partybegeisterte Menschen war das natürlich ein Traum. Ich hatte allerdings nach den letzten Tagen in Phuket schon wieder genug vom wilden Nachtleben. Die riesigen Boxentürme direkt vor der Eingangstür brachten die Zimmerwände zum Wackeln. Selbst das verdammte Bettgestell unter mir vibrierte regelrecht unter den hämmernden Bässen. Na ja, das war auf jeden Fall eine echte Probe für mich. Die Musik lief jede Nacht bis zwei Uhr, da gab es kein Entkommen. In meiner ersten Nacht schaffte ich es aber mithilfe von Ohrstöpseln auf wundersame Weise, trotz dröhnender Zimmerwände und eines vibrierenden, brettharten Schlafgemachs schon etwas eher einzuschlafen.
Nun musste ich an diesem Ort noch zwei Tage und zwei Nächte überstehen. Dann konnte ich mit Fug und Recht behaupten, auch mit dem Leben eines wilden Partytieres klarkommen zu können.
Tagsüber war die Insel im Übrigen durchaus hübsch und beschaulich. In den schmalen, verzweigten Gassen abseits des Strandes gab es viele kleine Shops, Restaurants und Cafés.

Wie man sich bei einer Apokalypse im offenen Meer verhält

Am letzten Tag hatte sich meine Crew noch einmal eines der traditionellen Long-Tail-Boote samt sympathischem Skipper gemietet. Wir wollten die umliegenden Buchten anvisieren. Dabei faszinierte uns besonders Maya Bay. Während auf dem wackeligen Kahn einige Truppenteile mit Übelkeit zu kämpfen hatten, war ich wie gewohnt stilsicher in Fiji-Hemd und Bundaberg-Schlüpfer unterwegs und genoss die nette Fahrt. Wir tuckerten vorbei an den berühmten Kalksteinkliffen im türkis schimmernden Wasser. Um uns herum tat sich eine Kulisse auf, die zunehmend der Welt aus dem Film Avatar glich. Um die Mittagszeit zog sich der Himmel zu und am Horizont drohte sich ein Gewitter aufzubauen. Auf einem wackeligen Holzboot irgendwo im offenen Meer war die Aussicht auf einen Tropensturm natürlich nicht sonderlich verlockend. Als wir wenig später endlich Maya Bay erreichten, erschien uns die Wetterlage allerdings noch recht stabil. Hier mussten wir uns zunächst in einer stürmischen Bucht an einem langen Seil entlang bis zu einer Felswand hangeln. Von dort aus kletterten wir an der schroffen Gesteinsformation an weiteren Seilen noch einmal 15 Meter steil nach oben. Das war genau die Art Abenteuer, die mir gefiel. Nach einer kurzen Wanderung durch einen kleinen Inseldschungel erreichten wir schließlich die berühmte Bucht.

Auf der Rückfahrt öffnete dann der Himmel doch noch alle Schleusen und ein krachendes Gewitter brach herein. Während einige Mädchen in Panik ausbrachen, ließ sich unser routinierter Skipper nicht aus der Ruhe bringen. Vielmehr hielt er sich mit stoischer Miene weiter ans Programm und teilte seelenruhig Schnorchelausrüstung aus. Zur Erinnerung: Wir befanden uns bei einem krachenden Gewitter in einem wackeligen Holzboot auf dem offenen Meer und dieser Kerl verteilte allen Ernstes Schnorchel und Taucherbrillen! Zunächst traute sich niemand ins Wasser. Dann bemerkte irgendjemand, dass es im Meer auch bei einem Blitzeinschlag sicher sein müsste. Sonst würden schließlich auch die Fische sterben. Na schön, das war ein Argument. Will und Murray befanden sich bereits im Wasser. Ich streifte mein Fiji-Hemd ab, verließ die trockene Plane und lief nach vorn. Der Himmel hatte sich inzwischen stark verdunkelt. Immer wieder krachten Donnerschläge und der Regen prasselte nur so herab. Ich stand oben auf der Spitze des kleinen Holzbootes und blickte direkt in den Sturm. Wasser schlug mir ins Gesicht. Auf dem offenen Meer verbreitete ein solches Unwetter schon eine gewisse apokalyptische Stimmung.

Selten hatte ich mich so lebendig gefühlt wie in diesem Moment. Ich streckte meine Arme aus und sprang.

Krabi, Thailand

Wie man seinen Schlüpfer zum Platzen bringt

So plötzlich, wie sich unsere Gruppe gebildet hatte, so schnell würde sie sich nun auch wieder auflösen. Gerade mit Will und Murray hatte ich mich inzwischen angefreundet, mit beiden am Strand ordentlich gekickt und am Vorabend ein längeres Gespräch über unsere Zukunftspläne geführt.
Die beiden zogen nun weiter nach Koh Lanta und wollten sich auf der ruhigeren Insel ein paar entspannte Tage machen. Für mich dagegen wurde es in Thailand zeitlich schon wieder knapp. Ich wollte sichergehen, anschließend in Kambodscha genügend Zeit für einige verrückte Aktivitäten zu haben. Daher beschloss ich, am 18. Mai die Fähre zurück zum Festland zu nehmen, wo ich noch drei Nächte in Krabi verbringen wollte, ehe es mit dem Zug über Bangkok nach Kambodscha ging.
Nach der wilden Woche in Phuket und auf Phi Phi konnte ich mir jetzt guten Gewissens wieder eine ruhigere Zeit allein gönnen.
Umso actionreicher ging es dann aber am nächsten Tag weiter, als ich mit Gemma und Louise einen Trip nach Railay Beach unternahm. Diese berühmte Bucht war von Krabi aus nur mit dem Longtail-Boot zu erreichen und aufgrund der großartigen Kulisse mit den spektakulären Kalksteinfelsen der wahrscheinlich schönste Strand im Süden Thailands, vielleicht sogar des ganzen Landes. Allein die etwa 20-minütige Bootsfahrt dorthin war auf dem wackeligen Kahn vor der Szenerie aus steilen, wild bewachsenen Felskliffen im leuchtend blauen Wasser schon ein Erlebnis für sich.
Ich hatte mich natürlich informiert. Hier sollte es eine wirklich coole Klettertour hinauf zu einem tollen Aussichtspunkt geben. Allerdings hatte ich auch gelesen, dass diese Tour festes Schuhwerk erfordere, sehr gewagt und bei Nässe schon mal überhaupt nicht zu empfehlen sei. Nun hatte es um die Mittagszeit einen ordentlichen Schauer gegeben und ich trug Badeschlappen. Ging ich trotzdem hin? Na aber sicher, Freunde!
Der Startpunkt des Aufstieges befand sich irgendwo auf der anderen Seite der Halbinsel im dichten Mangrovenwald am Fuße eines der Kalksteinberge. Hier

kamen mir zunächst zwei komplett mit Schlamm bedeckte Holländer entgegen. Das sah nach Spaß aus. Der Grund für die unfreiwillige Hautkur war offensichtlich. Der Weg hinauf bestand aus einer glitschigen, mit Schlamm bedeckten Felswand, die im matschigen Dschungelboden steil nach oben führte. Mit Badeschlappen würde ich hier wohl nicht weit kommen und auch mein hochgeschätztes Fiji-Hemd wollte ich ungern mit einer Schlammschicht überziehen. Aufgrund der widrigen Bedingungen gab es nur eine vernünftige Entscheidung. Nein, Freunde, natürlich spreche ich nicht vom Umkehren. Stattdessen beschloss ich, Schlappen und Hemd in einem kleinen Holzpavillon am Fuße des Kletterpfades zurücklassen. Gewohnt stilsicher machte ich mich barfuß mit Bauchtasche und Bundaberg-Schlüpfer an den Aufstieg am glitschigen Gestein. Überraschenderweise entpuppte sich dieser schon bald als durchaus tückisch (aber natürlich auf gar keinen Fall gefährlich, Hinweis an Oma Carmen). Die glatten, mit Schlamm bedeckten Steine waren so rutschig, dass ich mich selbst mit geschickter Hand- und Fußarbeit nur sehr langsam nach oben arbeiten konnte. Jede kleinste Gewichtsverlagerung musste hier genau durchdacht werden. Teilweise stand mein Körper in den unmöglichsten Verrenkungen an der Felswand so unter Spannung, dass ich mehrfach befürchtete, mir würde gleich der Schlüpfer platzen. Aber noch hielt das geschmeidige Textil. Tatsächlich hing zwischen den Steinen sogar ein dickes Seil herab, das wohl im Normalfall den Aufstieg erleichtern sollte. Allerdings war dieses von Wasser und Matsch komplett eingeweicht und damit unbrauchbar. Schon nach wenigen Minuten war ich mit Schlamm bedeckt und ordentlich verausgabt. Herrlich, das war genau die Form von Abenteuer, die mir am meisten Spaß machte! Dabei war die Strecke nicht einmal besonders weit. Der Aussichtspunkt lag nur etwa 200 Meter hoch, und trotzdem benötigte ich fast eine halbe Stunde. Dafür war der Ausblick am Ende einmal mehr einfach grandios. Zwischen den dichten Bäumen konnte ich vor mir die wunderschöne und absolut einmalige Railay-Beach-Halbinsel bestaunen. Genau in diesem Moment brachen kurz Sonnenstrahlen durch die Wolkendecke. Direkt unter mir lag die nur etwa 300 Meter breite, schmalste Stelle der Halbinsel. Diese war komplett von Palmen bewachsen, links von Railay Beach und auf der gegenüberliegenden Seite von einem anderen Strand begrenzt. Dieses Stück Land wirkte wie ein schmaler Steg zwischen den gigantischen Kalksteinfelsen, die zu allen Seiten den Horizont säumten.

Wie man Buddha in die Augen schaut

Der beste Tag meiner Zeit in Thailand sollte aber noch folgen. In Krabi gab es unzählige kleine Reisebüros, in denen man diverse Touren und Aktivitäten buchen konnte. Ich wollte mal wieder einen Tag allein verbringen und buchte eine Tagestour mit den Programmpunkten „Tiger Cave Temple", „Hot Springs" und „Emerald Pools". Das klang zumindest schon mal vielversprechend.

Nach einer Fahrt im klapprigen Kleinbus erreichten wir etwas außerhalb von Krabi die Tigerhöhle und den gleichnamigen Tempel Wat Tham Sua. Der schillernde Tigertempel war ganz hübsch. Allerdings konnten mich all die buddhistischen Tempelanlagen inzwischen nicht mehr in Begeisterung versetzen. Bei diesem Stopp stand ohnehin etwas ganz anderes im Mittelpunkt. Direkt neben dem Tempel führte eine steile Treppe zum Gipfel hinauf. 1237 Stufen, genau genommen. Das war eine ganze Menge. Oben sollten goldene Buddhas und eine weitere Tempelfläche auf den Besucher warten. Zum Vergleich: Zu den berühmten Batu Caves in Kuala Lumpur führten 272 Stufen. Schon hier hatten viele Menschen kapituliert. Der Aufstieg hinauf zum Tiger Temple war in der ganzen Region berüchtigt und wurde von vielen als ultimative körperliche Challenge angesehen.

Ich liebte nichts so sehr, wie mich selbst herauszufordern. Deshalb hatte ich mir heute nicht etwa einfach nur zum Ziel gesetzt, den Gipfel zu erreichen. Ich wollte den brutalen Aufstieg auch noch ohne eine einzige Pause durchziehen – was auch immer mich dabei geritten hatte.

Na dann mal los. Bei Temperaturen über 30 Grad und drückender Schwüle geriet ich schnell ins Schwitzen. Die Stufen verliefen steil und unregelmäßig. Sie ähnelten eher antiken Betonblöcken und waren teilweise kniehoch. Alle waren komplett durchnummeriert, sodass man seinen Fortschritt live mitverfolgen konnte. Diese Tour war durchaus knackig. Schon nach etwas mehr als 300 Stufen keuchte ich und der Schweiß lief mir aus allen Poren. Mein klassisches Malaysia-Trikot war bereits durchnässt und in meinen Oberschenkeln begann es zu brennen und zu zündeln. Ich biss mich in den Berg, richtete den Kopf stur nach unten und drückte mich in einem gleichmäßigen Rhythmus von Stufe zu Stufe weiter nach oben. Dann war die Hälfte geschafft. Ich war völlig durchnässt und mein Herz pumpte in der Brust. Trotzdem war ich darauf fixiert, mein Tempo beizubehalten, und lief stur an all den keuchenden und verschnaufenden Menschen vorbei. Genau solche Grenzgänge waren es, die mich immer wieder aufs Neue begeistern konnten. Ich tat es für das Gefühl, das danach kommen würde. Nie fühlte ich mich großartiger als in den Momenten, nachdem ich eine große Herausforderung bewältigt hatte. Als es auf das Ende zuging, konnte ich eigentlich schon lange nicht mehr. Dennoch kämpfte ich mich verbissen in einem fast schon tranceartigen Zustand unaufhörlich Stufe für Stufe nach oben. Dann lag die letzte steile Treppenpassage vor mir. Schließlich hatte ich es geschafft und die 1237 Stufen ohne eine einzige Verschnaufpause bewältigt. Oben zog ich im Dämmerzustand meine Schuhe aus und betrat die warmen Platten der Tempelebene. Es fühlte sich an, wie nach Hause zu kommen. Goldene Buddhafiguren grinsten mich an. Ich fühlte mich merkwürdig geborgen. Es mag kitschig klingen, aber in diesem Moment spürte ich eine unglaubliche Ruhe und inneren Frieden. Hier oben gab es einige schmale Treppen und einen kleinen Schrein. Alles war von kunstvollen Geländern und goldenen Buddhas umgeben. Letztlich war es aber der Ausblick, der hinter dieser einmaligen Kulisse einfach unwirklich erschien. Unter strahlend blauem Himmel blickte man in alle Richtungen auf gewaltige Karstberge und wilde Felsformationen. Erneut hatte ich den Eindruck, gerade irgendwo in der Welt aus dem Avatar-Film aufgewacht zu sein. In dieser magischen Stimmung setzte ich mich nach meiner Ankunft für eine halbe Ewigkeit unter das kunstvolle Dach des kleinen Schreins an der höchsten Stelle der Tempelfläche. Hier ließ ich die Szenerie auf mich wirken und genoss die innere Ruhe und Zufriedenheit, die mich nun erfüllte. Vielleicht musste man seinen Körper manchmal einfach bis an die Grenzen bringen, um eine solche Erfüllung spüren zu können.

Phnom Penh, Cambodia

Wie man in Phnom Penh die StVO berücksichtigt

Kambodscha war schon vom Moment der Einreise an abenteuerlich. Bisher war der Erwerb des Visums immer ein ziemlicher Selbstläufer gewesen. Nicht so hier. Offenbar musste man erst einen Antrag ausfüllen, brauchte 30 US-Dollar und ein Passfoto. Nichts davon hatte ich dabei. Die anderen Reisenden schienen da besser vorbereitet zu sein. Weil man nun aber nicht allen Ausländern ohne Foto die Einreise verweigern konnte, lösten die Beamten das Problem mit einem provisorischen Fotoapparat. Letztlich konnte ich die US-Dollar sogar ganz offiziell am Geldautomaten bekommen. Wie ich später erfuhr, existierte der USD hier neben dem sogenannten Kambodschanischen Riel als offizielle Parallelwährung und wurde sogar auf dem Wochenmarkt akzeptiert. Nachdem alle bürokratischen Kniffligkeiten überwunden waren, stand nun endlich meine erste Tuk-Tuk-Fahrt an. Motorroller und Tuk-Tuks – kleine Personenwagen, die von einem Roller gezogen wurden – machten hier geschätzt 80 Prozent des Straßenverkehrs aus. Lief man über die Fußwege, stand alle drei Meter ein Tuk-Tuk herum und jeder Fahrer bot einem aufgeregt grinsend mit den Worten „Tuk-Tuk, Sir? Tuk-Tuk?" seine Dienste an.

So fand auch ich vor dem Flughafen innerhalb weniger Sekunden einen hoch motivierten Kambodschaner-Freund. Für den guten Mann gab es offenbar kein größeres Vergnügen, als mich in die Stadt zu meinem Hostel zu chauffieren. Nach wenigen Hundert Metern ereilte uns auf der breiten Hauptstraße vor dem Flughafen eine handfeste Tuk-Tuk-Panne. Während ich ratlos und etwas verblüfft auf der Rückbank verharrte, schnappte sich der routinierte Fahrer einen altertümlichen Schraubenschlüssel und machte sich an der Mechanik zu schaffen. Bei Nieselregen kniete er mitten auf dem Highway und schraubte an seinem Moped, während all die anderen Fahrer wie ein Bienenschwarm zu beiden Seiten an uns vorbeibrausten.

Der Verkehr in Phnom Penh war ein absolutes und perfektes Chaos. In dem Versuch, die hier geltenden Straßenregeln zu verstehen, studierte ich eine Weile das wilde Treiben um uns herum. Schließlich kam ich zu dem Schluss, dass es schlichtweg keine Regeln gab. Jeder fuhr einfach, wie er wollte, und trotzdem kamen am Ende irgendwie alle an. Auf zweispurigen Straßen fuhren schon mal zehn Roller, Tuk-Tuks und vereinzelte Autos nebeneinander, voreinander und übereinander. Dabei wichen rüstige Rollerfahrer bei verstopften Fahrbahnen auch gerne in den Gegenverkehr aus oder heizten über den Fußweg. Am Straßenrand standen vereinzelt Männer in Armeeuniformen mit massiven Maschinengewehren herum. Was sich vor ihnen abspielte, schien diese Jungs aber nicht zu kümmern. An Kreuzungen wurde es dann ganz verrückt. In einem gut gemeinten Versuch hatte die Regierung hier wohl irgendwann einmal Ampeln aufstellen lassen. Allerdings gab man der Einfachheit halber vor, dass diese lästigen Teile nicht existierten, und tuckerte auch bei Rot fröhlich weiter. Wer aus einer Nebenstraße kam, der fuhr auch bei dichtem Verkehr frei drauflos und wurde innerhalb von Sekunden von einem Schwarm Motorroller verschluckt. Generell bahnte sich jeder in dem Labyrinth aus Rollern und

Tuk-Tuks mit gewagten Manövern seinen eigenen Weg. Kambodschaner waren dabei die Meister der Effektivität. So war es kein seltenes Bild, wenn auf einem kleinen Motorroller eine ganze Familie mit drei Kindern inklusive Einkaufstüten unterkam oder ein alter Bauer mit einer Handvoll toter Schweine auf dem Hinterrad durch die Straßen heizte.

Wie man in drei Jahren ein Viertel der Bevölkerung ausrottet

Ja, Freunde, ich gebe zu, die Überschrift klingt etwas unfreundlich. Aber wir können uns nicht immer nur über die schönen Dinge unterhalten.
Phnom Penh war als Hauptstadt Kambodschas weder besonders hübsch noch sonderlich sehenswert. Die Stadt war mit ihren 1,5 Millionen Einwohnern recht dreckig und ließ keinen spezifischen Baustil erkennen. Die meisten Sehenswürdigkeiten und Restaurants lagen in der Gegend um die Uferpromenade am Mekong.
Wenn man im Internet nach Sehenswürdigkeiten in Phnom Penh suchte, so wurden einem nicht etwa der Königspalast oder einer der Tempel vorgeschlagen. Auf den ersten Plätzen fand man hier Einträge mit den Titeln „Killing Fields“ und ein Foltergefängnis. Was hatte das zu bedeuten? Noch vor meiner Einreise hatte ich mich intensiv mit der bis dahin für mich völlig unbekannten Geschichte des Landes beschäftigt. Je mehr ich gelesen hatte, desto mehr hatte es mich schockiert. In den letzten Jahren des Vietnamkrieges hatte auch in Kambodscha ein brutaler Bürgerkrieg geherrscht. Infolgedessen waren die Khmer Rouge unter Führer Pol Pot 1975 an die Macht gekommen und hatten umgehend damit begonnen, ein Terrorregime einzurichten. Ziel ihrer Ideologie war es, einen Agrarkommunismus mit Herrschaft der Bauern im Land umzusetzen. Letztlich beging die kommunistische Bewegung innerhalb von vier Jahren einen unvorstellbaren Genozid am eigenen Volk. Nicht nur politische Gegner, sondern auch Menschen mit anderer Abstammung und Intellektuelle wurden verfolgt und getötet. Dazu zählte schon, wer eine zweite Sprache beherrschte, einen etwas dunkleren Hautton aufwies und sogar Menschen, die „sanftere Hände“ hatten. Denn damit galt man als Intellektueller und somit als Feind des Bauern. Studierte und ganze Berufsgruppen wie Lehrer wurden komplett ausgerottet. Das klingt absurd, war aber wirklich so. Letztlich hatten die Khmer Rouge unter Pol Pot etwa zwei Millionen Tode zu verantworten und damit innerhalb von drei Jahren etwa ein Viertel ihrer eigenen Bevölkerung

umgebracht! Die westliche Welt zeigte an den Geschehnissen in Kambodscha kein Interesse. Die Khmer wurden von den Vereinten Nationen als legitime Regierung vollständig anerkannt. 1979 marschierten schließlich Truppen aus dem benachbarten Vietnam ein und brachten die Khmer Rouge gewaltsam zum Sturz. Die USA und die Bundesrepublik Deutschland verurteilten daraufhin die Invasion Vietnams aufs Schärfste und betrachteten die Khmer Rouge und Pol Pot auch Jahre später noch als legitime Repräsentanten des kambodschanischen Volkes.
Mit diesem Hintergrundwissen ging ich mit einem ganz anderen Bewusstsein durch die Straßen Phnom Penhs. Land und Menschen waren von der Vergangenheit gezeichnet. Vor allem die älteren Menschen begegneten mir bei aller Freundlichkeit sehr misstrauisch und zurückhaltend. Jeder, der über 40 war, hatte das Grauen des Khmer-Rouge-Regimes miterlebt. Auffällig war, dass es kaum Menschen gab, die überhaupt älter als 40 Jahre waren. Kambodscha zählte mit einem Durchschnittsalter von 22,9 Jahren zu einem der jüngsten Länder der Welt. Zum Vergleich: Das Durchschnittsalter in Deutschland beträgt 44,9 Jahre. So makaber es klingt, aber ein Großteil der älteren Bevölkerung war einfach von den Khmer Rouge umgebracht worden oder in der Folge an Unterernährung gestorben. Ein weiteres, riesiges Problem stellte außerdem die unzähligen Landminen dar, die nach wie vor weite Teile des Landes durchzogen. Diese stammten noch aus dem Bürgerkrieg Anfang der 70er Jahre oder waren von den Khmer Rouge nach deren Vertreibung im Land platziert worden. Bis 2007 war im Schnitt jeder sechste Kambodschaner in Unfälle mit Landminen verwickelt. Auf den Straßen begegneten mir immer wieder verkrüppelte Menschen, denen Beine oder Arme fehlten.
Trotz dieser deprimierenden Vergangenheit strotzte die Stadt nur so vor Energie. Das alles war Geschichte. Heute prägten junge, unbekümmerte Menschen das Stadtbild, die gut gelaunt auf ihren Rollern umherbrausten oder am Straßenrand Geschäfte aufbauten. Es war zu spüren, dass es hier vorwärts ging. Mir gefielen der Trubel und die dynamische Atmosphäre sehr und die freundlichen Kambodschaner waren mir augenblicklich sympathisch.
Ja, Kambodscha war besonders. Kambodscha war intensiv. Meine bisherigen obligatorischen Stadterkundungstouren waren nie so eindringlich gewesen wie die hier in den Straßen von Phnom Penh. Die Atmosphäre war einfach so unglaublich energiegeladen. Überall war etwas los, aus jeder Richtung strömten Eindrücke auf mich ein. Zuerst fielen dabei die vielen Menschen, insbesondere

die Tuk-Tuk-Fahrer auf. Alle paar Schritte wurde man angesprochen. Jeder wollte einem seine Dienste anbieten oder Produkte verkaufen. An den Straßenrändern reihten sich Verkaufsstände, kleine Restaurants und Geschäfte nur so aneinander. In jeder Richtung gab es etwas zu sehen. Auch die Gerüche waren unglaublich intensiv. Überall auf den Straßen wurde frisches Essen zubereitet, Fleisch gegrillt und Früchte oder Gewürze verkauft. Leider war es auch unglaublich dreckig. In Kambodscha gab es kein funktionierendes Entsorgungssystem. Menschen warfen ihren Müll einfach auf die Straße. Die Flüsse waren völlig verdreckt. Mir erschien es irgendwie muffig und in vielen Ecken stank es nach Kanalisation und Essensresten. Dabei musste ich überall auch noch wirklich aufmerksam sein, da in jeder Straße quasi permanent Roller- und Autofahrer um mich herumschossen. Hinzu kam die drückend schwüle Hitze, die mir schon nach einem Kilometer zu Fuß das Wasser den Rücken hinunterlaufen ließ.

Wie man den größten Volkshelden des Landes trifft

Der Volkssport Nummer 1 in Kambodscha hieß Kun Khmer. Dabei handelte es sich um eine besondere Kampfkunst, eine spezielle Version des Kickboxens. Die Männer sprachen ständig davon. All die jungen Kerle in meinem Hostel waren komplett boxverrückt und schauten sich hinter der Rezeption den ganzen Tag die neuesten Videos ihrer Idole an. Als ich das mitbekam, erkundigte ich mich nach einer Möglichkeit, einmal einen dieser Kämpfe live zu verfolgen. Die Jungs reagierten ganz aufgeregt und berichteten von einem Mega-Ereignis, das diesen Freitag in der Arena in Phnom Penh stattfinden würde. Der kambodschanische Champion, ein echter Volksheld, würde gegen seinen thailändischen Herausforderer antreten. Thailand und Kambodscha waren gewissermaßen Erzfeinde, zumindest wenn es um Kampfsport ging. Ein solches Ereignis wollte ich mir natürlich nicht entgehen lassen. Extra wegen des Kampfes blieb ich zwei weitere Tage in der Hauptstadt, bis der große Tag am Freitag, dem 26. Mai endlich gekommen war.

Unser Fahrer, einer der Jungen von der Rezeption, sprang schon vor der Abfahrt aufgeregt auf der Stelle. Außerdem hatte er einen großen Beutel voller Angkor-Bier aufgetrieben. Zusammen mit dem lustigen Chilenen Hector schien ich der einzige Hostelgast zu sein, der von dem Megaevent gehört hatte. Nun saß ich also gemeinsam mit einem chilenischen Zahnarzt und einem ganzen

Beutel voller Bierdosen in einem Tuk-Tuk irgendwo in der Nacht Phnom Penhs. Klingt nach dem Beginn einer guten Story, oder? Genau das sollte es auch werden, Freunde!

Natürlich hatte ich keine Ahnung, was mich hier erwartete. Schon als wir vor der Arena eintrafen, drehte unser Fahrer völlig ab und sprang aufgeregt im Kreis. Über eine Art VIP-Hintereingang führte er uns schließlich ins Innere der Halle. Hinter den Kulissen liefen bereits drahtige Kämpfer in bunten Hosen auf und ab und wärmten sich auf. In einem dunklen Gang saß auf einem Klappstuhl ein massiver Kerl mit finsterer Miene und ließ sich massieren und mit einer scharf riechenden Paste einsalben. „Das ist der Champion, der kambodschanische Champion!", schrie unser Fahrer hysterisch und klappte vor Aufregung fast zusammen. Mann, ich war offensichtlich gerade an einem absoluten Volkshelden vorbeigelaufen und hatte es nicht einmal bemerkt. Wir saßen auf einfachen Plastikstühlen direkt am Ringrand hinter dem Trainerteam. Um den Ring herum waren zu drei Seiten provisorische Tribünen aufgebaut. Insgesamt waren wohl etwa 400 bis 500 Zuschauer in der stickigen Halle. Durch die Luft schwebten Kameras und der orange leuchtende Ring erstrahlte im Licht von einem Dutzend Scheinwerfern. Schon während der Vorkämpfe war die Atmosphäre unglaublich aufgeheizt. An diesem Abend traten in vier Duellen Kambodschaner gegen Thailänder an. Auf den Tribünen hielten sich ausschließlich Männer auf. Schon beim Einlaufen der jeweiligen Kämpfer brach die Hölle los. Unterlegt von dröhnender Musik und Feuerwerk marschierten die beiden Männer zum Ring, während drum herum alle wild durcheinanderschrien. Die Stimmung in der kleinen Halle war so unglaublich gespannt und energiegeladen. 1000 Augen starrten wie gebannt auf den Ring. Jeder Schlag wurde mit gemeinschaftlichen „UHHHH!"- oder „OHHHHH!"-Schreien kommentiert. Jedes Mal, wenn der kambodschanische Champion einen gekonnten Treffer landete, explodierte die ganze Halle. Alle sprangen auf und schmissen die Fäuste in die Luft. Es schien, als würde jeden Moment die Decke in die Luft fliegen. In den Ringpausen schallte aus allen Boxen eindringliche, traditionelle Musik, die wie eine Schlangenbeschwörung anmutete. Die gesamte Stimmung war einfach komplett elektrisierend. Schon nach wenigen Minuten hatte die Kombination aus hypnotischer Musik und schreienden Männern mich völlig in ihren Bann gezogen. Nervös rutschte ich auf dem Stuhl hin und her und schrie meine Spannung lauthals heraus. Hier lag so viel ungebündelte Energie in der Luft, und trotzdem blieb alles friedlich. Das war Kambodscha.

Wie man sich für 12 Dollar in Lebensgefahr begibt

Wie sah denn nun eigentlich mein Plan aus? Ihr hört richtig, Freunde, mittlerweile hatte ich tatsächlich einen recht konkreten Plan ausgearbeitet. Auf meiner Kambodscha-Checkliste standen noch drei Orte, die ich unbedingt sehen wollte. Schon in Thailand hatte mich die Idee gepackt, einmal frei lebenden Elefanten im Dschungel zu begegnen. Googelte man nun „Cambodia Elephants", so schlug einem das Internet mehrere Elefantenprojekte vor. Alle befanden sich in der Provinz Mondulkiri. Natürlich lag das irgendwo im Nichts. Letztlich entschied ich mich für das Bunong Elephant Project in Sen Monorom. Dieses hatte eine schicke Website und wurde von einem Einheimischen geführt, der für 65 Dollar ein zweitägiges Elefantenabenteuer inklusive Dschungelwanderung und Flussbaden anbot. Per E-Mail kommunizierte ich mit dem Inhaber Torn und ließ mir von dem guten Mann obendrein noch eine Unterkunft in der Nähe empfehlen.

Außerdem hatte ich auf einem Reiseblog von der traumhaften Strand- und Inselwelt an der Westküste gelesen. Dabei wurde besonders die Insel Koh Rong angepriesen. Diese wurde hier als unberührte Version Thailands von vor zwanzig Jahren beschrieben, in der man gerne mal völlig die Zeit vergessen konnte. Auch dieser Ort schien also durchaus seinen Reiz zu haben. Letztlich wollte ich natürlich auch die touristisch bedeutendste Stadt des Landes besuchen. In Siem Reap gab es vor allem die berühmten Tempelanlagen um Angkor Wat zu erleben. Nun hatte ich nach Phnom Penh noch knapp zwei Wochen Zeit, ehe es für mich zurück nach Bangkok und von dort wenig später endlich nach Hause ging. Phnom Penh lag relativ zentral im Süden des Landes. Mondulkiri war eine völlig abseits gelegene Provinz im äußersten Osten und lag schon kurz vor der Grenze zu Vietnam. Koh Rong befand sich vor der Westküste nahe der Stadt Sihanoukville. Siem Reap dagegen lag im Norden des Landes und damit schon wieder recht nahe an Thailand. Bei der Routenplanung steckte ich damit also durchaus in der Bredouille. Hinzu kam das schlecht ausgebaute Straßennetz. Egal wo man hinwollte, man musste eigentlich immer erst mal wieder über Phnom Penh fahren. Letztlich wollte ich meine Kambodscha-Tour folgendermaßen angehen: Von Phnom Penh sollte es zuerst nach Mondulkiri gehen, wo ich die Elefanten treffen und insgesamt drei Nächte bleiben wollte. Dann würde ich zurück in die Hauptstadt fahren, erneut eine

Nacht in meinem geschätzten Hostel verbringen und am nächsten Morgen den Bus nach Sihanoukville nehmen. Anschließend wollte ich herausfinden, ob man auf Koh Rong tatsächlich die Zeit vergaß, und je nach Belieben ein paar Tage hier verbringen. Die Idee, meinen Geburtstag am 2. Juni ganz allein auf einem entlegenen Inselparadies irgendwo vor der Küste Kambodschas zu erleben, gefiel mir irgendwie auch ziemlich gut. Am Ende meines Trips plante ich noch einmal jeweils 4 bis 5 Tage in Siem Reap und Bangkok ein. So viel zur Theorie.

Denn bei all diesen auf dem Papier ganz netten Ideen drehten sich meine Gedanken schon am nächsten Tag plötzlich nur noch darum, überhaupt erst mal lebendig in Mondulkiri anzukommen. Was war los?
Eigentlich gab es wahrscheinlich nichts, was die Tuk-Tuk-Fahrer nicht für Geld machen würden. Dennoch ließ sich eine Distanz von 400 Kilometern naturgemäß eher schlecht mit dem Tuk-Tuk zurücklegen. Der Transport über weitere Strecken wurde in Kambodscha daher von kleinen, privaten Busunternehmen übernommen. Für die Fahrt nach Mondulkiri veranschlagten die meisten Dienstleister 8 bis 10 Stunden. Dann gab es aber auch noch einen als „VIP-Express-Bus" angepriesenen Anbieter. Dieser versprach, die Strecke in nur sieben Stunden zu schaffen. Also buchte ich den berüchtigten VIP-Express ohne weitere Nachfrage und zahlte dafür 12 Dollar. Auf dem Vordersitz eines klapprigen Kleinbusses offenbarte sich nun, wie diese galaktische Fahrtzeit zustande kam. Die Einsparung von 2 bis 3 Fahrtstunden ergab sich nicht etwa, wie von mir angenommen, aufgrund eines besseren Busses, sondern einzig und allein wegen des völlig durchgeknallten Fahrers. Der Alte fuhr, als wäre er auf der Flucht. Er trat das Gaspedal bis zum Anschlag durch und verbrachte auf den engen und ausgesprochen holprigen Landstraßen mehr Zeit auf der Gegenfahrbahn als sonst wo. Im Minutentakt setzte er zu völlig wahnwitzigen Überholmanövern an und hatte dabei die Hand quasi permanent auf der Hupe. Während ich daneben innerlich wiederholt mit meinem Leben abschloss, schien die halsbrecherische Fahrweise die Einheimischen um mich herum nicht weiter zu kümmern. Als wir gerade mit 120 Sachen zwischen Lkw und Tuk-Tuk hindurch über die Gegenfahrbahn bretterten und ich mich schweißüberströmt an den Sitz klammerte, fanden die Männer sogar noch Zeit für ein lustiges Schwätzchen mit dem Verrückten am Steuer. Eins musste man dem Kerl aber lassen. Was auch immer ihn dazu bewogen hatte, letztlich brachte er uns in nur etwas mehr als sechs Stunden ans Ziel.

Meinen Backpack und damit so ziemlich mein ganzes Leben hatte ich hinter der Hostelrezeption in Phnom Penh zurückgelassen und mich der Einfachheit halber nur mit meinem Tagesrucksack, einem einfachen Set Klamotten, Kreditkarte und Telefon auf den Weg ins kambodschanische Hinterland gemacht. Tatsächlich konnte ich hier in Sen Monorum nicht viel weiter ab vom Schuss sein. Die von Torn empfohlene Indigenous People Lodge erinnerte mich an die legendären Hütten in Vanuatu. Allerdings gab es in meinem Bungalow hier Elektrizität, eine wirklich bequeme Matratze und nebenan sogar eine funktionierende Dusche.

Sen Monorum, Cambodia

Wie man zwei einheimische Ladys bei einem Flussbad verwöhnt

Am Morgen des 28. Mai holte mich der Leiter des Elefantenprojektes mit seinem massiven Geländewagen höchstpersönlich von meiner noblen Unterkunft ab. Torn war selbst für einen Kambodschaner ein kleiner Mann. Er war Mitte 40, hatte dunkles Haar mit klassischen Geheimratsecken, sprach gutes Englisch und machte einen freundlichen, sehr intelligenten Eindruck. Am ersten Tag ging es für mich noch nicht zu den Elefanten, denn zunächst stand Dschungeltrekking auf dem Programm. Etwas besorgt erkundigte ich mich bei Torn, wie es hier in der Gegend um Landminen bestellt sei. Auch wenn ich gut versichert war, galt es, einen solchen Unfall möglichst zu vermeiden. „Keine Sorge", beruhigte er mich, „hier in Mondulkiri gibt es keine Minen. Im ländlichen Gebiet um Phnom Penh im Süden ist es viel gefährlicher." Offenbar waren wir so weit ab vom Schuss, dass es sich in der Vergangenheit nicht gelohnt hatte, hier überhaupt Landminen zu platzieren.
Etwa 20 Minuten lang fuhren wir noch weiter hinaus in die Pampa, bis wir schließlich das traditionelle Dorf der Bunong People erreichten. Hier traf ich dann auch den Rest meiner Truppe. Gemeinsam mit vier Belgiern und dem einheimischen Führer Ned, einem Dorfbewohner, machten wir uns auf in den unberührten Dschungel.
Noch nie zuvor hatte ich eine so strahlend grüne Landschaft gesehen wie hier in der Provinz Mondulkiri in Kambodscha. Der feuchte, rotbraune Lehmboden

war auf den Hügeln hinter dem Dorf von dichtem, kräftig strahlendem Gras und Buschwerk bedeckt und ging später in undurchdringlichen Regenwald über. Insgesamt marschierten wir laut Ned an diesem Tag 18 Kilometer durch den Dschungel. In dem hügeligen Hinterland durchquerten wir dichtes Buschwerk, bewunderten die weiten Reisfelder, überquerten Flüsse auf provisorischen Brücken und bahnten uns einen Weg durch den unberührten Regenwald. Das war die Heimat der Elefanten. Dabei ging es immer wieder steil bergauf und bergab. In dem tiefen Boden waren meine Schuhe schon bald komplett von Schlamm bedeckt. Die Natur hatte hier noch einmal einen ganz anderen Charakter als in den dichten Palmenwäldern des Pazifik. Wie bereits der Rest des Landes wirkte auch der Dschungel hier unglaublich intensiv und kräftig. Pflanzen und Boden erstrahlten in fast schon unnatürlichen Farbtönen. Zwar gab es hier keine Moskitos, dafür musste man sich vor Blutegeln in Acht nehmen. Diese hingen im Buschwerk, klammerten sich unbemerkt an Schuhe und verbissen sich nur allzu gern an Füßen und Beinen.
Auf dem Rückweg brach am Nachmittag die übliche südostasiatische Sintflut über uns herein. Der Himmel über uns öffnete mal wieder alle Schleusen, und schon nach wenigen Minuten waren wir aber wirklich komplett durchnässt. Das Problem war, dass wir noch einige steile Ab- und Aufstiege zurückzulegen hatten, während die Lehmpfade einer einzigen Rutschpiste glichen. Nun war ich allerdings der Meister der steilen Abstiege auf tückischem Terrain und ließ mich auch hier nicht lumpen. Während die anderen sich unsicher von Baum zu Baum hangelten, rutschte ich einfach fröhlich drauflos, verlor gerne mal den Halt und sprintete letztlich unfreiwillig ganze Abschnitte unkontrolliert hinab, bis ich mich irgendwo an einem Baumstamm fangen konnte. Dabei landete ich zwar öfter mal auf dem Hosenboden und war schon bald vom Kopf bis zu den Füßen mit Schlamm bedeckt, wurde dafür aber von den anderen Truppenteilen weithin für meine rasante Geschwindigkeit bewundert. Mich interessierte nicht, was für ein Bild ich abgab, denn ich steckte schon wieder mitten im ultimativen Abenteuer. Problematisch war vielmehr, dass ich mich nur mit absoluter Notausrüstung auf den Weg gemacht hatte und die Klamotten, die ich am Leib trug, am Abend unbrauchbar waren.

Gemeinsam mit dem Franzosen Mike und einem weiteren französischen Paar durfte ich am nächsten Tag endlich den Elefanten begegnen. Torn holte mich und Mike auch an diesem Morgen wieder an der Lodge ab, von wo aus wir erneut zunächst ins Bunong-Dorf fuhren. Über Nacht war es mir zumindest gelungen, sämtliche Blutegel, die ich mir am Nachmittag des Vortages eingehandelt hatte, von meinem Körper zu entfernen und mein leichtes Tropenhemd zu trocknen. Ansonsten machte ich mich notgedrungen, aber nicht minder stilsicher in Bundaberg-Schlüpfer und durchnässten Nike-Schuhen auf den Weg in den Dschungel. Auf den nach wie vor aufgeweichten Pfaden spielte das ohnehin keine Rolle. Bevor wir uns den Tieren nähern konnten, gab Torn uns noch eine Einführung in die besonderen Charaktere seiner beiden Damen. „Happy Lucky" war 50 Jahre alt und eine sehr freundliche und neugierige Lady. Sie suchte die Nähe zu Menschen und ließ sich gern anfassen und füttern. „Princess" dagegen war etwas zurückhaltender und ließ sich bevorzugt wie eine Prinzessin behandeln. Die 45-jährige Dame bekam ihre Bananen am liebsten direkt in den Mund gelegt und reagierte bei zu viel Nähe manchmal etwas hektisch.

Nun führte Torn uns noch dichter in den Dschungel. In der Ferne wackelten und zitterten auf einmal Büsche und Bäume, bis etwa 10 Meter vor mir eine der massiven Schönheiten aus dem Unterholz herausschritt. Dieses Erlebnis fühlte sich anfangs surreal an. Ich hatte einen Elefanten noch nie in seiner natürlichen Umgebung und vor allem noch nie aus einer solchen Nähe zu Gesicht bekommen. Der Anblick dieses mächtigen Tieres hatte etwas von Jurassic Park. Die Tiere strahlten eine unglaubliche Ruhe und Gutmütigkeit aus und ließen sich durch nichts erschüttern. Den anderen erging es scheinbar genauso wie mir. In den ersten Minuten blickten wir uns immer wieder mit offenem Mund und breitem Lachen ungläubig an. Dann drückte Torn mir eine Staude Bananen in die Hand. Ehe ich überhaupt reagieren konnte, hatte Happy Lucky mir bereits die erste Frucht aus den Fingern geschnappt.

Nach einer ausführlichen Siesta, auf die wohl selbst Diego stolz gewesen wäre, begleiteten wir unsere beiden Damen am Nachmittag bei ihrer liebsten Beschäftigung, dem Flussbaden. Als Erster stürzte ich mich mitten im Dschungel in die braune Brühe. Etwas überrascht stellte ich fest, dass hier eine ordentliche Strömung herrschte. Ich musste mich richtig abstrampeln, um überhaupt auf der Stelle zu bleiben. Inzwischen waren auch Happy Lucky und Princess ins Wasser gewatet und standen wie Felsen in der Brandung unerschütterlich im Flussbett. Gemeinsam mit den anderen spritzte ich die beiden Ladys ordentlich nass und schrubbte ihnen den Rücken ab. Unsere beiden Mädels schien das ziemlich zu verzücken.

Einmal irgendwo im kambodschanischen Dschungel in einem wilden Fluss mit reizenden Elefantendamen baden – auch diesen Punkt konnte ich nun von meiner Liste streichen.

Koh Rong Sanloem, Cambodia

Wie man seinen Geburtstag auf einer einsamen Insel verbringt

Nach einer letzten Nacht in der Indigenous People Lodge ging es am nächsten Tag zurück nach Phnom Penh.
Mein gesamtes restliches Vermögen belief sich auf etwa 110 US-Dollar in bar und weitere knapp 1000 Euro Bankguthaben. Davon musste ich noch zwei Wochen mit allen Kosten für Transport und Unterkunft in Kambodscha leben, es bis nach Bangkok schaffen und auch dort noch ein paar Tage verbringen. Da mein Rückflug schon bezahlt war, würden anschließend nur noch Kosten für eine Nacht in Berlin und die Reise mit Bus und Bahn in die sächsische Provinz anfallen. Das war durchaus machbar.
Ich würde meinen Geburtstag auf Koh Rong Sanloem verbringen. Zur Feier des Anlasses hatte ich mich entschieden, mir hier nun einmal eine etwas hochwertigere Unterkunft mit einem eigenen Bungalow am Strand zu gönnen. Da ließ ich mich nicht lumpen, Freunde! Letztlich zahlte ich für drei Nächte insgesamt etwa 80 Euro.
Der Strand war nicht übel. Weißer, von Palmen gesäumter Sand und blau schimmerndes Wasser konnten mich zwar mittlerweile nicht mehr aus der Reserve locken, waren aber immer hübsch anzusehen. Das Problem mit dem Wasser war nur, dass es fast nie da war. Die Bucht verlief so flach, dass hier aus irgendeinem Grund nahezu permanent Ebbe war und man zu 80 Prozent des Tages auf grauen Schmodder blickte. In der Traumstrände-Skala führte das natürlich zu erheblichen Abzügen.

Auch die Tage auf der Insel strichen nun dahin. In Gedanken war ich schon wieder halb zu Hause. Es gab hier nicht sonderlich viel zu tun und so lag ich am Strand oder gammelte in der Chiller-Lounge und las Bücher über Aktien.

Mein 21. Geburtstag verlief völlig anders als alle bisherigen Ehrentage. Ich war ganz allein auf irgendeiner entlegenen Insel vor der Küste Kambodschas. Hier kannte mich kein Mensch und niemanden kümmerte es, ob ich nun Geburtstag hatte oder gerade Vater geworden war (Letzteres war nicht der Fall, Hinweis an Oma Carmen).
Am Nachmittag gelang es meinem besten Kumpel Elias, eine Leitung über den kambodschanischen Buschfunk aufzubauen und bis zu meinem privaten Telefonapparat durchgestellt zu werden. Völlig überrascht nahm ich den Anruf entgegen. Es war natürlich klasse, den guten Mann zu hören. Gleichzeitig überforderte mich das Gespräch in meiner derzeitigen Lage. Ich lebte seit Wochen wie Robinson Crusoe im Busch, hatte in den letzten Tagen kaum mit einem Menschen gesprochen, und nun hörte ich auf einmal wieder die Stimme meines Freundes aus der Heimat. Und dazu musste ich auch noch Deutsch sprechen. Ich gab mir größte Mühe, ein lässiges Gespräch zu führen und mich gekonnt auszudrücken. Gleichzeitig war mir meine eigene Stimme in dieser unbekannten Sprache aber merkwürdig fremd und unangenehm. Nach einigen Minuten legte ich mit schweißnassen Händen wieder auf und fragte mich, was eigentlich mit mir los war.
Nach einer im Großen und Ganzen ungewohnt ereignislosen Zeit fuhr ich schon bald zum nunmehr dritten Mal nach Phnom Penh zurück. Hier war ich im Dynsey Flashpacker Hostel inzwischen gern gesehener Dauergast.
Am Morgen des 4. Juni verabschiedete ich mich dann aber endgültig von der reizenden Rezeptionsdame und nahm den Bus in Richtung Siem Reap, meine letzte Station in Kambodscha. An diesem Ort wollte ich es mir noch einmal gut gehen lassen und buchte für etwa 20 Dollar pro Nacht ein schickes Hotelzimmer. Während man für diesen Preis in Australien nicht einmal ein Bett im 10er-Schlafsaal bekommen hätte, bewegte ich mich hier bereits im gehobenen Preissegment.
Die Unterkunft mit dem bescheidenen Namen „Okay 1 Villa" war tatsächlich mehr als okay. Das markante, künstlerisch verzierte, orangerote Betongebäude beeindruckte mit einer schicken Eingangshalle im asiatisch-orientalischen Stil. Der von mir gemietete Raum verfügte zudem über ein riesiges Bett, ein eigenes Badezimmer und auch sonst über alles, was ein schickes Hotelzimmer eben so ausmachte. Und hier sollte ich nun für die nächsten Tage wohnen! Das Genialste an meiner Unterkunft in Siem Reap war allerdings die große Dachterrasse. Das 6-stöckige Hotel war das mit Abstand höchste Gebäude der Region. Von

hier oben blickte man weit über die Dächer der Stadt. Neben dem Hotelrestaurant gab es außerdem noch einen wunderschönen kleinen Pool mit herrlichen Sonnenliegen, orientalischen Skulpturen und schmucken Grünpflanzen. Nur konnte ich mir die Menüs im Restaurant nicht wirklich leisten. Somit war ich wahrscheinlich der einzige Hotelgast, der sich sein Frühstücksmüsli aus dem Supermarkt morgens im Zimmer in einer alten Plastikschale selbst zusammenrührte.
Auf den Straßen Siem Reaps herrschte ein ähnlich wildes Treiben wie in Phnom Penh. Dabei war es hier sogar noch ein Stück bunter, touristischer und ein wenig sauberer als in der Hauptstadt Kambodschas. Auch hier tummelten sich aufgeregte Tuk-Tuk-Fahrer und im Zentrum reihten sich Restaurants und Verkaufsstände nur so aneinander. Verglichen mit Phnom Penh war Siem Reap definitiv die schönere und sehenswertere Stadt. Hier gab es breitere Straßen, modernere Gebäude, schickere Restaurants und Bars, noch vielfältigere Einkaufsmöglichkeiten und insgesamt mehr zu erleben. Auch tummelten sich in der Stadt wesentlich mehr Touristen, was wohl daran lag, dass Siem Reap quasi als Tor zu den berühmten Tempelanlagen um Angkor Wat galt.

Siem Reap, Cambodia

Wie man eine Kuh in die Luft jagt

Nun gab es natürlich noch eine Sache, die zum absoluten Pflichtprogramm während eines Aufenthalts in Kambodscha zählte. Und, Freunde, dabei rede ich nicht von den berühmten Tempelanlagen, die ich mir später auch noch anschauen würde. Für mich kam es auf keinen Fall in Frage, in ein paar Tagen das Land zu verlassen, ohne nicht mindestens einmal mit einem alten Maschinengewehr irgendwo auf dem Feld herumgeballert zu haben. Als ich dieses Vorhaben an der Hotelrezeption vortrug, erntete ich fragende Blicke. Scheinbar gehörten derartige Ausflüge nicht zum Angebotsportfolio eines seriösen Hotels in Siem Reap. Ich musste also einen unseriösen Anbieter finden und quatschte einen beliebigen Tuk-Tuk-Fahrer an, der gerade auf der Straße vorm Hotel herumlungerte. Der Kerl grinste mich wissend an. „Ahhh! You want Shooting Range? Bam, Bam? Okay, okay, I know!“ Bingo! Ich hatte den richtigen Mann gefunden. Für einen Zehner chauffierte mich der Kollege entlang der Reisfelder ins Hinterland und hielt schließlich vor einem alten Militärgebäude. Hier begrüßte mich ein alter Veteran in Armeejacke. Der grimmig dreinblickende Kerl führte mich stolz in seine Waffenkammer. An der Wand vor mir hingen Dutzende Pistolen, verschiedenartige Maschinengewehre und Weltkriegswaffen. Ein durchaus beeindruckendes Ensemble. Der Soldat deutete auf ein altes M1-Maschinengewehr. „This one my favorite. Very good. Beautiful gun." Ich entschied mich schließlich für eine klassische AK-47. Ein Magazin kostete 60 Dollar. Ich bekam eine alte Tarnjacke und Kopfhörer überreicht. Der Kerl nahm mir die Waffe ab, erklärte, wie man sie lud, und bediente und positionierte sie schließlich in einer Art Stativ. Etwas enttäuscht stellte ich fest, dass ich nicht einfach irgendwo auf dem Feld frei drauflos ballern konnte. Das war wohl selbst in Kambodscha nicht so einfach möglich. Stattdessen schaute ich in einen 30 Meter langen Betonbunker, an dessen Ende vor einem großen Haufen Schutt eine Puppe mit Zielscheibe angebracht war. Die Waffe lag geladen vor mir. Ich hob meinen Zeigefinger an den Abzug, hielt die Luft an und zog durch. Ein einziger Knall erfüllte meinen Körper. Ich schoss weiter und weiter. BAM! BAM! BAM! Um mich herum krachte und feuerte es nur so. Dann stellte der Soldat auf Auto-Feuer um, und in einer letzten schnellen Salve verballerte ich auch noch den Rest des Magazins im Schutthaufen. Die Puppe am anderen Ende hatte ich großzügig verschont. Poah! Ich nahm die Kopfhörer ab und schnaufte tief durch. Leider muss ich sagen, dass es sich verdammt gut angefühlt hatte. Mit dieser Waffe zu schießen vermittelte ein fast schon unheimliches Gefühl von Macht und Zufriedenheit. In meiner aufgeheizten, testosterongeladenen Stimmung ließ ich mich anschließend von meinem Tuk-Tuk-Fahrer in einigen martialischen Posen mit Armeejacke und Maschinengewehr fotografieren. Die Wirkung der Waffe auf mich war fast schon erschreckend.

Trotzdem hatte ich hier für 60 Dollar einen verdammt geilen Moment erleben können und dachte nun so bei mir, dass es doch ziemlich cool wäre, eine der alten Armeejacken mit nach Hause zu nehmen. So kam es, dass ich noch eine Weile mit dem grimmigen Veteran verhandelte und ihm schließlich für weitere 20 Dollar auch noch seine kambodschanische Militärjacke abnahm.

An der Wand hing hier auch eine alte Panzerfaust. Unter den Backpackern hielt sich das hartnäckige Gerücht, dass man in Kambodscha für eine bestimmte Geldsumme mit ebendiesem Teil auf eine Kuh schießen könne. Jetzt wollte ich wissen, ob da etwas dran war. Also sprach ich den Kerl auf die Story mit der Kuh an. Er lachte. „Nein, nein. Das machen wir hier nicht. Ich weiß aber, dass andere Khmer das anbieten. Da musst du erst eine Kuh kaufen, und dann kannst du auf sie schießen." Ihm schien noch etwas einzufallen. Nachdem er mir seine Jacke verkauft hatte, schien er endgültig Blut geleckt zu haben. „Aber du kannst auf Ölfässer schießen. Wir bauen Hütte auf, stellen Fässer rein und du schießt mit Panzerfaust. Alles explodiert. BUMM! Großer Spaß! 400 Dollar!" Das klang definitiv nach großem Spaß. Aber 400 Dollar konnte ich nun gegen Ende des Trips nicht mehr so einfach aus der Portokasse zaubern, und so lehnte ich lachend ab.

Wie man am besten Ort der Welt mies drauf sein kann

Angkor Wat war der sehenswerteste Ort der ganzen Welt. So sah es zumindest der Reiseführer Lonely Planet, der die Tempelanlagen um Angkor in seiner Rangliste „The 500 best places on earth" auf Platz 1 aufführte.
Angkor Wat war Nationalsymbol Kambodschas und als Silhouette auf allen Geldscheinen und der Flagge des Landes abgebildet.
Im 10. Jahrhundert verhalfen geschickt angelegte Bewässerungsanlagen dem damaligen Khmer-Reich zu Reichtum. In der Folge entwickelte sich hier eine frühe Hochkultur, deren Macht durch zahlreiche Kriege unter König Suryavarman II. im 12. Jahrhundert ihren Höhepunkt erreichte. In der damaligen Zeit errichteten die Khmer in dem heutigen Gebiet um Siem Reap insgesamt etwa 1000 Gebäude und Tempelanlagen, darunter Angkor Wat, das zu Suryavarmans Totentempel werden sollte. Die beeindruckenden Gebäude wurden in jahrzehntelanger Handarbeit von insgesamt fast 600.000 Arbeitern aus kunstvollen Sandsteinblöcken errichtet. Zu Hochzeiten zählte Angkor mit fast einer Million Menschen im Mittelalter zu den größten Städten der Welt. Davon lebten in der Blüte allein 20.000 als Hofstaat hinter den Mauern von Angkor Wat. Warum die Khmer im 15. Jahrhundert ihre unversehrte Tempelstadt plötzlich verließen, ist bis heute unklar.
Das gesamte quadratische Areal um Angkor Wat erstreckte sich zu allen Seiten auf knapp 1,5 Kilometern. Der innere Komplex war von einem gewaltigen, 180 Meter breiten Wassergraben umgeben. Im Zentrum stand der berühmte Tempel mit seinen fünf markanten, wie Lotusblüten geformten Türmen.
Ich hatte mich dafür entschieden, die volle Magie Angkor Wats im Sonnenaufgang zu erleben, und mich um 4:30 Uhr aus dem Bett gequält. Auch mein Fahrer stand schon bereit, und so erreichten wir um kurz nach 5 Uhr im Morgengrauen den Wassergraben vor Angkor Wat.

Als der Kapuziner Antonio da Magdalena 1586 nach Angkor kam, beschrieb er den Anblick als „so außergewöhnlich, dass man es weder mit einem Stift beschreiben noch mit einem anderen Monument in der Welt vergleichen kann".
Freunde, ich werde nun nicht versuchen, das zu Papier zu bringen, was meinem lieben Kollegen Antonio damals schon nicht gelingen wollte.
Als die pompösen Lotustürme hinter den gewaltigen Außenmauern nun allmählich inmitten der Kulisse aus Seerosenteichen und Palmyrapalmen in das orangerote Licht der aufgehenden Morgensonne getaucht wurden, ergab sich ein durchweg magischer Anblick. Nachdem alle Schnappschüsse im Kasten waren, strömte ich gemeinsam mit den vielen anderen Besuchern durch die Pforten der Außenmauer Angkor Wats. Die Anlage war so mächtig und gewaltig, dass all die Eindrücke für einen kleinen Backpacker wie mich nur schwer zu erfassen waren. Durch die pompöse Tempelanlage führten unzählige Gänge mit kunstvollen Säulen, Balustraden und Treppenläufen. Jeder einzelne Stein war aufwendig verziert und wies Schraffuren, Inschriften und Zeichnungen der Gottheiten, Könige und Erlebnisse aus dem Khmer-Reich auf. Trotz all der anderen Menschen konnte man sich hier in Details und Tagträumen verlieren und wurde von der mystischen Stimmung aufgesogen.
Doch es nützte nichts, denn an diesem Tag war ich einfach mies drauf. So wurde ich also unfreiwillig zum lebendigen Beweis dafür, dass vielmehr die innere Gedankenwelt und nicht äußere Einflüsse unsere Stimmung bestimmten. Ich konnte die Müdigkeit des frühen Aufstehens nicht abschütteln, und noch dazu nervte mich zunehmend die drückende Hitze, die mir bereits am frühen Morgen bei der Bewältigung der vielen Stufen zu schaffen machte. Was brachte mir da schon dieses verdammte Angkor Wat?!
Ja, Freunde, man konnte also tatsächlich am sehenswertesten Ort der Welt sein und trotzdem schlechte Laune haben.

Bangkok, Thailand

Wie man die letzten Tage herumbekommt

Kambodscha war ein einziges Abenteuer und in jeder Hinsicht das intensivste Land, das ich bisher besuchen durfte.
Gleichzeitig drehten sich meine Gedanken in den drei Wochen hier schon wieder mehr um meine Heimreise. Zwischenzeitlich zählte ich nur noch die Tage, bis es endlich so weit war. Als ich am Nachmittag des 10. Juni mit dem Bus die Grenze zu Thailand überquerte, lagen nur noch vier Nächte zwischen mir und dem Rückflug nach Deutschland. In dem eigentlich so günstigen Kambodscha hatte ich mein Geld noch ein letztes Mal großzügig für diverse Abenteuer ausgegeben und bereute keinen Cent. Geld für Tempeltouren, Boxkämpfe und Quadfahrten war eigentlich immer gut investiert. Für die letzte Station standen mir nun noch etwa 100 US-Dollar in bar und weitere 250 US-Dollar auf dem australischen Konto zur Verfügung. Viel schiefgehen durfte in den letzten Tagen nicht mehr.
Bangkok war gleichzeitig Chaos und Energie pur. Überall herrschte Betrieb. Menschen wuselten umher. Auf den Straßen stauten sich bunte Autos in allen Farben, und selbst in jeder Nebenstraße reihten sich kleine Geschäfte, Märkte und Stände mit frischen Früchten oder gebratenem Fleisch nur so aneinander. Ansonsten fehlte der Stadt aber einiges von dem Glanz und Spektakel Kuala Lumpurs. Hier gab es kaum Hochhäuser, die Straßen waren dreckig, und auch sonst stellte ich verblüfft fest, dass die Stadt eigentlich keine nennenswerten Sehenswürdigkeiten zu bieten hatte. Sehenswert waren hier vielmehr der Trubel und das Leben in der Stadt mit unzähligen Märkten und den Menschen an sich.
Meine Gedanken waren nun ohnehin schon wieder endgültig zu Hause angekommen, weshalb ich mir wünschte, dass die verbleibenden Tage so schnell wie möglich vergingen.
Bangkok übte auf mich keinen besonderen Reiz mehr aus. Der Trubel auf den Straßen nervte mich zunehmend. Da direkt vor meinem Hostel ein schillerndes Einkaufszentrum lag, verbrachte ich die letzten beiden Tage im Shopping Center. Hier konnte ich mit ein wenig Heimatgefühl in all den bekannten Geschäften einfach am besten die Zeit totschlagen.

Aufgrund der endzeitlichen Finanzlage konnte ich mir allerdings kaum etwas leisten und musste jeden einzelnen Kauf durchkalkulieren.
Nach einem letzten Friseurbesuch und erfolgreichem Krawattenkauf für Jakobs Abiball war ich endgültig fertig für die Heimreise.
Die kommende Nacht würde ich bereits wieder in einem Hotel in Berlin, in DEUTSCHLAND verbringen. Diese Aussicht erfüllte mich mit mehr Aufregung und Vorfreude als alles Bisherige.
Mein großes Abenteuer war nun vorbei. Gleichzeitig stand der aufregendste Moment erst noch bevor.

Berlin, Germany

Wie man nach neun Monaten nach Hause kommt und alle überrascht

Ich würde gegen 21 Uhr in Berlin landen, dort noch eine Nacht im Hotel verbringen und am nächsten Tag mit dem Zug nach Zwickau reisen. Von dort wollte ich mit dem Bus weiterfahren und schließlich an einem ganz normalen Donnerstagabend völlig unerwartet an Mamas Tür klopfen.
Mein Eurowings-Flug vom Flughafen Suvarnabhumi in Bangkok ging um kurz nach 14 Uhr. Das dachte ich zumindest. Ich war extra früh gestartet und traf schon vor 11 Uhr am Airport ein. In der Flughafenhalle konnte ich meinen Flug nach Köln allerdings auf keiner Anzeige ausmachen. Alle anderen Nachmittagsflüge wurden angezeigt. Das war merkwürdig. Ich studierte die Tafel noch einmal genauer und erblickte den Flug mit meiner Flugnummer schließlich doch. Allerdings war er hier zwei Stunden eher eingetragen, als ich es mir eingeprägt hatte. Moment, konnte das sein? Das wäre ja schon in etwas mehr als einer Stunde! Und tatsächlich – ich hatte die Abflugzeit für meinen heiß ersehnten Rückflug falsch in Erinnerung. Inzwischen war ich ja so ein cooler und routinierter Traveller, dass ich es in den letzten Tagen nicht mehr für nötig gehalten hatte, die Zeit noch einmal zu prüfen. Eieiei! Das bedeutete, dass der Check-in bereits in wenigen Minuten schließen würde. Und ich stand noch in der Eingangshalle! Panisch sprintete ich los und gelangte erst mal an einen falschen Schalter. Wenig später erfuhr ich, dass mein Flug nach Köln sich um fast zwei Stunden verspätete. Meine erste Reaktion war Erleichterung. Im Grunde war das aber überhaupt nicht gut, da ich im Anschluss ja noch nach Berlin weitermusste und nur knapp zwei Stunden zum Umsteigen hatte. Allerdings hatte ich beide Flüge über Eurowings gebucht, und so erkundigte ich mich nun bezüglich dieses Problems am Check-in. Die diensthabende asiatische Dame prüfte den Fall etwas ratlos auf ihrem Monitor und erwiderte mit einem verschmitzten Lächeln: „Ich denke, Sie müssen dann einfach so schnell rennen, wie Sie können.“ Na vielen Dank!
Eigentlich nahm ich solche Zwischenfälle ja recht entspannt. Nun war ich mittlerweile aber auch finanziell komplett auf dem Zahnfleisch unterwegs. Nachdem ich online für 60 Euro mein Zugticket von Berlin nach Zwickau gebucht und in Bangkok noch ein paar Einkäufe getätigt hatte, belief sich mein restli-

ches finanzielles Vermögen zu diesem Zeitpunkt auf Thailändische Baht im Wert von 5 Euro, etwa 40 Australische Dollar auf meinem Konto und Benjamin Franklin, den ich in Form einer 100-Dollar-Note schon seit einigen Wochen als letzte Reserve mit mir herumtrug. Für die Nacht in Berlin hatte ich ein Hotel gebucht, das aber zum Glück erst vor Ort bezahlt werden musste. Wenn ich den Flug in die Hauptstadt nun verpasste, würde ich also mit einem Gesamtbudget in Höhe von etwa 100 Euro am Abend in Köln festsitzen. Das wäre durchaus problematisch. Wie weit kam man mit 100 Euro, die noch dazu in verschiedenen Devisen vorlagen?

Zunächst ging es nun aber endlich ins Flugzeug in Richtung Heimat. Der Moment war gekommen.

Beim Boarding wurde ich vom Personal in der Maschine auf Deutsch begrüßt. Damit konnte ich überhaupt nicht umgehen, antwortete reflexartig mit „Hello, thank you!" und musste dann selbst lachen. In meiner Nachbarschaft saßen zwei Deutsche, mit denen ich mich gut gelaunt in meiner Muttersprache unterhielt. Und, Freunde, es fühlte sich großartig an!

Mittlerweile war ich natürlich ein Fuchs, wenn es ums Flügebuchen ging. Bei der Onlinebuchung hatte ich 10 Euro für die Sitzplatzreservierung dazugelegt und fand mich nun mit nahezu unbegrenzter Beinfreiheit in vorderster Reihe am Notausgang wieder. Auf einem Langstreckenflug wie diesem brachte das natürlich schon fast unverschämte Vorteile. Im Falle einer plötzlichen Notwasserung wäre ich zudem der Erste, der seine Füße ins Meer stecken konnte.

Außerdem hatte ich mich entschieden, kein Geld für Bordentertainment mit Filmen und Serien auszugeben, sondern es in zwei Mahlzeiten zu investieren. Auch damit lag ich goldrichtig. Es gab belegtes Vollkornbrot, Fruchtjoghurt der Firma Bauer und Prinzenrolle. Deutsches Essen! Ich war hin und weg!

Für beste Unterhaltung sorgte auch der vor mir in die Wand eingelassene Monitor. Direkt vor meinen Augen versorgte dieser mich permanent mit allen Flugdaten. Besonders nett fand ich die Anzeige der geschätzten Ankunftszeit in Köln. Offensichtlich flogen wir gegen den Wind. So konnte ich minütlich live mitverfolgen, wie mein Anschlussflug in immer weitere Ferne rückte. So gerne ich weggeschaut hätte, dieser verdammte Monitor lag direkt in meinem Sichtfeld und stresste mich gerade in der ersten Flugstunde unglaublich.

Irgendwann sah ich aber ein, dass es keinen Sinn hatte, mich weitere 12 Stunden mit den Gedanken an den Anschlussflug fertigzumachen, und hakte die Sache ab. Was konnte ich denn in Köln machen, wenn ich abends tatsächlich auf dem Flughafen festsaß? Vielleicht würde mir die Fluggesellschaft ein Hotel bezahlen. Aber darauf konnte ich mich nicht verlassen. In der Stadt gab es mit Sicherheit einige günstige Hostels, in denen ich die Nacht verbringen konnte. Vielleicht würde mir die Fluggesellschaft am nächsten Tag einen neuen Flug zuweisen. Aber auch darauf konnte ich mich nicht verlassen. Ich war ja nun nicht völlig blank und hatte noch 100 Euro in der Tasche. Davon musste ich irgendwie nach Zwickau kommen. Und auch das war machbar. Zug oder Flug konnte ich mir zwar nicht leisten, aber der Fernbus war definitiv eine Möglichkeit. Und auf einmal erschien mir die zunächst so bedrohliche Situation überhaupt nicht mehr so schlimm. So hätte ich zumindest noch einmal eine gute Story zu erzählen.

Etwa eine Stunde vor der Landung war klar, dass ich den Flug tatsächlich verpassen würde. Dann wandte sich der Kapitän mit einer Durchsage an die Passagiere. Er verkündete, dass alle Eurowings-Anschlussflüge in Köln warteten und wir uns nach der Landung schnellstmöglich zum Gate bewegen sollten. Yeah! Offenbar gab es eine ganze Menge Leute, die nach Berlin weiterfliegen wollten.

Gegen 20 Uhr setzte ich am 14. Juni 2017 zum ersten Mal seit neun Monaten wieder einen Fuß auf deutschen Boden!

Ach, Freunde, wer konnte einen besser in der Heimat begrüßen als die deutschen Zollbeamten.

In den vergangenen Monaten hatte ich nun wirklich viele Zoll- und Einlasskontrollen erlebt, aber die Leute hier waren in einer komplett anderen Dimension unterwegs. An den Kontrollschleusen drängten sich aufgeregt etwa 30 Passagiere, die so schnell wie möglich weiter zu ihren Anschlussflügen mussten. Was machte also der deutsche Zollbeamte? Mit ausdruckslosem Blick und grimmig nach unten gezogenen Mundwinkeln baute er sich vor den Leuten auf, sorgte dafür, dass sich alle ordentlich anstellen, und nahm seelenruhig jeden Einzelnen komplett auseinander. Als hätten wir alle Zeit der Welt, nahmen die Beamten sich einen nach dem anderen vor und durchsuchten in einer unglaublichen Akribie sämtliche Gepäckstücke und jede einzelne Hosentasche. Die Leute hier mussten dringend zu ihren Flügen, und die Beamten wussten das genau. Mit fast schon provokanter Langsamkeit wurde wortlos und mit finsterer Miene jedes Feuerzeug und jede Tablettenpackung in ihre Einzelteile zerlegt. Während die Stimmung zunehmend angespannter wurde und sich

einige Passagiere genervte Wortgefechte mit den Zollbeamten lieferten, brachte mich das Schauspiel einfach nur zum Grinsen. Ich war zu Hause!
Mit fast zwei Stunden Verspätung schaffte ich es schließlich doch noch in den Flieger nach Berlin. Als wir uns hier um 22 Uhr in den Landeanflug begaben, ging gerade erst die Sonne unter. Damit kam ich irgendwie überhaupt nicht zurecht. Auch sonst war ich noch gewaltig neben der Spur, denn der Zeitunterschied zu Bangkok betrug ja beachtliche sechs Stunden. Jegliche Müdigkeitserscheinungen wurden allerdings von Aufregung überdeckt. Ich war daheim!

Ankünfte auf Flughäfen gehörten für mich mittlerweile zur Routine. Bisher war ich überall locker an Bargeld gekommen. Nach neun Monaten hatte ich natürlich keinen einzigen Euro mehr am Start und musste nun erst mal meine Dollar umtauschen. Und während selbst in Vanuatu immer irgendein Typ in Tropenhemd am Bankschalter gesessen hatte, mussten in Deutschland natürlich Lohnkosten gespart werden. Folglich war der Flughafen bereits vor 23 Uhr wie ausgestorben. Ich wandte mich mit meinem Problem an den einzigen Flughafenmitarbeiter weit und breit, einen türkischstämmigen jungen Mann, der gerade mit Warnweste und einem Besen durch die Halle fegte. „Hey Bruder, das ist Tegel. Hier ist tote Hose, alles zu, Bruder." Herrlich, ich war zu Hause, Bruder! Mein Geldproblem konnte das allerdings nicht lösen. Ich betete, dass es zumindest auf meiner australischen Karte kein Limit gab, und schaffte es wenig später, an einem Geldautomaten meine letzten Australischen Dollar zusammenzukratzen und 20 Euro abzuheben. Das würde mich zumindest durch die Nacht bringen.
Wenig später ging es mit dem Bus weiter in Richtung Berlin Charlottenburg, wo in einem Hinterhof das Hotel Adam lag. Mit mir im Bus saßen Berliner. Das waren ganz normale Leute, die sich über ganz normale Alltagsprobleme unterhielten. Diese Leute steckten mitten in ihrem normalen Leben. Ich fühlte mich unglaublich fremd. Schließlich stieg ich an der Haltestelle Kaiser-Friedrich-Straße aus. Um 23:55 Uhr setzte ich einen Fuß auf den Bordstein und stand unmittelbar vor einer knallgelben Currywurstbude. Das musste doch ein Zeichen sein. In der kleinen Hütte stand ein dicker, alter Mann in schmuddeligem T-Shirt, bei dem ich nun in aller Selbstverständlichkeit ein gutes Würstchen bestellte. Am Vortag hatte ich um diese Zeit noch in Bangkok im Kino gesessen, und nun stand ich auf einmal mitten in Berlin an einer Imbissbude und aß eine

legendäre Currywurst. Kaum ein Moment brannte sich so sehr in meine Erinnerung ein wie dieser.
In dem kleinen Hinterhof-Hotel bekam ich für etwa 40 Euro ein ruhiges Zimmer mit einem bequemen Bett und damit genau das, was ich brauchte. Die Unterkunft wurde von freundlichen, älteren, russischen Damen geführt, die am nächsten Morgen ein unglaubliches Frühstücksbuffet auftischten. Es gab Brot mit allerlei verschiedener Wurst, Käse, Wiener, Nutella, Joghurt und sauren Gurken. Wow! Für mich war das das beste Frühstück aller Zeiten! So langsam realisierte ich, dass ich tatsächlich wieder zu Hause war.
Nach dem Frühstück klingelte in meinem Zimmer das Telefon. Am Apparat war die Rezeptionsdame, dic mich mit strenger Stimme darauf hinwies, dass die Buchung über meine Kreditkarte nicht funktioniert habe und ich mich bitte umgehend am Empfang melden solle. Nun, wie ihr wisst, Freunde, war das mit der Kreditkarte so eine Sache. Freundlich erklärte ich meine etwas problematische Finanzlage. Auf meiner Karte befand sich kein Guthaben mehr, dafür wollte ich aber sehr gern in bar bezahlen. Nun hatte ich nach wie vor nur meinen Kumpel Benjamin Franklin in der Tasche, den das Hotel nicht akzeptieren konnte. Ich musste eine verdammte Wechselstube finden. Also machte ich mich, inzwischen schon leicht nervös, in den Straßen Charlottenburgs auf die Suche. Nach etwa einer halben Stunde kam ich frustriert zurück. Hier gab es weit und breit nichts dergleichen und alle Banken waren am Morgen noch geschlossen. Langsam wurde die Lage prekär. Im Hotel erzählte ich der freundlichen Dame von dem Schlamassel. Dann packte ich meine Sachen zusammen, ließ den Rucksack an der Rezeption zurück und begab mich ein weiteres Mal auf die Suche. Zuvor hatte ich bereits eine Western-Union-Filiale erblickt, die nun um 10 Uhr endlich öffnete. So kam es, dass Western Union mir ein weiteres Mal aus der Klemme helfen musste. Ich verabschiedete mich von Benjamin und erhielt für die 100-Dollar-Note gut 80 Euro ausgezahlt. Nachdem ich endlich meine Hotelrechnung beglichen und wenig später ein S-Bahn-Ticket erworben hatte, machte ich mich mit einem Restbudget von etwa 40 Euro und ein paar Thailändischen Baht auf den Weg zum Berliner Hauptbahnhof. In der S-Bahn fiel ich mit meinem großen Rucksack natürlich auf und kam mit einem älteren Paar neben mir ins Gespräch. Ich berichtete kurz von meinem zurückliegenden Abenteuer und erklärte, wie ich nun meine Mutter überraschen wollte. Während ich erzählte, bemerkte ich, dass alle Leute um mich herum verstummten und gebannt zuhörten. Viele starrten mich mit großen Augen an, als wäre ich

ein Superstar, und kommentierten staunend mit „Wow!", „Wahnsinn!" oder „Respekt!". So langsam realisierte ich, dass es wohl doch nicht so normal war, was ich in den letzten Monaten erlebt hatte.
Auch auf dem Hauptbahnhof fühlte ich mich zwischen all den Menschen, die hier ihrem Alltag nachgingen, unglaublich fremd. Ich dachte, dass keiner von denen auch nur ansatzweise eine Idee hatte, was in der Welt vor sich ging. Während ich auf einer Bank saß und die vorbeiströmenden Menschen beobachtete, wirkte es auf mich fast, als ob jeder hier eine unsichtbare Blase über den Kopf gestülpt mit sich herumtrug und in seiner eigenen, kleinen Welt lebte.
Ich hatte noch Zeit und am Hauptbahnhof gab es einen REWE-Markt. Dieser wirkte auf mich wie das Wonderland. Ich konnte kaum fassen, wie billig hier alles war und was für eine unglaubliche Vielfalt an tollen Produkten sich in den Regalen stapelte. Letztlich kaufte ich Banane, Apfel, Wasserflasche und eine Packung Cookies und setzte mich in den Zug nach Leipzig.
Im ICE war ich noch von zahlreichen Reisenden und internationalen Gästen umgeben. Als ich schließlich in Leipzig in die Regionalbahn nach Zwickau umstieg, änderte sich das Bild langsam. Spätestens ab Chemnitz war ich wieder merklich in der Provinz angekommen. Um mich herum saßen Rentner, die sich in feinstem Sächsisch über ihre Probleme und Wehwehchen austauschten, und eine Gruppe Teenager in Jogginghosen, die über ihre Handylautsprecher laute Rapmusik abspielten.
Zwickau Bahnhof war dann noch einmal eine Stufe für sich. Dieser Ort war für mich erstmals wieder so etwas wie eine Alltagsumgebung. Hier hatte ich mich in den letzten Jahren unzählige Male aufgehalten. Mit meinem Rucksack stapfte ich durch die Wartehalle und musterte die Männer, die mit Bier und Bockwurst vor dem kleinen Zeitungskiosk herumstanden. Irgendwie gehörte ich hier nicht mehr her.
Auch wenn sich die knapp 30 Grad draußen etwas frisch anfühlten, war es für deutsche Verhältnisse doch mehr als angenehm. So langsam machte sich eine unglaubliche Aufregung in mir breit. Während einer letzten Busfahrt hörte ich noch einmal Menschen zu, die über Alltagsprobleme jammerten.
Dann stieg ich aus dem Bus. Jetzt hatte ich nur noch ein paar Minuten zu Fuß zurückzulegen. Hier war es einfach ein ganz normaler Nachmittag. Ein Großvater stand im Garten und wässerte seinen Rasen. Ich kam mir so fremd vor.
Mama wohnte gemeinsam mit Dirk und meinem kleinen Bruder auf einem Hof mitten im Nirgendwo. Während ich die letzten Meter auf dem Feldweg zurück-

legte und das Haus schon am Horizont sah, wusste ich selbst nicht mehr wirklich, wie ich mich fühlen sollte. Ich war so unglaublich aufgeregt, grinste fast die ganze Zeit und schüttelte immer wieder ungläubig den Kopf. Ich konnte es nicht fassen, dass ich auf einmal wieder hier, mitten in der sächsischen Provinz war.

Es war 16:15 Uhr am 15. Juni, einem Donnerstagnachmittag. Ich stand jetzt unmittelbar vor der hölzernen Eingangstür. Im nächsten Moment hob ich die Hand. Ich atmete noch einmal tief durch und klopfte endlich drei Mal laut an die Eingangstür. Das Herz schlug mir jetzt bis zum Hals. Dann öffnete sich die Tür. Auf einmal stand Mama vor mir. Sie starrte mich regungslos an und schüttelte verdutzt den Kopf. Dann drehte sie sich zu meinem kleinen Bruder um, der ebenfalls in der Türschwelle stand: „Roman, guck mal, wer hier ist." Beide schauten mich noch einen Moment mit großen Augen an, bis ich Mama in die Arme fiel. Diese Situation hatte ich mir irgendwie spektakulärer vorgestellt. Aber offensichtlich war Mama mit dem Moment genauso überfordert wie ich.
Wenige Minuten später saß ich schon wieder bei Mama am Küchentisch. Ein Stück weit fühlte es sich an, als wäre ich nur mal kurz weg gewesen.
Ich war zu Hause. Und zu Hause war alles wie immer. Die Straßen und Häuser sahen noch genauso aus, Mamas Wäsche duftete nach demselben Weichspüler und auch die Menschen, Familie und Freunde waren noch die gleichen. Sie lebten dasselbe Leben, machten die gleichen Dinge und redeten über dieselben Ziele, Träume und Probleme wie noch vor einem Jahr. Alles war so vertraut, dass ich mich in vielen Momenten fühlte, als wäre ich nie weg gewesen.

Schlusswort

9 Länder in 9 Monaten. Das waren 17 Flüge, 3 Jobs und 58 verschiedene Schlafplätze. Und dann sitze ich am Ende doch wieder bei Mama zu Hause am Küchentisch und studiere dasselbe, wofür ich mich ein Jahr zuvor schon angemeldet hatte. Wozu also der ganze Spaß?
Nun, bevor es nach Australien ging, hatte ich nach einem „Sinn" gesucht. Ich glaube, was ich dabei wirklich finden wollte, war eigentlich mich selbst.
Wir leben mit so vielen Regeln, Routinen und gesellschaftlichen Erwartungen. Wie sollte man da jemals wissen, wozu man wirklich in der Lage war? Wo lagen die Grenzen? Was konnte ich schaffen? Was brauchte ich? Und was nicht?

Wir waren zu zweit aufgebrochen und allein zurückgekommen. Ein Stück weit ist das auch ein Symbol für den Prozess, den ich im Laufe der Reise durchgemacht habe. Will ich damit sagen, dass ich zum Einzelgänger mutiert bin? Nicht unbedingt. Aber ich habe zu mir selbst gefunden. Und das funktionierte nun mal nur, wenn man eine gewisse Zeit mit sich allein verbrachte.
Als es losging, hatte ich wirklich Schiss. Ohne Philip hätte ich mich vielleicht nie herausgetraut. Dann wollte ich schnellstmöglich neue Freunde finden, ein neues Zuhause und einen neuen Job. Komfortzone. Das alles klappte eigentlich ganz gut. Warum also nicht mal ein eigenes Abenteuer starten? Also ging es allein weiter. Die Suche nach neuen Grenzen und neuen Herausforderungen brachte mich an immer verrücktere Orte. Und irgendwann wieder zurück nach Hause. Denn die wirklich bedeutenden Abenteuer, Herausforderungen und Chancen findet man nicht im Dschungel von Vanuatu oder am Strand von Kambodscha.

Eine Sache habe ich auch auf meiner Reise nicht gefunden: Grenzen. Die gab es eigentlich immer nur in meinem Kopf. Für 400 Dollar kann man in Kambodscha eine Kuh hochjagen, in Neuseeland aus dem Flugzeug springen, oder ein gemütliches Wellnesswochenende im Spreewald verbringen. Das ist alles in Ordnung. Wichtig ist nur, dass man das macht, worauf man *wirklich* Lust hat.

Dabei wünsche ich dir viel Spaß, viel Erfolg und vor allem viel Mut!

VG, Beste Grüße und MfG,

Marcelo, 04.02.2019

SKYDIVEWANAKA.COM

Printed in Poland
by Amazon Fulfillment
Poland Sp. z o.o., Wrocław

53945197R00153